紛争解決学講義

廣田尚久

信山社

はじめに

　私が初めて「紛争解決学」の講義をしたのは，1993年の夏だった。
　その年のある日，当時九州大学で民事訴訟法を担当されていた井上治典教授が私の事務所に訪ねて来られた。その用件は，九州大学に「裁判学」という講座があるところ，1993年度は，担当の井上正三教授がご病気で，和田仁孝助教授（当時）が海外に遊学されるので，ピンチヒッターで「裁判学」の講義をしてほしい，ということだった。
　私はこれを，紛争解決についてこれまで考えていたことをまとめるための絶好の機会であると直感し，その場で，ふたつ返事で承諾してしまった。しかし，ふたつ返事で承諾したものの，対象を裁判に限定することは窮屈であることにすぐに気がついた。
　当時の私は，弁護士としての経験を積むに従って，果たして裁判が紛争解決の役に立っているのだろうか，という疑念にとらわれるようになっていた。裁判をすることが火に油を注ぐことになって，紛争をうまく解決できなくしてしまうことが多い。そこで裁判をせずに紛争を解決することを試みたところ，これが面白いようにうまくいくのである。そのような経験を踏まえて，私は1988年に，『弁護士の外科的紛争解決法』（自由国民社）という本を書いた。その本の内容は，一言で言えば，紛争は裁判をしなくても解決することが多い，むしろ裁判をしない方が到達点の高い解決ができるという内容である。
　そのような頭になっていた私であるから，どうせ講義をするのならば，対象を裁判に限定せずに紛争解決全般に広げたいと思うのは当然であった。そこで，とっさに，「科目名称は『裁判学』であるとしても，内容は『紛争解決学』ということで講義させていただけませんか」と言ってしまった。すると井上治典教授は，「どうぞご自由に」と，実におおらかに答えて下さった。
　今にして思えば，これが「紛争解決学」誕生の発端である。九州大学で講義をするというチャンスがなかったら，「紛争解決学」が生まれていなかっ

i

はじめに

たかも知れないし、生まれたとしてもずっと後のことだったであろう。そのことを思えば、快く「紛争解決学」の講義をさせて下さった井上治典教授、井上正三教授はもとよりのこと、当時の学部長の吉村德重教授には、いくら感謝してもしきれない。

こうして、私が講義すべきことを「紛争解決学」とネーミングしたものの、まだその内容が固まったわけではない。しかし、いったん「学」としてそれを名乗り出た以上、学問の名に値するものでなければならないのは当然である。そして、学問の名に値するためには、その体系を示す必要があるだろう。それならば、ここに、新しい学問を創るしかない。

そう考えた私は、さっそく講義の準備にとりかかったが、私の前に「紛争解決学」という学問が存在していたのならば、それを参考にする必要があるだろうと思い、国会図書館と最高裁判所図書館に行って調べてみた。しかし、「紛争解決学」に該当する図書は一冊もなかった。すなわち、「紛争解決学」という名の学問はそれまでは存在していなかったのである。このことは不思議なことではあるが、とにかく学問名称として名乗りをあげているものがないということが分かったとき、私は一種の感慨を覚え、夏の講義が俄然楽しみになってきた。と同時に、「やっぱり」という気持ちが湧き起こってきた。つまり、「紛争解決」という言葉が頻繁に使われ、また、紛争解決をめぐるさまざまな問題がさかんに論じられてはいるが、人類はまだ紛争解決の蘊奥を極めていないのである。のみならず、その核心に向かって進もうともせずに、周辺を徘徊しているに過ぎないのである。だとしたら、この機会に「紛争解決学」をできるだけきちんとまとめておこう。そういう気持ちになって、「いいか、これから未踏の荒野を拓くのだぞ」と、今から思えばいささか仰々しい自己暗示をかけて、講義録を書きはじめた。

書きはじめてすぐに気づいたのは、これまで法の機能として、行為規範、社会規範、裁判規範があると語られていたが、果たしてそれだけだろうかということである。人々が裁判をしないで相対交渉で和解をするときに「法」という基準を使っているにもかかわらず、裁判規範という規範を使っていると言われても、そうだとは思えない。それでは和解をする場面で法のどのような機能を使っているのだろうか考えたとき、行為規範、社会規範、裁判規範とは別の「もう1つの機能」を使っているのだと気がついた。私は、その

はじめに

「法」の「もう1つの機能」，すなわち，人々が紛争を解決するプロセスの中で働いている機能に着目して，「紛争解決規範」とネーミングした。

裁判を決闘の代替物と考え，法の裁判規範としての機能にとらわれていては，法を紛争解決規範と考える視点は見落とされて当然のことであろう。しかし，紛争の局面では，法はまず紛争解決規範としての機能を発揮するものであり，人々はこの機能を使ってあらかたの紛争を解決してしまうのである。にもかかわらず，法の裁判規範としての機能によって紛争は解決されるのだと長らく信じられていたために，紛争解決にあたって働きはじめる紛争解決規範としての機能が見落とされていたのである。その結果，解決されるべき紛争が解決されず，またあるべき姿で解決されずに紛争が歪んでしまうことも少なくなかった。

そして，ひとたび「紛争解決規範」を認識すると，人々が，紛争解決のプロセスの中で使う紛争解決規範は成文法だけでないことも視野に入ってきた。すなわち，成文法以外に紛争解決規範として使うことができるものはたくさんあり，現実に人々は，さまざまな紛争解決規範――例えば，判例，学説，慣習，道徳，生きた法，経済的合理性，ゲーム理論など――を使って紛争を解決しているのである。

そこで，私は，「紛争解決規範」を「紛争解決のためにそれを使うことが正当とされる基準」と定義した。

私は，「紛争解決規範」を発見し，ネーミングし，定義したことによって，「紛争解決学」として一気に体系化できると実感した。今にして思えば，「紛争解決規範」という概念が「紛争解決学」の扉を開ける鍵だったのである。いったんこの鍵で扉を開けると，一瞬にして「紛争解決学」の景色が目に入り，「紛争解決学」の骨格を組み立てることは造作のないことだった。

こうして，講義の準備は整った。その年の夏休みに入った直後に4日間，夏休みが終わる直前に4日間という日程で，4単位の「紛争解決学」を，法学部の非常勤講師として講義させていただいた。真夏の集中講義であるにもかかわらず，1学年に相当する人数の学生が熱心に耳を傾けてくれた。また，私が九州大学で講義をすると知るや，内容も聞かずに「それを本にしましょう」と言って下さった信山社の渡辺左近氏のはからいで，旧版の『紛争解決学』がその年に出版された。こうして，この「紛争解決学」は，幸運で，順

はじめに

調なスタートを切ることができた。

その後私は，九州大学の法学部や大学院で，断続的に「紛争解決学」の講義をさせていただいた。そして，2001年に大東文化大学に新設された環境創造学部の学部長・教授として招かれ，そこで3年間「紛争解決学」を講義した。また，2004年に法科大学院が開設されるに伴い，法政大学法科大学院教授に就任したが，その前の2003年から2007年までの4年間，大東文化大学（兼任教授及び非常勤講師として）と法政大学（非常勤講師および専任教授として）の法科大学院で，4単位の「紛争解決学」の講義をさせていただいた。

この間に，裁判外紛争解決（ADR）に関心が集まるような動きがあり，ADRを主要テーマの1つとしている私に，各地の司法書士会，土地家屋調査士会，行政書士会，社会保険労務士会，不動産鑑定士協会，弁護士会，弁理士会，消費者団体などから講演の依頼があり，そのときどきのテーマに従って，「紛争解決学」の一部を話す機会が与えられた。

そして私は，2007年3月に，法政大学法科大学院を定年退職した。法政大学では「紛争解決学」という科目を残し，現在は早稲田大学法科大学院の和田仁孝教授が非常勤講師として担当されている。その他の法科大学院で，「紛争解決学」という科目を設けているところもいくつかあるようであり，また，私の『紛争解決学』という本も，法科大学院のテキストや参考書として使われているので，その意味では，「紛争解決学」という学問は，定着しつつあるように思われる。

しかし，定年後に私自身が「紛争解決学」を系統的に講義する場がないというのは，いかにも心許ないという気持ちがする。率直に言って，私は，「紛争解決学」をもっと広めたいという願いを持ち続けている。

そこで私は，プロパーの弁護士に戻る機会に，私の法律事務所に，廣田尚久紛争解決センターを併設し，そこで，調停や仲裁の実践をするとともに，そのセンターが主催する「紛争解決学講義」を開くことにした。

その講義は，夏の終わりから冬の初めまで，毎週1日で合計15日，1日90分・2限，全部で30限・45時間というものであるから，相当息の長いものである。すなわち，法科大学院の講義をそっくりこちらに持ってきたことになる。

この「紛争解決学講義」を2007年から始めたところ，司法書士，税理士，

はじめに

測量士，土地家屋調査士，行政書士，社会保険労務士，不動産鑑定士，弁護士，会社員，学者，法科大学院学生などが聴講に来て下さった。

　ここで使用するテキストは，当然信山社の『紛争解決学』であるが，1993年の旧版以後に，2002年に新版，2006年に新版増補が出版されているので，センター主催の「紛争解決学講義」は，最初から新版増補を使っている。

　しかし，30限・45時間の講義は，大学の講義では4単位であるから，いかにも重過ぎるという感があることは否定できない。とは言え，4単位であれば，「紛争解決学」の内容を絞り込まずに，その体系をいわば物語的に講義することができるので，自然に「紛争解決学」が身につくという利点があり，受講した方々には満足していただいたと思われる。しかし，何せ15週間にわたる毎週1度で3時間という長丁場の講義であるから，この講義を聴講してみようという入口のところで二の足を踏んでしまう人も多いのではないだろうか。「せめて半分の長さならば」という声も聞こえてくる。

　それと同様に，『紛争解決学』という本を読んでみようという人がいても，あまりにも大部なために躊躇するということもあるだろう。また，法科大学院などのテキストや参考書に使う場合にも，本が厚過ぎて使いにくいことも考えられる。

　このように考えると，物語的な要素を残しつつ，主要な部分に力点を置いて，2単位のボリュームを想定した別バージョンの本をつくることが必要ではないかと思われてきた。そして，工夫を重ねることによって，2単位のボリュームでも，4単位にほぼ匹敵する内容にすることができるのではないかと考えた。そのような本を書くことができれば，「紛争解決学」がより広まるのではないか。そのように考えて，ここにまとめたのが，この『紛争解決学講義』である。

　この本の出版に至った経緯は以上のとおりであるが，何卒忌憚のないご批判を賜りたい。

　　2010年1月

　　　　　　　　　　　　　　　　　　　　　　　　　　　廣田尚久

目　次

はじめに

第 1 講　紛争解決学の成立
紛争解決学という学問　1
紛争解決学の位置　3
紛争解決学の成立を妨げていた原因　6
「近代」を源泉とする 2 つの源流と紛争解決学　8
私的自治と規範の現在　11
紛争解決学の誕生　14

第 2 講　紛争解決学の定義と領域
「紛争」の定義　17
「解決」についての考察　19
紛争解決規範の機能と定義　22
紛争解決学の定義　25
紛争解決学の領域　28

第 3 講　紛争解決の客体
紛争解決の客体＝当事者　33
当事者が持っている諸条件（1）（内的条件＝生物的条件）　36
当事者が持っている諸条件（2）（時間的条件＝歴史的条件）　43

第 4 講　紛争解決の客体（続），紛争解決の主体
当事者が持っている諸条件（3）（空間的条件＝社会的・経済的条件）　49
紛争解決の主体＝当事者　54
紛争解決の主体を巡る諸問題　57

目　次

第5講　代　理　人

代理人の必要性と法律専門職種　65
法律専門職種と紛争解決　66
代理人の本質　69
代理人の能力　70

第6講　紛争解決規範（1）

紛争解決規範の類型　80
　1）成文法　81
　2）判　例　82
　3）裁判上の和解，調停，仲裁の解決例　84
　4）学　説　87
　5）諸科学の成果　88
　6）慣　習　90
　7）道　徳　92

第7講　紛争解決規範（2）

　8）自然法　96
　9）生きた法　97
　10）経済的合理性　97
　11）ゲーム理論　101
　12）新しく生まれる規範，新たに発見される規範，新たに創造される規範　105

第8講　紛争解決規範（3）

紛争解決規範の使用段階　112
紛争解決規範の選択における疎外　116
紛争解決規範のミクロ化，ニュートラル化，化合　119

第9講　紛争解決規範（4）

実体的紛争解決規範と手続的紛争解決規範　126
紛争解決規範のトモグラフィー　133

vii

目　次

第10講　紛争解決の技術
　　　　言葉という道具　139
　　　　因果律と共時性の原理　143
　　　　技　　術　147

第11講　和　　解（1）
　　　　和解へのアプローチ　156
　　　　和解の歴史的意義　162

第12講　和　　解（2）
　　　　和解の深奥に迫る方法　168
　　　　和解の利点と特徴　171
　　　　訴訟の論理構造と和解の論理構造　173

第13講　裁　判　所
　　　　裁判の機能　183
　　　　裁判官の心証形成　188
　　　　裁判上の和解　193

第14講　裁判外紛争解決（ＡＤＲ）
　　　　ＡＤＲの意義　199
　　　　ＡＤＲの機関と仕事　200
　　　　紛争解決システム全般の位置と現状　203
　　　　ＡＤＲの特徴と歴史的意義　206
　　　　調停技法の発達　208
　　　　仲裁の制度設計　211
　　　　裁判外紛争解決手続の利用の促進に関する法律（ＡＤＲ法）批判　212
　　　　和解仲裁所の構想　213

第15講　付帯条件つき最終提案仲裁・調停
　　　　付帯条件つき最終提案仲裁・調停という新手　215

目　次

　　3つの事例　217
　　　　1）契約金返還請求事件（第一東京弁護士会仲裁センター／付帯条件つき最終提案仲裁）　217
　　　　2）瑕疵修補及び損害賠償請求・請負代金反対請求事件（中央建設工事紛争審査会／付帯条件つき最終提案調停）　219
　　　　3）下請代金請求事件（日本商事仲裁協会／付帯条件つき最終提案調停）　223
　　最終提案仲裁・調停における脳の動き　224
　　付帯条件つき最終提案仲裁・調停の思想　227
　　最終提案仲裁・調停の可能性　229

結　び　紛争解決の全体像と紛争解決学の目的
　　紛争解決の全体像　231
　　紛争解決学の目的　233

　　索　引

第1講　紛争解決学の成立

紛争解決学という学問
　紛争解決学という学問は，これまでの法律学とは違った，新しい系統を持った独立の学問である。
　新しい系統を持った独立の学問であるとは言うものの，紛争解決学の周辺には，貴重な学問の成果があることは確かである。その成果を紛争解決学に関連づけることは，紛争解決学という新しい学問を築くうえで大切なことである。
　しかし，当然のことであるが，周辺の複数の学問の一部または全部をかき集めれば紛争解決学になる，というものではない。紛争解決学は独立の学問であるから，独自の課題と方法がある。
　けれども，このことは，他の学問の対象と紛争解決学の対象が重ならないということを意味するわけではない。すなわち，他の学問の対象としている分野が，紛争解決学の対象になることはあり得る。
　一例をあげれば，裁判外紛争解決（Alternative Dispute Resolution＝ＡＤＲ，なお，裁判外紛争解決をＡＤＲと略称することには問題があるが，それについては後述することにして，とりあえず本講においては，「ＡＤＲ」と言う）は，従来から民事訴訟法学者や法社会学者や民法学者や国際私法学者が主として研究をしていた。これは，ＡＤＲを民事訴訟法学，法社会学，民法学，国際私法学の対象として扱っていたことに他ならない。
　しかし，ＡＤＲは，裁判外紛争解決機関とその機関で行われる紛争解決（調停，仲裁など）であるから，まさしく純粋に紛争解決学の中心的なテーマである。したがって，ＡＤＲ研究については，民事訴訟法学，法社会学，民法学，国際私法学などと対象が重なるが，紛争解決学としては，これらの学問の成果を学びつつ，紛争解決学における研究の成果を提供することによっ

て，ともにＡＤＲ研究を深めるという関係に立つのである。

　紛争解決学が独立の学問である以上，それは他の学問の一部ではない。すなわち，それ自体が独自性を持ち，しかも，全体として体系づけられていなければならない。紛争解決学の現在の位置は，法社会学に近く，民事訴訟法学にも近いが，しかし，法社会学の一部でもなければ，民事訴訟法学の一部でもない。私がこれから述べることは，これまで法社会学や民事訴訟法学やその他の学問で扱っていたものが少なくないが，それはこれまで紛争解決学が樹立されていなかったためであって，もし過去古くから樹立されていたならば，専ら紛争解決学が扱っていたであろう。

　また，紛争はなまなましい現実から起こるものであるから，紛争解決の実践から遊離すれば紛争解決学は空虚なものになる。しかし，実例だけを扱えばよいというものではない。ちょうど，判例をいくら並べてもそれは判例集にすぎず，それだけでは学問として成立しないのと同じである。

　紛争解決学を学問として成り立たせ，そのレベルを高めるためには，紛争解決の実例を通して，一般化できるもの，普遍化できるものを抽出し，整理し，理論づけし，再び実務に返し，実務と理論とをフィードバックさせる必要がある。あるいは，仮説を立てて理論を前進させる方法を採用することもあるが，その場合でも，その仮説を実務によって検証する必要がある。いずれにせよ，紛争解決学においては，実務と理論とを有機的に結びつけることによって，そのフィールドを広め，深めてゆかなければならない。

　医学の世界では，患者の治療を目的とする臨床医学と疾病のメカニズムを研究する基礎医学が不可欠であることは当然のこととされ，それが疾病の全般に及んでいる。しかし，法律学の分野では，医学における治療行為に相当するものが訴訟に限定され，紛争解決の全般には及んでいなかった。したがって，訴訟のメカニズムの解明には取り組まれていたが，訴訟以外の紛争解決のメカニズムについては，ほとんど解明されていなかった。

　しかし，現実に疾病が存在するように，紛争も存在する。それならば，疾病の解除に取り組むための医学が成立するように，紛争の解決に取り組むための紛争解決学が成立しなければならないはずである。

　にもかかわらず，不思議なことに，「紛争解決学」という学問は，樹立されていなかった。1993年に，私が発表した旧版の『紛争解決学』（信山社）

が，その嚆矢であろう。

　しかし，法社会学等の分野から，法と紛争，あるいは法と紛争解決について論じたものをあげれば，枚挙にいとまがない[1]。けれども，紛争解決学を独立の学問として樹立するということまでは意識されていないようである。また，紛争や紛争解決に関しては，人類学や社会学，あるいは交渉学やゲーム理論等，さまざまな分野から取りあげられている。それでもなお，紛争解決学という独立の体系には到達していないと思われる。

　これはおそらく，紛争解決学という独立の学問体系の存在に気がついていなかったからであろう。

　K・E・ボールディングは，紛争管理に関して次のように述べている。

　「彼らは紛争をハリケーンのように管理できない神の行為と考えている。そして実際には紛争管理の実践が政治組織のように古い歴史をもっているのだが，紛争管理の考えは，新しいものだと思っている[2]」

　紛争管理の実践と同様に，紛争解決の実践にも古い歴史がある。そして，紛争管理の考えが新しいものだと思われるように，紛争解決学も新しいものだと思われるであろう。しかし，意識してその存在を明示し，体系化することは新しいことであるが，すでに存在していたと言った方がよいのかも知れない。すなわち，学問としての形は十分に整っていないにしても，その種子のような，萌芽のような，茫漠とした紛争解決学，そしてまだ名前も持っていない「何か」は，すぐそこにあったのである。

　私の実感によれば，紛争解決学は，地下深くに埋もれていて，誰かに発見されるのを待っていたのではないかと思われてならない。

1　例えば，川島武宜編『紛争解決と法』(「法社会学講座」第5巻，第6巻・岩波書店，1972年)，千葉正士『法と紛争』(三省堂，1980年)，棚瀬孝雄『紛争と裁判の法社会学』(法律文化社，1992年)

2　K・E・ボールディング著・内田忠夫，衛藤瀋吉訳『紛争の一般理論』(ダイヤモンド社，1971年) 400頁

紛争解決学の位置

　しかし，紛争解決学の存在に気づくのは難しい。それは，一種の思考の陥

第1講　紛争解決学の成立

窮に陥りやすいからであろう。そこでまず，私がこの系脈を発見した経緯から説明し，その後に紛争解決学が存在する位置を明らかにすることにしたい。

私が弁護士になったのは，1968年であった。当時は，高度成長後にはじめてぶつかった四十年不況（昭和40年すなわち1965年の不況のこと。ここでは通例に従って「四十年不況」と言う）の後であったが，高度成長の回復と四十年不況の克服があいまって事件が多く，私のような駆け出しの弁護士にもけっこう事件が集まった。そのひとつに富士五湖カントリー富士ケ嶺事件があった[1]。

これは，株式会社富士五湖カントリーが地元の農業協同組合から山林原野45万坪（148万5000平方メートル）を買収して別荘地付ゴルフ場を建設するという触れ込みで会員を募集し，多額の金を集めたが，土地の買収を完了しないうちに倒産してしまったという事件である。あげくの果てに富士五湖カントリーは，他の会社に騙されて土地買収の権利を乗っ取られ，会員の権利は風前の灯火になっていた。

私は，会員430名から委任を受け，会員の権利を行使した。まず，富士五湖カントリーの名義になっていた土地に対して仮差押をした。次に，富士五湖カントリーから他に移転した土地や，土地に設定した抵当権に対し，詐害行為取消権を被保全権利として仮処分をかけた。さらに，ゴルフ場用地22万坪（72万6000平方メートル）に，処分禁止，立入禁止の仮処分をかけた。そして，会社と役員に対し，商法に基づく損害賠償請求の本訴を提起した。これらの本訴，仮処分，仮差押事件は，20件に及んだ。

しかし，打つべき手は打っても，訴訟の段階に入ると，事件は膠着状態に陥り，いつ解決するのか見通しが立たないようになってしまった。私は，何か裁判外で解決する方策を考えないと事態は打開されないと考えて調査したところ，富士五湖カントリーを騙して土地を手に入れようとしていた連中が農地法違反を犯していることを発見した。そこで私は，県庁に飛び込んで農務部長に面会し，農地法違反の是正をするよう行政指導を要請した。そしてこの行政指導の機会をとらえて，一気に相手方や関係者との和解になだれ込んだ。その後，事件に紆余曲折はあったが，結局ゴルフ場用地を他に転売することによって事件は解決し，会員が騙しとられた約3億円は，全額返済を受けることができた。

紛争解決学の位置

　ゴルフ場を舞台にした詐欺まがいの事件は，この富士五湖カントリー富士ケ嶺事件の後にも，手をかえ品をかえ発生しているが，この事件は，そのはしりとして有名で，新聞や雑誌に紹介されたばかりか，これをモデルにした小説まである[2]。

　この事件は，数多くの仮処分や仮差押をして，それが効を奏したことは確かであるが，随所に和解を折り込んだことが解決の決め手になった。この事件を通じてつくづく感じたことは，和解や裁判外の話合いをしないと，最終的な解決に到達できないということである。

　私は当時，その他にもさまざまな事件を担当していて，事件の山に埋もれて四苦八苦していた。しかし，その四苦八苦の中で，訴訟よりも和解の方がうまく解決するという実感をつかんでいた。そこで，結論の方から逆に点検してみたところ，事件の相手方と何らかの合意のうえで結論を出さないと，真の解決に到達できないということがはっきり見えてきた。それならばいっそのこと，はじめから訴訟をやらないで解決した方がよいのではないか。こう気がついて，私は，原則として訴訟を出さずに裁判外の和解で解決しようと思い定め，ひたすらそれを実践した。

　こうして，裁判外の和解で数多くの事件を解決してゆくに従って，「待てよ。そこに何かあるぞ」という思いがよぎることが重なってきた。この思いは，瞬間ファーと感じてスーと消えるものであるが，「和解」というランプで照らしてみると，何かボヤーと見えるような気がするのである。これは一体何だろう。何か解決を生み出す知恵のかたまりのようなもののようだが，はっきりとつかめない。しかし，そこにそのようなものがあることを意識して，それを事件に使ってみると，つまり，紛争解決の鉱脈のようなところに手を突っ込んで，そこでつかんだものを，ヒョイと事件に投げ込んでみると，これまで難事件と思われていた紛争がホロリと解決するのである。

　このようにして，はじめは勘としてとらえていただけであったが，やがてはっきり認識したいと，私は思うようになった。具体的に言うと，解決を生み出す鉱脈を掌握して，それが必要なときにいつでも使える状態にしておきたいと考えたのである。

　では一体，この紛争解決の鉱脈はどこにあるのだろうか。

　これまで，紛争解決を意識した学問は，かなり多く存在していた。法律学

の分野では，民法学などの実体法学，民事訴訟法学[3]などの手続法学，法社会学，法哲学等々。法律学以外でも，経済学，社会学，医学，生物学，心理学，人類学，霊長類学[4]等々が，紛争解決を意識して，この鉱脈をとりまいている。そして，これらの学問は，さまざまな方法で，紛争解決の鉱脈へのアプローチが試みられているようではあるが，鉱脈そのものには到達しておらず，鉱脈の周辺をとりまいて循環しているように，私には思われる。

このように，紛争解決の鉱脈は，これまでの学問がその周辺をとりまいているにもかかわらず，現実にはその中心に入っておらず，したがって，そこには到達していない，まさにその位置に存在しているのである。

すなわち，紛争解決学は，未だ他の学問によって手が着けられていない位置に，ひそやかに，しかし厳然と存在していたのである。

1 富士五湖カントリー富士ケ嶺事件については，廣田尚久『紛争解決学〔新版増補〕』（信山社，2006年）350頁〜371頁
2 清水一行『天から声あり』（徳間書店，1971年）
3 井上正三「訴訟内における紛争当事者の役割分担——多様化した紛争手続の相互関係——」（民事訴訟雑誌第27号），井上治典「手続保障の第三の波」（法学教室第28号），棚瀬・前掲書『紛争と裁判の法社会学』，水谷暢『呪・法・ゲーム——私的紛争の手引き』（信山社，1991年）
4 フランス・ドゥ・ヴァール著・西田利貞，榎本知郎訳『仲直り戦術——霊長類は平和な暮らしをどのようにして実現しているか』（どうぶつ社，1993年）は，霊長類の和解行動についての豊富な事例をあげている。

紛争解決学の成立を妨げていた原因

それでは，これまでなぜ紛争解決の鉱脈に入れなかったのだろうか。そして，紛争解決学を樹立することができなかったのだろうか。紛争解決学の成立を妨げていた原因はいろいろ考えられるが，私なりに思いあたることは次のとおりである。

第1に，生物としての人間は，成育と学習にたくさんの時間がかかる。しかし，その割りには生命が短く，紛争解決学に気がつく前に老いて死んでしまうのである。

第2に，人間の脳の生理，あるいは心の在り方が，容易に紛争解決学を成

立させない仕組みになっているのではないかと思われる。しかしこれは，私の単なる仮説に過ぎない。また，この仮説に対しては，脳の中に和解の仕組みがあるという正反対の説もある。それならば，紛争解決学を成立させる仕組みがあるということになるが，果たしてそうかどうかは，脳の仕組みが解明されるに従って分かってくることであろう。しかし，ここでは，脳の中に和解の仕組みがあるとしても，なお容易に紛争解決学に成立させない仕組みもあるという意味で，一応仮説として残しておきたい。

　第3に，これまでの人間の歴史が，人をして紛争解決学を成立させない，という流れをしていたことである。

　この点については，はっきりしている。すなわち，これまでの人間の歴史は，経済的には搾取，政治的には武力の歴史であった。現在でも一部あるいは潜在的にはこの流れは続いている。法は武力によって守られており，裁判は武力による紛争解決の代替物であった。この線から外に出ない限りは，和解を重視する紛争解決学などというものはとりたてて必要なものではなく，そもそも問題にならなかったのである。

　第4に，紛争解決学の地盤を支えているものは，私的自治であるが，その私的自治が十分に育っていないことである。すなわち，私的自治は，戦時体制のもとでは各種の社会統制によって抑圧され，平時には産業育成政策，規制政策，福祉政策などの社会政策によって後退が迫られる。そのために，私的自治に基盤を置く紛争解決学に到達することが困難になるのである。

　第5に，紛争解決学を成立させ，発展させる道具を，人間はまだ持っていないのではないか，ということである。紛争解決学を認識し，説明する最も有効な道具は言葉であるが，紛争解決学を言葉で表現することは難しい。矛盾する現象を同時に表現したり，微細な瞬間を正確にとらえたり，激しい変化を追跡したりすることが必要であるが，それを物理的，時間的限界を持った言葉という道具で掌握し，伝えることは非常に困難である[1]。紛争解決学を成立させ，発展させるほどの言語体系を，人間はまだ持っていないのかも知れない。

　以上のとおり，人々がこれまで紛争解決学の成立を妨げていた原因は，いろいろ考えられる。しかし，考えてみれば，これらの原因は，そのまま人間の限界を示しているのである。しかし私は，人間にこのような限界がある以

上，紛争解決学を成立させることは無理だと言っているのではない。逆に，限界があるからこそ，限界を越えるという目標を設定したいのである。その目標こそ，紛争解決学を樹立し，発展させることに他ならない。

言葉を換えれば，紛争解決学の成立を妨げている原因は，即，紛争解決学が克服すべき課題である。したがって，この課題を克服してゆく過程とその結果が紛争解決学の主要な内容になるが，それでは一体，どこから取りかかればよいのであろうか。

最初に考えられるのは，私的自治の確立であろう。和解などの幅広い手段を使って紛争を解決しようという機運が，ようやく人々に広まってきたからである。したがって，この私的自治を手掛かりにして順次ハードルを跳び越えることによって，紛争解決学を成立させるのが，最もよい方法だと考えられる。

  1　宮澤賢治『春と修羅』の前文に，「正しくうつされた筈のこれらのことばが　わづかその一点にも均しい明暗のうちに（あるひは修羅の十億年）　すでにはやくもその組立や質を変じ　しかもわたしも印刷者も　それらを変らないとして感ずることは　傾向としてありえます」とあるが，これは，言葉という道具の性質をよくあらわしている。

「近代」を源泉とする2つの源流と紛争解決学

「近代」を説明する言葉はたくさんあるが，その主要なものとして，「法の支配」があげられる。すなわち，近代においてはじめて，「武力の支配」から「法の支配」に転換されたのであって，その重要性からして，「法の支配」は近代の主柱の1つである。

近代における法の支配の大きなファクターは，個々人に物理的強制力の行使を許さず，自力救済を禁止して，物理的強制力を国家が独占したことである。「訴訟は歴史的にみると（そして現在でも），ピストルを打ちあったり短刀を振りかざして行う私的決闘の代替物である[1]」という言葉が，そのことを如実にあらわしている。

法の支配のこの側面に着目すれば，「法」のとらえ方も，それに即したものにならざるを得ないであろう。川島武宜教授は，法の特色として，権利義

務の規範としての法，政治権力の強制を伴う規範としての法，裁判の基準としての法をあげるが[2]，「裁判という現象において権利を中心とする法の概念と政治権力の強制を中心とする法との接点が見出される[3]」と言うのであるから，川島教授はここでは「法」の物理的強制力の側面を重く見ていることは確かであろう。

　これが近代を源泉とする1つの源流である。この流れは，制度としては司法という国家機構を構築して，近代の裁判制度を組織，運営し，学問としては多くの実体法学，手続法学を生み出した。そしてこの流れは，あたかも法の支配の本流のように人々から意識されていたので，近代を源泉とするもう1つの流れは見逃されていた。見逃されていたというよりも，「他にはない」と思われていたと言ってよいだろう。

　それでは，もう1つの流れとは何であろうか。

　それは，主として民事の法現象としてあらわれるものであるが，近代私法の基本的要素の1つである法的主体性を源流とするものである。

　川島教授は，近代私法の規範関係は，私的所有，契約，法的主体性の3つの基本的要素から成り立っているとし，法的主体性を「商品交換の過程においては，交換当事者は，私的所有および契約をとおして，相互の独立主体性──すなわち法的主体性──を承認しあっている[4]」と説明している。商品交換の過程に限らず，近代私法が理念のうえで個々人の法的主体性を承認したことは，確かなことだと思う。すなわち，近代私法においては，個々人は農奴的な支配から解放された。もっとも，実際に皆が法的主体性を獲得したかと言えば，必ずしもそうではない。しかし，建前のうえでは身分による差別がなくなり，理念的には個々人が法的主体性を獲得したのである。

　個々人が法的主体性を獲得することを，社会システムの原理としてとらえるとすれば，それは「私的自治」ということになる。すなわち，個々人の身分及び財産に関する私法の分野においては，その法律関係を個々人の自由意思にまかせるという「私的自治」が，近代私法の基本原理として確立されるべきものであった。この「私法自治」の流れこそが，近代を源泉とするもう1つの流れである。

　この流れを尊重するとすれば，紛争解決の局面において，当事者間の合意を基本に据えることになる。そして，合意に至るまでの過程を重視する。ま

た，この過程を制度化するものとして，調停制度や仲裁制度が視野に入ってくる。すなわち，裁判外紛争解決（ＡＤＲ）もこの流れの線上にあることは十分に理解できるであろう。そしてまた，この流れをとらえる学問は，従来の法律学とは違うものでなければならない。その従来の法律学と違う学問が，「紛争解決学」に他ならない。もとより，紛争解決学は，私的自治の流れにあるものだけを対象にするのではないが，その主たるテーマは私的自治を源流とする流れの中にある。

　私的自治を源流とする流れを視野に入れると，「法」のとらえ方も変ってくる。すなわち，法が裁判規範であるという従来のとらえ方に加えて，法に紛争解決規範としての機能があるという地平が見えてくるのである。この「紛争解決規範」については後に説明するが，ここで大切なことは，「法」が物理的強制力の行使を背景にして使用されるのではなくて，当事者の合意をとりつけるために使用されるということである。すなわち，司法的解決においてはほとんど絶対的な条件だと思われていた「強制」が，私的自治の流れの方で紛争を解決するときには，必ずしも必要ではないということである。

　このように，同じ「近代」という源泉から発生したとは言うものの，源流は２つあるのである。そして，この２つの源流は，著しい対称を示している。これを図示すれば，以下のようになる。

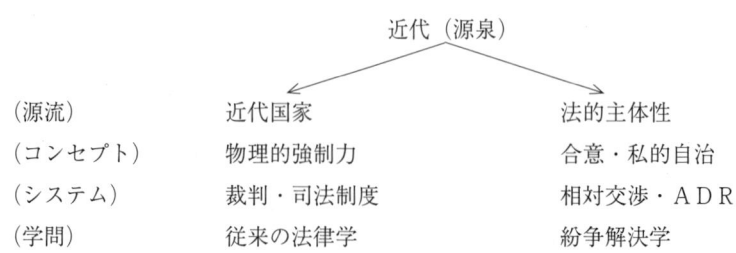

　「武力の支配」から「法の支配」に転換されたことに関連して，この２つの流れを比較しておこう。

　紛争を解決するときに，近代国家を源流とする流れは，「武力で勝ち負けを決める」ということを「法で勝ち負けを決める」というふうに転換したのである。すなわち，「武力」を「法」に置き換えただけで，「勝ち負け」は

残ったのである。
　これに対し法的主体性を源流とする流れは,「勝ち負けを決める」という部分にも,紛争解決のメスを入れようというのである。このことについても後に詳しく述べるが,私がここで述べたいことは次のとおりである。
　すなわち,「近代」の中には,国家の司法作用としての裁判制度と,当事者間の合意を基本に据える自主的解決とが,同等の価値を持つものとして,もともと設計されていたはずである。しかし,現実には前者が巨大になり,後者が脆弱である。私が後者に着目して,紛争解決学を樹立したいと思う動機がここにある。
　なお,以上の2つの流れは,理念的にとらえたものであって,実際にはこの2つの流れは,重なり合ったり,変形したりしている。その過程を見ることも紛争解決学のテーマになるが,ここでは,紛争解決学の成立の根拠を明らかにするために理念的なとらえ方をした。

1　ジェローム・フランク著・古賀正義訳『裁かれる裁判所上』(弘文堂,1964年) 40頁
2　川島武宜『法社会学上』(岩波書店,1958年) 65頁以下
3　同書77頁
4　川島武宜『民法総則』(有斐閣,1965年) 3頁

私的自治と規範の現在

　「近代」の中に「私的自治」が設計されていたことは確かであるが,前述のとおり,私的自治は,戦時体制のもとでは各種の社会統制によって抑圧され,平時には産業育成政策,規制政策,福祉政策などの社会政策によって後退が迫られる。近代以降,人類は長い間戦争をしていたし,戦争をしていないときも,戦後処理や次の戦争の準備に勤しんでいた。極端な言い方だと受け取られるかも知れないが,近代以降の人間の歴史は,戦争と間氷期ならぬ間戦期の歴史であった。そのような歴史の中では,私的自治どころではないのである。
　したがって,私的自治が設計されていたとは言え,現実には設計図どおりになっていない。このことからすれば,私的自治は,現実に存在すると言う

よりも，価値として目標にするものであると言った方がよいのかも知れない。もっと正確に言えば，私的自治は，現在のところ，現実に存在する部分と目標として設定される部分が混在しているのである。

　しかし，私的自治を目標として設定することに対しては，反論が予想される。それは，私的自治は畢竟強者の論理であって，弱肉強食の競争社会で私的自治を強調すれば，弱者が切り捨てられるという論理である。たしかに，ひと口に私的自治といっても，その質と量にはさまざまな在り方があるから，一歩間違えば，弱肉強食を助長することになりかねない。こう考えてくると，私的自治自体の中に，どこか危うげなものを内包していると思わざるを得ない。この危うげなものを避けようとすれば，計画経済，社会政策の道に進むことになり，私的自治は隅に閉じ込められる。すなわち，「平等」を「自由」と対立する概念ととらえる立場からすると，「自由」にウエイトを置いている私的自治は，価値のないもの，いや，むしろ有害なものだと扱われてしまうのである。

　この反論には，一理あると言わざるを得ない。少なくともこの反論は，私的自治が人々の考え方によって影響を受けやすいということを示唆している。またこのことは同時に，私的自治が社会の変動によって影響を受け，その質量を変えることも示唆している。これは要するに，現実の私的自治を，価値あるものとして維持し続けることは難しいということである。

　しかし，この反論によって示唆されることを前提にして，さらに一歩前に進めることはできないものであろうか。

　今私は，「自由」と「平等」とを対立する概念ととらえる立場を前提にして反論を予測したが，自由と平等との関係をどのようにとらえるかということは，それほど単純な問題ではない。たしかに，自由と平等は，一方を重視すれば他方を軽視せざるを得ないことになり，ジレンマの関係に立つことが多い。しかし，このジレンマの克服はさまざまな局面で試みられている。つまり，自由と平等のジレンマのせめぎ合いの中で，具体的な問題について打開をはかってゆくのが，現代の課題なのである。

　このように考えると，当初「近代」に設計されていた「自由」にウエイトを置いた私的自治は，「現代」においては，「平等」を取り込んだもの，すなわち，自由と平等のジレンマを抱えつつ，自主的に打開をはかる私的自治に

変質したと言うべきであろう。この「自主的に打開をはかる」実践そのものが，現代の私的自治の内容になっているのである。

では，「規範」は，現在どのような状況になっているのだろうか。

もとより，法規範をはじめ，さまざまな規範が明確に存在し，その規範を使って人々が生活し，企業が活動することが今なおベースになっているが，一方では，規範が崩壊し，規範が見えなくなっている現象が確実に進行中であることは否定できなくなってきた。

争っている両当事者の拠り所としている規範がまったく異なるときは，相互に規範が崩壊していると認識し，解決できなくなってしまう。そのような場合には，双方の拠り所としている規範とは別の規範を使う合意をし，当事者間の「関係」を取り結ぶことによって，解決することができる[1]。

また，「法」という明確な規範があるにもかかわらず，法規範を選択せずに「合意」を選択することもある[2]。このような場合には，「法」には一時退席してもらって「合意」を目指すことになるが，そのようなことは，日常的に行われていることである。これは，決して不合理なことでも，法意識の未発達によるものではない。むしろ，法的主体としての個々人が，自分のことは自分で解決する，すなわち，法を援用するまでもなく解決するという意味で，私的自治の発達のあらわれであると理解すべきである。

しかし，「規範の現在」を考察するとき，それは，規範が崩壊した場合，規範に後退を迫る場合だけを想定すればよいというものではない。紛争解決にあたって，適切な規範がないときもあるのである。そのような適切な規範がない場合でも，紛争が起これば，何らかの解決をしなければならない。そのときには，規範が崩壊したとき，規範に後退を迫るときと同様に，「合意」によって解決をはかることになるのである。

合意によって解決するとひと口に言っても，合意に到達するまでには，紛争に対する感情や利害を読み，言葉のやりとりをし，心理の動きを把握し，解決の見通しを立てるなど，さまざまな努力を尽くさなければならない。また，何らかの工夫をすることによって，合意を引き出す知恵も必要である[3]。

1 この例として，アメリカに移住してきたイスラム教徒のインド人の父と娘の争い。廣田・前掲書『紛争解決学〔新版増補〕』28頁～29頁

第1講　紛争解決学の成立

　　2　この例として，雨漏りの補修を要求する注文主が，その機会に照明器具を請負
　　　業者に交換させるケース。同書29頁～31頁
　　3　新しい紛争解決規範を創ることによって解決した例として，同書172～177頁

紛争解決学の誕生

　最初は種子あるいは萌芽としてしか見えていなかった「紛争解決学」は，「近代」を源泉とする私的自治を視野に入れ，そこに充満している紛争解決規範や合意を掌握すると，理論化することが可能になってくる。そして，それを理論化することが可能になれば，萌芽は根を張り，幹を伸ばし，いよいよ紛争解決学が誕生することになる。

　しかし，この理論化には3つの困難性がある。

　1つは，理論化する方法の難しさである。これまでの法律学は，法の側から，あるいは社会の側から法現象を考察し，それを理論化していた。しかし，紛争解決学は，紛争の側，あるいは当事者の側から法現象を考察するものである。したがって，言わば底辺から積み上げるような方法を採用しなければならない。しかし，底辺から積み上げる方法は，ともすれば個別紛争ごとの問題に引っ張られがちになるので，理論化に困難性が伴うのである。

　2つは，理論化するときに対象を掌握することの難しさである。理論化するためには，紛争解決規範や事実をミクロ化して表現する必要があること，絶えず動き回って変化する事象を把握しなければならないこと等の作業が必要であるから，正確を期すことが難しい。

　3つは，理論化したものを言葉で伝えることの難しさである。理論化してから他に伝達するまでの間に一定の時間が必要であるが，その間に「正しくうつされたはずのこれらのことば　わづかその一点にも均しい明暗のうちにすでにはやくもその組立や質を変じ[1]」ということになるからである。

　しかしこれは，紛争解決学を誕生させるためには，避けることができない宿命であろう。それならば，頭を切り換え，理論化する目的を点検することによって，覚悟を決める必要がある。

　理論化する目的は，1つは，理論化することによって，その成果を一般に使用できるようにすることである。すなわち，汎用性を高めることと言い換えてよい。

もう1つの目的は，理論化することによって，その成果を社会化することである。すなわち，私的自治を社会に広くゆき渡らせることである。

　このような目的がある以上，紛争解決学を誕生させてしまう方がよい。そして，紛争解決学を研究し，発展させるプロセスの中で，理論化の困難性を克服するのが望ましい。

　私は前に，紛争解決学の成立を妨げていた原因を5つ挙げたが，私的自治と規範の現在を考察したことによって，私的自治を確立する道筋はある程度見当がついたと言えよう。

　次に，紛争解決学を誕生させれば，ただちに紛争解決の局面における言葉の使い方が問題になる。すなわち，言葉の枠組み，論理構造を解明すること，言葉をミクロ化して使うことによって紛争と解決の細部を究明することが必要になる。そのことは，紛争解決のための言葉を獲得することに他ならない。紛争解決学の誕生を先行させることになるが，紛争解決学を発展させる道具＝言葉を持っていないという限界は，克服の方向に向かってゆく。

　そして，ここまでくれば，「強制」を専らにしていた歴史の他に，「合意」の流れを示すことができるであろう。そして，「勝ち負け」を決める流れに水をさすところまではゆかないまでも，「和解」に誘導することも可能になるだろう。したがって，「勝ち負け」で語られていた紛争解決の歴史も，変化の方向が見えてくる。

　これから先は，紛争解決学の力量の問題である。紛争解決学だけでなく，その枠を越えて，他の学問の力を借りなければ克服できることではないかも知れない。例えば，人間の脳の生理の問題や心の在り方については，大脳生理学や心理学などの領域に属する問題であろう。しかし，紛争解決学が発達すると，大脳の使い方が変わるという相関関係はあり得ると思う。

　さらに，人間の生命についてもまた，紛争解決学の枠を越えることであろう。人間の生命を伸長させることは専ら医学の仕事だからである。しかし，紛争解決学が普及すれば，若いときから紛争解決学に取り組むことができるので，人間の生命が短いことによる影響は気にならなくなるだろう。

　このようにして，紛争解決学の限界，ひいては人間の限界に見えたものは，私的自治を手掛かりにして切り拓いてゆくことによって，次々に克服する見通しが立つのである。

私がここで，克服の方向性とか，克服する見通しなどという言葉を使ったのは，それがまだスタートについてから間がないからである。しかし，紛争解決学の成立を妨げていた5つの原因を克服することは，相互に相関関係があるので，うまくゆけば加速度がついて前進するだろう。

　こうしてみると，理論化する目的は，汎用性を高めること，社会化することにとどまらず，人間の限界を越えようとする試みであることが明らかになる。理論化する目的がこのような大きさを持っている以上，その困難性を可能な限り克服しつつ，紛争解決学を誕生させる意義はあると思う。

　こうして，ようやく紛争解決学が誕生した。これから，誕生後の紛争解決学の現時点での到達点を述べることにしたい。

1　宮澤・前掲書『春と修羅』

第2講　紛争解決学の定義と領域

「紛争」の定義

　紛争解決学が誕生するのであれば、早速「紛争解決学」の定義をしなければならない。しかし、その前提として、定義を構成しているキーワード、すなわち、「紛争」、「解決」、「紛争解決規範」という言葉の意味を洗っておくことが必要である。

　そこでまず、「紛争」。「紛争」の定義は、多くの法社会学者、訴訟法学者等によってなされているが[1]、ここではボールディングの定義を借用することにする。

　ボールディングによれば——「紛争とは競争のある状況であり、そこではいくつかの当事者が潜在的な将来の位置が両立しえないことを意識（aware）していて、しかも、各当事者がほかの当事者の欲求と両立できない1つの位置を占めようと欲求し（wish）ているような競争状況と定義されうる[2]」

　では、「紛争」という言葉によって、何をイメージするのだろうか。一般に紛争の原因として考えられているものは、価値観の相違（これは個人的な価値観の相違もあれば、社会的、民族的、国家的な相違もある）、思想や宗教を巡る対立、名誉や地位を巡る衝突、経済的利害の対立、組織内部の上下や横の関係の対立、組織間の競争、家族内の争い等々さまざまなものがイメージされる。すなわち、紛争には、法律的紛争のみならず、政治的紛争、経済的紛争、社会的紛争、宗教的紛争、民族的紛争、国際的紛争など、いろいろなものがあり、しかも、政治的紛争と民族的紛争が結びついたものなど複合的な紛争もたくさんある。

　これらの紛争はすべて紛争解決学の対象になるものであるが、今すぐにすべてを取り扱うことはできないので、ひとまず法律的紛争を中心に考えることにする。政治的紛争等々の紛争は、多かれ少なかれ法律的紛争の要素を

第2講　紛争解決学の定義と領域

持っており，法律的紛争について考察すれば，他に応用できるからである。

法律的紛争の中にも，いろいろな類型がある。大きく分けて，刑事上の紛争と民事上の紛争に分かれるが，ここでは，とくに断らない限り民事上の紛争について論述を進めることにする。

民事上の紛争はさらに，いろいろな分野に分かれている。

一般民事事件の中には，民法総論に関するもの（時効，代理等々），民法物権に関するもの（所有権，用益物権，担保物権，入会権，温泉権等々），民法債権に関するもの（金銭消費貸借，借地・借家，請負，不法行為等々），民法親族・相続に関するもの（離婚，遺産分割等々）の外，日照権，環境権等々の事件がある。そしてその他に，商事事件，労働事件，行政事件，工業所有権，渉外事件（国際私法，国際取引）等々が民事上の紛争の範疇に入る。

これらは，紛争に着目した類型分けであるが，当事者に着目するとどのように分類されるであろうか。ロビンソン・クルーソーのように，無人島でひとりで暮らすのならば紛争は起こらないが，紛争という限りは，2人以上の相対峙する当事者が存在する。

まず，親子，兄弟，夫婦の個人間の紛争。男女間，友人間も個人間の紛争であるが，交通事故のように偶然にはち合わせした個人間の紛争もある。

会社内，団体内，組織内，国家内の上下の縦の関係や，左右の横の関係にも個人間の紛争が起こる。

また，個人と会社・企業・団体，企業と企業，個人と国家，国家と国家のように，個人と集団，集団と集団の紛争もある。

しかし，類型ごとに1つ1つを対象とすることはできないので，ここでは，個人間の紛争を念頭に置いて論述を進めることにする。個人間の紛争は，シンプルで分析しやすいばかりでなく，集団の紛争も，いったん個人間の紛争に分解して組み立てる方法で研究できるし，また応用も可能なので，方法としては，個人間の紛争を基本にして論ずることが最も適切だと考えるからである。

1　紛争の定義については，千葉・前掲書『法と紛争』に詳しくまとめられている。
2　ボールディング・前掲書『紛争の一般理論』9頁

「解決」についての考察

次に、「解決」を巡って、考察をしておきたい。

まず、「紛争」と「解決」との関係について、果たして「解決」が必要なのかという問題提起があるので、その問題に答えておかなければならない。

千葉正士教授は、紛争解決至上主義を批判して、人は一般に紛争は解決されるべきものだと信じ込む傾向があり、紛争と言えばその解決に力を注ぐが、紛争が社会にとって必ずしも逆機能なものとは限らず、良機能なものでもあるならば、その限りで紛争は存続しあるいは奨励されてよいと言い、「紛争は、必ずしも解決という言葉で示されるような処理のされ方を受けなくてもよい、事実、受けていない[1]」と言う。そして、「紛争の解決という概念は正確ではない。処理 (management)、緩和 (mitigation)、軽減 (reduction)、調整 (accomodation) 等の概念がより適切であることが明らかである[2]」として、「解決」という語を用いずに、「処理」という語を用いている。また、多くの法社会学者も、紛争解決機関などと言わずに、紛争処理機関という言葉をよく使っていた。法社会学的にみれば、この用語法は正確なのかも知れない。

ひとりひとりの人間が、その好み、希望、目標、能力に違いがあり、そのひとりひとりが集まって社会をつくっている以上、その社会の中で紛争が発生することは、不可避であることは確かである。したがって、ある程度の紛争が存在することは、社会にとって正常な姿であることは、千葉教授の言われるとおりである。

例えば、規範というものはいったんできるとかたく守らなければならないもののように見えるが、しかし、その規範が形骸化してくると、紛争がその形骸化を修正する力を持つ。紛争がそのような形で出てくる場合には、むしろ、その紛争は社会にとって有益なものと言える。

また、前講で紹介した富士五湖カントリー富士ケ嶺事件に関しては、この事件が直接の原因になったのではないが、これらの類似事件の集積によって、後に「ゴルフ場等に係る会員契約の適正化に関する法律」（平成4年5月20日法律53号）が制定された。さらに、わが国全体の消費者保護政策を促す遠因の1つになり、やがて「消費者契約法」（平成12年5月12日法律61号）に結実した。すなわち、この事件自体が、あたかもトリックスターのような役割を

果たしたのである[3]。

　これらは，千葉教授が指摘される紛争の良機能の面であるが，私もその面を見逃してはならないと考えている。

　しかしこれらは，社会現象としての紛争の位置づけとか，紛争が持っている社会的役割を言うのであって，いわば社会の側から個々の紛争を見るという方法をとった場合の考察である。逆に個々の紛争からスタートして考察を進める方法をとる場合には，紛争の見方も解決の見方も違ってくる。すなわち，個々の紛争からスタートして考察を進める紛争解決学は，社会の側から考察を進める法社会学とは関心や方法に相違があるのであって，この点に紛争解決学の特徴と存在理由がある。

　個々の紛争からスタートして考察を進めると，その紛争が社会的に見て良機能であるか，逆機能であるかという問題よりも切実なことは，当事者がその紛争によって，どのように影響を受けるのかという問題である。

　紛争によって生涯を棒に振ってしまう人は少なくない。また紛争はときには破産や死をもたらす。その意味で紛争は実に恐ろしいものである。そこで，いざ紛争が発生したというときには，まず解決に向けてさまざまな力が発動される。

　したがって，切実に解決を望んでいるクライアントに対して，弁護士が「紛争を解決しましょう」と言わずに「紛争を処理しましょう」などとは，とうてい言えない。ここはどうしても「解決」でなければならない。

　しかし，紛争が発生し，紛争に向けて行動を起こすことになっても，その紛争が当事者にとってどのような意味があるのかという問題は，絶えず念頭に置いておく必要がある。

　例えば，その当事者にとって意味のある紛争もある。紛争が起こって悩み，憤慨しても，実はそれが運命をよい方向に転換させるための事件であることもある。心理学では，人間の内界の状況が外界の事象と呼応していることを布置が形成されると言うそうであるが[4]，当事者には気づかれていない運命の変化が外界の紛争との間に布置を形成することは，よくあることである。そのような紛争は，その当事者にとって望ましいことが多いから，紛争が発生したときには，布置の有無を検討し，布置と分かれば布置にふさわしい方法で解決することが必要である。

「解決」についての考察

　そこで,「解決」に的を絞って考察を進めることにしよう。
　ボールディングの定義に従えば, 紛争を「解決」するということは, ここで言う「競争状況」の「解除」に他ならない。すなわち, この定義から導かれる「解決」は, ①競争のある状況を解除すること, ②潜在的な将来の位置が両立しえないという当事者の意識を解除すること, ③ほかの当事者の欲求と両立できない位置を占めようという各当事者の欲求を解除すること。
　以上のうちの少なくとも1つの条件を充たすことである。
　問題は, どのようにしてこれらの条件を充たすようにするかである。これが紛争解決の方法と実践ということになるが, ここから先が容易な仕事でないことは, これらの条件について少し考えてみればすぐに分かることである。
　また, これらの条件を充たせば何でもよいというものではない。強制的に競争状況を解除されても当事者の納得が得られないことが多いであろう。さらに, 当事者が関係を切断するアヴォイダンス (avoidance)[5] も, これらの条件を充たすことになるので,「解決」の範疇に入ることになる。しかし, 現実にアヴォイダンスによって紛争が解決されることはあるにしても, 紛争解決学の立場からアヴォイダンスを積極的に奨励することはできない。アヴォイダンスを勧めることは, あくまでも例外である。このことは,「解決」と言う場合に, その質も同時に問題にされなければならないことを示唆している。
　解決の質を論ずるときに, その尺度を短い言葉で表現するとすれば, 正義の実現と当事者の納得であろう。しかし,「正義」と言っても, 現代では絶対的な正義が多いわけではなく, ほとんどの場面で正義は相対的になっている。当事者の納得についても, そのパーソナリティによって左右されるので, やはり相対的なものである。しかし, 相対的なものとは言え, 正義の実現と当事者の納得が解決の質を決めていることは明らかである。端的に言えば, 正しくない解決や当事者が納得しない解決は, 質のよくない解決なのである。
　したがって, 紛争解決学は, 紛争解決の総量の増加を目指すとともに, 質のよい紛争解決を目指していると言ってもよい。
　さて, 前に紛争の類型を並べてみた。いろいろな紛争を並べてみると, はっきり分かることは, それがいずれも人為によるものである, ということである。つまり, この人為というしろものが, 紛争となって人間, 社会を

覆っているのである。この「人為」というところに紛争の原因があるのならば，解決の鍵も「人為」にあるはずである。

　昔は，人為ではなく，天意によって紛争を解決していたというが（例えば，巫女による呪術），人間がここまで自然を加工し，社会，文化，経済を築いてきた以上，人為のウエイトが，紛争の局面でも，解決の局面でも圧倒的に大きくなった。つまり，呪術や占いなどの天意では心理的な安定を得られても，真の紛争解決はできなくなったのである。この当り前のことも強く意識に乗せて，人為による紛争解決の質量の向上をはかることを目標としたい。

1　千葉・前掲書『法と紛争』41頁
2　同書42頁
3　河合隼雄『無意識の構造』（中公新書）100頁，河合隼雄『コンプレックス』（岩波新書）118～119頁
4　河合・前掲書『コンプレックス』104頁
5　アヴォイダンスについては，和田仁孝『民事紛争交渉過程論』（信山社，1991年）148頁

紛争解決規範の機能と定義

　法は，行為規範であり，社会規範であると言われている。法が行為規範，社会規範としての機能を持っていることはその通りであって，私にも異論はない。

　また，いったん紛争が起こったとき，法は裁判規範としての機能を発揮すると言われている。そのことから，法は裁判規範であると言われているが，それもその通りであって，私にも格別異論があるわけではない。

　しかし，紛争が起こったとき，法の裁判規範としての機能だけが論じられることについては，異論がある。

　法を裁判規範とみることは，紛争が起こったときには専ら裁判を行うのだということを前提にしている。そして，裁判で勝ち負けを決定するときに法を使うのだという考えがその基本にある。この考えには，武力によって紛争解決をしていた名残がある。すなわち，武力による紛争解決の代替物として裁判をみることに他ならず，だからこそ，結論が勝ち負けになることに何ら疑いを持っていない。

紛争解決規範の機能と定義

　しかし実際には，紛争が起こったときに，人々は，必ずしも裁判をするわけではない。また，必ずしも勝ち負けによって決着をつけるわけではない。多くの紛争は，裁判をせずに，相対で協議を重ね，和解をすることによって，裁判をする前に解決されているのである。また，調停機関や仲裁機関を利用して解決することもある。さらに，いったん裁判になった後でも，調停や和解で解決し，勝ち負けという結論を出さない紛争も多い。

　人々は，これら場合にも，法の裁判規範としての機能が和解を促進しているのであるから，法の裁判規範としての機能が働いているのだと言うかも知れない。しかし，現実に裁判を行っていないのに，裁判規範としての機能が働いているというのは，論理に無理があるのではないだろうか。むしろ，これらの場合には，裁判規範とは別の法の機能が働いていると考えた方が無理がなく，また，事実に即しているのではないだろうか。このように考えると，法の「もう1つ別の機能」の存在が認識の中に入ってくるのである。

　人々は，これらの裁判によらずに紛争を解決する場合には，互譲の精神やいわゆる常識によって解決するのだと言う。しかし，裁判によらずに，裁判外の和解，調停，仲裁，裁判上の和解などによって紛争を解決するとき，人々は，法を使わないのであろうか。法の何かの機能を使って解決するのではないだろうか。また，法の何かの機能を使わないとしても，別の何かを使って解決するのではないだろうか。

　人々が裁判外の和解などによって紛争を解決するとき，規範を使わないのかと言えば，そうではない。人々は，決して漠然と紛争を解決するわけではない。紛争を解決しようとすれば，そこには通常とは異なる明確な意思と意欲を働かせる。その意思と意欲を働かせるエネルギーの根底には，規範が存在する。言い換えれば，人々は自分が正しいと思わなければ紛争を解決する意思を持たないのである。自分が思っている正義が全部は通らなくても，まずまず通ったと納得しなければ，握手はしないものである。すなわち，和解などの合意による解決においては，必ず規範が使われるものであって，規範が使われていない和解はないといってよい。それが法規範でなく，単なる互譲の精神や常識のように見えても，それを規範として使おうという意思が存在し，まさしく互譲の精神や常識は規範化しているのである。あるいは高次の規範と連結して使われると言ってもよい。ただし，当事者がそこで使う規

第2講　紛争解決学の定義と領域

範を意識しているとは限らない。しかしいずれにせよ，当事者は意識もしくは無意識のうちに，規範を使っているのである。

　この当事者が意識，無意識のうちに使う規範が，法であるとすれば，法の何かの機能を使うのであって，それは，裁判規範としての機能とは別のもの，すなわち，法の「もう1つ別の機能」に他ならない。このことからも，「もう1つ別の機能」の存在が認識の中に入ってくる。また，当事者が意識，無意識のうちに使う規範が，法でないとすれば，法以外の規範の機能を使うのであって，それは法の「もう1つ別の機能」と同じ機能であるはずである。

　この両面から認識の中に入ってきた法の「もう1つ別の機能」を，私は，法の「紛争解決規範としての機能」とネーミングした。すなわち，法には裁判規範としての機能とは別に，紛争解決規範としての機能を持つ。そして，紛争解決規範としての機能をもつが故に，法はまさしく「紛争解決規範」なのである。

　ここで明らかになったことは，法には，行為規範，社会規範，裁判規範としての機能の他に，もう1つ紛争解決規範としての機能があったということである。

　裁判を決闘の代替物と考え，法の裁判規範としての機能にとらわれていては，法を紛争解決規範と考える視点は見落されて当然のことであろう。しかし，紛争の局面では，法はまず紛争解決規範としての機能を発揮するものであり，人々はこの機能を使ってあらかたの紛争を解決してしまうのである。にもかかわらず，法の裁判規範としての機能によって紛争は解決されるのだと長らく信じられていたために，紛争解決にあたって働きはじめる紛争解決規範としての機能が見落されていたのである。その結果，解決されるべき紛争が解決されず，またあるべき姿で解決されずに紛争が歪んでしまうことも少なくなかった。

　さらに言えば，これまで裁判規範といわれている機能の多くは，法の紛争解決規範としての機能が裁判手続に従って使われているのである。

　そればかりではない。紛争の側から紛争解決規範を見た場合，それは，法だけではない。法以外に紛争解決規範として使うことができるものはたくさんあり，現実に人々は，さまざまな紛争解決規範を使って紛争を解決しているのである。

このように，紛争解決規範を明確に認識した以上，ここで，「紛争解決規範」を定義しておく必要があるだろう。

　まず，「規範」の意義であるが，辞書（大辞林）によると，規範とは，行動や判断の規準・手本とある。また，単なる事実ではなく，判断・評価などの基準としてのっとるべきもの。準拠，標準，規格。とある。

　私は，この中に，正当性のイメージという要素をつけ加えておきたい。

　したがって，紛争解決規範を定義すれば，「紛争解決のためにそれを使うことが正当とされる基準」ということになる[1]。

　このように，紛争解決規範を，紛争解決のために使うことが正当とされる基準と定義した場合，紛争解決の局面で使用される紛争解決規範には，さまざまなものが存在するが，その種類，内容については，後に詳しく検討する。

---

1 「紛争解決規範」という言葉自体は，私が最初に使いはじめたものではない。例えば，「紛争解決規範の多重構造——仲裁の判断基準についての裁判法学的考察——」（三ケ月章『民事訴訟法研究九巻』有斐閣，1984年・277頁）によれば，紛争解決規範の複合体を円錐台と構想し，調停規範としての「条理」，仲裁規範としての「広義の法」ないし「善と衡平」，裁判規範としての「狭義の法」ととらえている。しかし，私は，法の紛争解決規範としての機能に着目するとともに，人々が紛争を解決するときに使う法以外のさまざまな規範をも含めてその全体を紛争解決規範ととらえる。また，紛争解決規範は，調停，仲裁，裁判のみならず裁判外の紛争解決において縦横に使用されるものとしている。したがって，私の言う紛争解決規範と三ケ月論文の言う紛争解決規範とは，全く違う概念である。

紛争解決学の定義

　ここにおいて，ようやく「紛争解決学」を定義することが可能になった。

　私は，「紛争解決学」を，次のとおり定義する。すなわち，——

　紛争解決学とは，紛争解決規範及び合意の形成，構造，内容，使用，効果を解明するとともに，紛争解決規範を使い，合意に到達することによって紛争解決をはかる，当事者の諸現象並びに紛争解決システムを解明する学である。

　ここで，この定義に関して，いくつかの注意点を解説しておきたい。

第 2 講　紛争解決学の定義と領域

①　まず，紛争解決規範と言うのは，そこにある規範（例えば，法，条理等）そのものを指すこともあるし，それらの紛争解決規範としての機能を指すこともある。また，紛争に直面して，その場で紛争解決規範を組み立てる必要があることもあり，そのようにして組み立てられるものを指すことがある。その場合には，正当性を獲得する過程が問題になる。

②　紛争解決規範と並べて，「合意」の文言が入っているが，これは，第1講で述べたとおり，規範が崩壊したとき，適切な規範がないときなどにおいても合意に到達することによって解決することが多くなってきたから，定義のうえで明確にしたのである。

③　紛争解決規範及び合意を解明するための方法について，形成，構造，内容，使用，効果と具体的に並べた。これらは，具体的な対象に応じて，andで結ばれたり，orになったりする。また，形成，構造，内容，使用，効果と並べたが，これらの語に関連することを含む。したがって，紛争解決規範及び合意に関するすべて，という意に近い。それでも敢えて形成，構造，内容，使用，効果と並べたのは，解明方法を具体的に示す方が研究にとりかかりやすいと考えたからである。

④　紛争解決規範の使用形態の中には，有権的に紛争解決規範が使用される場合を含む。したがって，訴訟手続において紛争解決規範が使用される限り，訴訟は紛争解決学の範疇に入る。しかし，それは民事訴訟法学の対象になっているから，訴訟の多くは民事訴訟法学の研究に委ねることになる。すなわち，有権的に紛争解決規範が使用される場合は，紛争解決学の中心的な課題ではない。しかし，裁判上の和解は，有権的な解決方法というよりも，合意の問題になるから，紛争解決学の主要なテーマになる。

⑤　定義の中に「紛争解決規範及び合意の形成……」という言葉があるが，ここに言う「及び」はandもしくはorの意である。すなわち，紛争解決規範を使う合意と紛争解決規範を使わない合意と紛争解決規範を使うが合意に至らない場合の，3つの場合をその範疇に入れている。

⑥　同様に，「紛争解決規範を使い，合意に到達することによって」の「紛争解決規範を使い」と「合意に到達することによって」の関係も，andもしくはorである。したがって，紛争解決規範を使って合意に到達する場合，紛争解決規範を使わずに合意に到達する場合，紛争解決規範を使うが合意に

は到達しない場合の3つがある。

⑦ ⑤と⑥の中で，紛争解決規範を使わずに合意に到達する場合をさらに具体的に場合分けをすると，次のとおりになる。

　ア，双方または一方が紛争解決規範をまったく使わずに合意するとき
　　（例えば，利害の一致）
　イ，双方とも紛争解決規範を使用する自覚がないが，合意するとき
　ウ，双方が使う紛争解決規範がそれぞれ違うが，合意するとき

このウの場合は，紛争解決規範を使わないというのではないが，このような場合も含めて，すべて紛争解決学の範疇に入るということである。

⑧ 「紛争解決をはかる」の「はかる」の意味であるが，ここで問題になるのは，前節で述べたアヴォイダンス，すなわち当事者が関係を切断し紛争から離脱する場合がこの中に入るか否か，ということである。紛争解決規範も使わず，合意にも到達しないアヴォイダンスは，「はかる」という言葉から遠くなるが，いったんは当事者に紛争が意識され，解決方法を模索するのがふつうであるから，当事者が結果としてアヴォイダンスを選択するとしても，「はかる」の意に含まれることとし，紛争解決学の範疇に入れることにしたい。そのことによって，アヴォイダンスを選択しない場合とアヴォイダンスを選択する場合を比較研究することが可能になるし，アヴォイダンスの選択から通常の紛争解決へ移行させる方法を研究することも可能になる。

⑨ 「紛争解決をはかる，当事者の諸現象」の「の」の意味であるが，これは，当事者が持っているという意味もあり，また，その当事者が起こしたという意味もある。そして，その双方を同時に言うこともある。

　さて，「紛争解決学」を以上のように定義したものの，第1講で述べたように，言葉を道具として表現する難しさや，理論化の困難性によって，表現できないものを残している。すなわち，紛争解決学の定義をすることによって，言葉の中に閉じ込めてしまったものがあるということである。

　例えば，合意を強調することは，紛争解決の方法を明確にすることには成功するが，合意を強調し過ぎると，潜在意識にあるものを掬い上げて解決する方法が逆に見えにくくなる。しかし，現在のところ潜在意識にあるものを直接掬い上げて解決する頻度は多くなく，私もいくつか試みたものの，その

第 2 講　紛争解決学の定義と領域

方法を確立したわけではないので，今のところこれを定義の中に入れることには躊躇を覚える。したがって，現在のところは，「合意に到達することによって紛争解決をはかる」という言葉の中に，潜在意識にあるものを掬い上げて合意に到達する場合を含むことにして，定義の中に直接表現しないことにしたい。

　このことは，言葉に閉じ込めた形になっているにもかかわらず，深さと広さにおいて，言葉の表面上の印象の外に拡張されているということをあらわしている。したがって，紛争解決学が将来発展すれば，それに従って定義を変える可能性を持っているということである。

　深さについては潜在意識の例にあげたとおりであるが，広さにおいては，個々人間の民事上の紛争解決からスタートして，民族的紛争や宗教的紛争の解決，ひいては戦争から講和へという問題に発展する可能性もある。それらが「紛争解決規範を使い，合意に到達することによって紛争解決をはかる」ものである以上，すべて紛争解決学の範疇に入るのであって，紛争解決学はそこまでを睨んでいると言ってよい。しかし，私自身がその実践をする機会はおそらくないであろう。したがって，大風呂敷を広げるようなことは控えなければならないが，いつの日にか，紛争解決学を学んだ人が大きな講和をなし遂げるという夢を持っていてもよかろう。少なくとも，そのときに役に立つ理論を構築しておく必要があると，私は考えている。

　私は，紛争解決学を定義することによって，紛争解決学を一定の言葉の中に閉じ込めてしまったが，それにもかかわらず，その言葉の表面上の印象の外にはみ出す含意があることを，以上のようにつけ加えておきたい。

紛争解決学の領域

　そこで，紛争解決学の領域であるが，当然のことながら，紛争解決学は，この定義に該当する範囲にその領域を画している。しかし，前に述べたように，この定義には，深さと広さにおいて，言葉の表面上の印象の外に拡張している含意がある。

　最初に述べておきたいのは，このように定義されて独自の領域を画した学問は，私が旧版を書いた1993年の時点までは存在していなかったことである。したがって，紛争解決学は，新しい系統を持った独立の学問である。

紛争解決学の領域

　さて，これから紛争解決学の領域を具体的に明確にすることにしよう。
　まず，紛争解決学は，広い意味の法律学の範疇に入っていると言ってよいだろう。しかしそれは，たまたまこれまで法律学者が紛争解決学の対象とするテーマを扱っていたことと，最初に提唱した私が弁護士であるからである。したがって，将来は法律学の範疇からはみ出してゆく可能性がある。そのことは，この定義の中の「紛争解決規範」が法規範に限定していないことや，「合意」が法現象の中だけで行われるものでないことなどから，容易に想定されることである。その場合には，言語学，文化人類学，心理学，霊長類学，医学，大脳生理学などからアプローチが試みられることになるだろうが，当面の間は法律学の中で研究が続けられることになるであろう。私自身は法律学以外の学問は研究しておらず，それ以外の学問については，私の認識に入ったものを借りる程度のことしかしていない。しかし，例えば心理学者がこの紛争解決学の定義を見て，「それならばこれがある」と新たな提唱をされるのであれば，紛争解決学は予想外の展開をするであろう。
　それはさて措いて，ひとまず法律学の範疇に入ることにして先に進もう。
　紛争解決学は，法律学を民事法学，刑事法学に分類すると，主として民事法学に属するものである。刑事法学は，国家が有権的に裁定を下す司法作用を対象にしているから，基本的には紛争解決学の範疇には入らない。しかし，アメリカには刑事事件のＡＤＲがあり，わが国でも起訴前に検察官と折衝したり，被害者と示談したり，刑事事件が相対交渉の要素になることもあるから，その限りで刑事法学の分野も紛争解決学の範疇に入る。したがって，紛争解決学は，刑事法学にはまったく無関係というわけではないが，刑事法学の中心的な課題からは外れることになる。
　また，紛争解決学は，民法学や商法学などの実体法学や民事訴訟法学などの手続法学とは異なるものである。実体法学や手続法学は法解釈学であるが，紛争解決学は法解釈学ではない。もとより，紛争解決学が実体法学や手続法学の成果を借りることもあり，紛争解決学自身で法解釈をしたり法手続を論ずることはあるが，それは紛争解決学の定義に基づく研究や実践をするために行うのであって，法解釈そのものを研究の内容とする法解釈学とは，明確な一線を画しているのである。
　従来の法律学は，実体法学と手続法学，すなわち実定法学で構築されてい

た。そして，実定法学によってすべての法現象は覆い尽くされていると考えられていた。しかしこれは，「法」の側からとらえていたからであって，実は実定法学だけではカバーできない法現象があった。そこで，その隙間を埋めるべく登場したのが法社会学である。しかし法社会学は，その隙間をすべて埋めることができたのであろうか。私から見ると，法社会学も「社会」の側から法現象をとらえていたので，まだまだ隙間が空いているのである。

　紛争解決学は，「紛争」の側から，また「当事者」の側から法現象をとらえる学問である。定義にあるとおり，そこには「法」という語も，「社会」という語も入っていない。すなわち，「個」から「全体」を睨む，「私」から「公」に及ぶという方向性を持ち，その逆ではない。したがって，紛争を巡る法現象を隙間なくとらえることが可能になる。その意味でも，実定法学や法社会学とは明確に異なるものである。

　紛争解決学が民事訴訟法学と法社会学に近いことは前述したが，このことについて，もう少し詳しく検討しておきたい。

　まず，民事訴訟法学は，裁判所における民事訴訟という手続を規律する民事訴訟法の解釈・運用を研究する学問である。そして，民事訴訟の目的については，私法的訴権説，権利保護請求権説，私法秩序維持説，紛争解決説，多元説，手続保障説の諸説がある[1]。このうちの紛争解決説をとる場合には，対象が紛争解決学と最も重なることになる。前節で述べたとおり，紛争解決規範の使用形態の中には，有権的に紛争解決規範が使用される場合を含むので，訴訟手続において紛争解決規範が使用される限り，訴訟は紛争解決学の範疇に入る。しかし，それは民事訴訟法学において専ら研究されているので，その大部分は民事訴訟法学に委ねることになる。とくに，有権的に裁定が下される訴訟手続は，紛争解決学の範疇から外れることになり，その部分を紛争解決学が扱うとしても，民事訴訟法学の成果を借りるとき，民事訴訟の論理構造と比較するとき，民事訴訟手続に移行するときなど，紛争解決学の研究，実践に関連するときに限定される。以上により，紛争解決学と民事訴訟法学は，その領域を異にしていることが明らかになった。

　次に，法社会学は，アイデンティティはおろか一定のイメージさえもなかなか共有できないのが現状と言われているが[2]，ひとまず渡辺洋三教授の定義に従えば，「法社会学は，法現象の合法則性を科学的に認識する学問で

あって，それ以上でも以下でもない」ものであり，「ここで合法則性の科学的探究という場合，歴史法則を追求する歴史科学的探究と，せまい意味での経験法則を追求する経験科学的法則との両者が含まれる[3]」ということである。紛争解決学も，法現象を認識する学問であるから，その意味では法社会学の範疇に入るように見える。しかし，紛争解決学は認識にとどまらず，「紛争解決をはかる」ことを対象にしている。したがって，紛争解決学は，法社会学と異なって，具体的な実践の学問である。

　紛争解決学と法社会学の定義を並べてみれば分かるが，この2つは，その対象も関心も，ずいぶん違う学問である。すなわち，法社会学は合法則性の追求に価値を置くが，紛争解決学は合法則性にそれほどこだわらない。また，法社会学は法現象全般を対象にしているが，紛争解決学は紛争と解決に的が絞られている。以上により，紛争解決学と法社会学は，その領域を異にしていることは明白である。

　ここで，紛争解決学の領域の中を覗いてみよう。紛争解決学の中核には，相対交渉による和解がある。その少し先に，調停，仲裁などの紛争解決システムを使用する紛争解決がある。紛争解決システムには，調停，仲裁の他に，この2つを結合させたミーダブも利用されている。その詳細については後に述べるが，アメリカにはこの他に，中立的評価，サマリー・トライアル，ミニ・トライアルなどがある。そしてまた，裁判上の和解もあり，外縁に近いところに訴訟がある。訴訟は，前述のとおり，紛争解決学の研究，実践に関連する限りで対象になるが，民事訴訟法学はここを中核として，逆に裁判上の和解，仲裁，調停，相対交渉による和解へと向かってゆく。このとき，裁判上の和解は，紛争解決学と民事訴訟法学がほぼ完全に重なる分野になる。そして，これらの紛争解決システムは相互に移管性があるので，その移管性を対象にするときは，紛争解決学と民事訴訟法学が重なる。

　このように，紛争解決学は独自の領域を持っているが，他の学問と重なる分野がある。しかしこれは，どのような学問分野においても起こる現象であると思われる。とくに，これまでは紛争解決学が樹立されていなかったから，樹立されていれば紛争解決学が扱ったはずの分野を他の学問が扱っていた。したがって，紛争解決学がそれらの成果を拝借することが多々あると思われる。

第 2 講　紛争解決学の定義と領域

　このことに関連して言えば，紛争解決学の範疇に入ることを扱っていた他の学問の研究者が，そのまま紛争解決学者であることを宣言することはあり得る。すなわち，紛争解決学の領域を定めたとしても，それは学問領域のことであって，研究者の領域ではない。したがって，他の学問の研究者が，同時に紛争解決学の研究者を兼ねることは，一向に構わないどころか，むしろ歓迎すべき事態である。因みに，わが国における法社会学の草創期には，実定法学者が法社会学を研究し，講義していた。紛争解決学においても，それに近い現象が起こることに期待したい。しかしこのことは，プロパーの紛争解決学者が望ましくないと言うことではない。紛争解決学の領域の中には，なすべきことがたくさんあるので，この豊富な対象を扱うプロパーの紛争解決学者が輩出することは，たいへん望ましいことである。

　1　伊藤眞『民事訴訟法』（有斐閣，1998年）13頁～18頁
　2　大橋憲広・奥山恭子・塩谷弘康・鈴木龍也・林研三・前川佳夫・森本敦司『レクチャー法社会学』（法律文化社，2001年）ⅰ頁
　3　渡辺洋三『法社会学の課題』（東京大学出版会，1974年）65頁～66頁

第3講　紛争解決の客体

紛争解決の客体＝当事者
　紛争解決は，何を対象にして行うのか，すなわち，紛争解決の客体は何か。
　この問いの文脈のうえから自動的に導かれる所為か，ほとんどの人は，紛争解決の客体は「紛争」であると答えるであろう。すなわち，解決されるべきものは「紛争」であるから，紛争解決の対象は当然「紛争」であり，したがって紛争解決の客体が「紛争」であることは常識であると考えるのである。
　そして，紛争が発生した，さてどうするか，という問題に直面することになれば，ここから先の議論は，まず訴訟手続の説明から入っていた。そうでなくても，裁判所を公式の紛争解決機関と考え，裁判を中心とした手続論と制度論を展開するのが主流になっていた。
　これがこれまでの常識であったが，このような常識こそ，疑ってかかる必要がある。
　少し考えれば分かることであるが，紛争は当事者から離れて独立に存在するものではない。紛争の類型については第2講で述べたとおりであるが，それらの紛争は，すべて当事者の存在と不可分のものとして起こっているのである。当事者と紛争が不可分である以上，紛争だけを当事者から切り離して対象にしようとしても解決にならないことは，論理上も明白なことである。
　そのことを知るために，紛争が発生したときから解決するまでの当事者と紛争解決の状況をみておこう。
　例えば，交通事故に遭って重傷を負ったときは，まず肉体的な痛みに襲われ，すぐに経済的な心労や身分上の心配がやってきて，やがて加害者の不誠実を憎むという感情に苛められる。すなわち，紛争発生の当初は苦悩や憎悪が前面にあらわれ，その後暫く持続したり増幅したりするが，やがて「何とかしなければ」と考えるようになり，解決を模索するようになる。そして，

第3講　紛争解決の客体

　これらのもろもろの心身の傷や不利益にどのような手当をするかということを考えるようになり，さまざまな方法で紛争は出口に向かって方向づけられる。すなわち，紛争を構成しているさまざまな事実に紛争解決規範をあてはめ，解決という出口に出す力が働きはじめる。そのとき当事者が解決したいのは，肉体的苦痛，精神的苦悩，憎悪の感情，経済的損失などのもろもろの傷や不利益を背負ってしまった自分自身であって，決して自分の外にあるものではない。最終的には損害賠償額がいくらという形で決着するにしても，それは解決すべきものを数字的に表現したものに過ぎず，真に解決したいのは自分自身である。したがって，当事者は，加害者を許したり，あきらめの感情を噛みしめたりしながら，1つの解決案を受け入れた自分自身を許容することによって，紛争解決に至るのである。

　それでは，紛争解決の対象を「紛争」ととらえる考え方と「当事者」ととらえる考え方には，どのような相違が生じるのであろうか。この問題は，いわば民事訴訟法学と紛争解決学との岐れ道を示しているのである。民事訴訟法学と紛争解決学との分岐点というばかりでなく，近代の法律学と紛争解決学，もっと大袈裟に言えば，デカルト以来の近代科学と紛争解決学との方法論上の相違を象徴する部分であると思うが，私はあまり詳しく研究していないので，そのことはさて措いて先に進もう。

　紛争解決の対象を紛争，すなわち，紛争解決の客体を紛争ととらえる考え方を押し進めると，紛争を当事者から切り離して，紛争自体を掘り下げることになる。そして，紛争にまつわる夾雑物を取り去り争点を鮮明にしてゆくことが目標になる。争点が明確になれば，その正邪を判定し，勝ち負けを決めるという方向に大勢は向かってゆく。すなわち，争点を明確にして勝ち負けを決めることに，大半のエネルギーが割かれることになる。従来の法と訴訟をめぐる学問の主流は，まさにこのようなものであった。

　しかし，果たして，それで紛争は解決できるのであろうか。現実に世の中を見廻してみると，争点が明白になっても，さらに勝ち負けが決まっても，一向に解決しない紛争がたくさんある。

　これは紛争解決の対象を「紛争」ととらえることからくる誤りである。もちろん，紛争解決の対象を「紛争」ととらえることが全く誤りかと言えば，そうではないが，それだけでは狭い。なぜなら，前述のとおり紛争は当事者

紛争解決の客体＝当事者

と不可分のものであるから，紛争は全体から切り離された部分に過ぎないからである。したがって，紛争解決の対象を紛争ととらえるだけでは解決しない紛争が，たくさん残るのである。

なぜそうなってしまうのだろうか。それは，紛争解決の客体を「紛争」ととらえ，それを掘り下げて争点を洗い出しているうちに，その過程で抽象化作業が行われ，大切なもの，すなわち紛争解決の鍵を流してしまうからである。

それでは，紛争解決の鍵を流してしまわないようにするためにはどうしたらよいか。それは，その鍵を握っているものを常にキープしておくことである。では，誰がその鍵を握っているのか。

それは，まさに当事者に他ならない。

当事者は，紛争がはじまってから終わるまで，紛争に対して意思を持っている。

この意思は，当事者がはっきり意識していることもあれば，無意識の中に埋もれていることもある。また，終始確固として変らないこともあれば，相手方の対応や情勢の変化に応じてめまぐるしく変ることもある。そのような意思を持っている当事者そのものを，紛争解決の対象，すなわち紛争解決の客体と考えなければならない。そのようにとらえることによってはじめて，紛争を自分自身と不可分なものとして抱えている当事者そのものを解決することができ，したがって，真の紛争解決をはかることができるのである。

ここで大切なのは，紛争解決学は実践的な学問であるということである。したがって，実践的な紛争解決に役に立たないものは，紛争解決学の対象から脱落してゆく。これは，医学において，患者の治療の役に立たない方法が研究の対象から外されるのと同じである。すなわち，紛争解決に役立たない紛争解決学は成り立たないのである。したがって，今ここにいる当事者に着意し続けることが重要なのである。

しかし，紛争解決の客体を当事者とするとは言っても，紛争そのものも対象として探究しなければならないことは言うまでもない。その場合には，ある程度紛争を抽象化する作業が伴うことがある。私が，紛争解決の客体を当事者であると言うことは，事実がそのとおりであるからでもあるが，紛争を抱えている当事者に何度も回帰し，検証する必要があるというところに意味

がある。言い換えれば，当事者自身が紛争の中身を構成しており，解決すべきものとして体現していることを常に自覚する必要があるということである。

　紛争解決の客体を「当事者」と考えるのならば，「紛争」は客体ではないのか，と言われるかも知れない。この答えはすでに出ている。すなわち，紛争は当事者が抱えているものであるから，客体の一部，しかも当事者に付加して一体となっている一部である，ということになる。

当事者が持っている諸条件（１）（内的条件＝生物的条件）

　紛争解決の客体を述べるときに，当事者が持っている諸条件に言及しないとすれば，一体どんな場合に紛争が起き，紛争の当事者になってしまうのか，ということが分からず，これからの議論に対する理解が深まらない。そこで，当事者が持っている諸条件の中で，紛争解決学を進めるうえに必要なポイントをひととおり押えておきたい。それはとりもなおさず，紛争の原因の所在に光線を当てることに似ている。すなわちそれは，懐中電灯の光を洞窟の壁に当て，紛争の原因があそこにもある，ここにもあると照らして見せる作業のようなもので，その作業をするためには，人間とは何かということについて深い洞察が必要である。

　一般の人間論はさて措くとして，注意すべきことは，いざ紛争となれば，人間は実に深い深淵をのぞかせるものであり，その紛争の解決に取り組む過程では，ときに意外な反応を見せるものである。

　では，当事者はどのような諸条件を持っており，その諸条件の制約を受けているのだろうか。内的条件（生物的条件），時間的条件（歴史的条件），空間的条件（社会的・経済的条件）という３つの観点から，その諸条件のポイントを押えておきたい。

　まず，当事者が持っている内的条件について考察する。内的条件というのは，その当事者の生物的条件，ヒトという生き物として内側に持っているもの，と言えばよいであろう。その生物的条件は，大きく分けてフィジカル（物理的）な肉体的条件と，メンタル（心理的）な心の条件に分かれる。

　物理的な条件は，例えば，医療過誤事件を解決する過程で，その当事者の健康状態，アレルギー反応や慢性疾患の有無などというところに，問題とし

て顕在化してくる。

　また，紛争解決で重要なことは，メンタルな心の条件である。

　だいいち，紛争に対する認識自体に，その人の心の在り方があらわれる。敏感な人は，ささいな言葉のやりとりだけで紛争と認識するが，鈍感な人は，誰が見ても紛争のさなかにある状態になっても，紛争と感じないものである。また，鈍感でなくても，ある種の達観をもって紛争を紛争として扱わない人もいる。

　このように，当事者の心の条件，そのうちの「性格」ひとつをとってみても，紛争はそれによって大きく左右されるものである。

　紛争を起こしやすい性格，起こされやすい性格を持った人がいる。紛争を起こしやすい性格が極端になるとパラノイア（好訴妄想）という病気になる。こうなるとその人の周辺から紛争がどっと出てくる。

　ヒトの性格は，紛争の発生を決め，紛争のタイプを決めるが，それだけでなく，解決のタイプにさまざまなヴァリエーションをもたらす。よくヒトの性格は，権威主義的なパーソナリティと協調的なパーソナリティに分けられるが，権威主義的な人だと妥協せずに勝負にこだわり，協調的な人だと和解の道を探すのが一般的な傾向と言えよう。

　メンタルな条件のうち，その当事者の価値観に着目することも忘れてはならない。価値観の相違ということは，ただそれだけで十分に紛争の条件を具える。そして，いざ紛争が起こったときには，主として，紛争解決規範の選択や，その紛争解決規範の解釈を巡ってその違いがあらわれてくる。したがって，紛争を解決する段階においては，双方の当事者の価値観を点検し，相違があればそのすり合わせの可能性を模索する必要がある。

　当事者の内的条件を考える場合には，潜在意識や無意識をも考慮に入れなければならない。近代法は，自由意思を前提として構築されており，そのためにそれらの問題は捨象される扱いを受けているが，紛争の原因は，自由意思という心の働きよりずっと奥深い潜在意識や無意識の深層に存在することが多い。そのような紛争について潜在意識や無意識の問題を考慮せず，自由意思を振り廻して解決しようとしても，うまく解決できない。すなわち，紛争の中には深層心理の中にその原因も解決の鍵もあることが多いから，紛争解決をはかる際に，当事者の潜在意識層や無意識層を含めた内的条件に光を

第3講　紛争解決の客体

当ててその鍵を探すことは，紛争解決学の必須の作業になる。

　この潜在意識や無意識の問題を捨象する民事訴訟法学と潜在意識や無意識の問題を重視する紛争解決学とは，この点においても顕著な分岐をなしているのである。

　このことをより明確にするために，私が若いときに解決した事件を紹介しておきたい。

　若い女性がその母親と一緒に私の事務所に訪ねてきた。その女性は妊娠5か月であったが，夫から離婚しろと迫られていると言う。夫の言い分は，妻のワキガ（腋臭）が臭いからだと言う。妻は，もともとワキガなどないと思ったが，夫があまりうるさく言うので，香水をつけたり，病院に行って医師に相談に乗ってもらったりした。医師はワキガではないし，若干の治療もしたので，ワキガが臭いということはあり得ないということであった。しかし，夫はそれでもワキガが臭いから別れろと言う。こういう場合には，離婚しなければならないのか。夫の言い分はあまりにも理不尽なので，自分も嫌になった。しかし，お腹の子供はもう堕ろせない。離婚ということになると，自分と子供はどうなるのか。

　以上が相談の趣旨である。この相談に対して，法律的に答えるとすれば，次のとおりかと思う。

　まず，夫の主張は，民法770条の離婚原因の要件を充たすだろうか。あるとすれば第5項の破綻主義だろうが，ワキガを理由として離婚が認められることはまずないだろう。それでは，調停でも裁判でも受けて立てばよい。仮に調停で離婚するとすれば，そのときには財産分与，慰謝料をどれ位もらえるか。また，子供の親権者を誰にするか。妻が養育すると定めるとしたら，養育費をきちんと決めておかなければならない。

　私は弁護士であるから，ひととおり法律上の問題点を説明しなければならないが，しかし，話せば話すほど，法律上の説明が意味のないように思われてきて，私自身何か空しい気持ちになってきた。そして，いったいこの問題の本当の原因は何だろうか，もう少し詳しく聞いてみようという思いが募ってきた。私は，この話には何か核心があるはずだと思いながら，なおもあれこれ聞いてみた。聞いてみると，この夫婦は別居でなく一緒に暮らしており，ワキガの他には理由が見当たらないとのことであった。

当事者が持っている諸条件（1）

　しかし，それだけでは謎は解けない。未知数があるときには，未知数と同数以上の式を立てる必要があるからである。私は母親がついて来たことが気になっていたが，こういう場合には，母親がついてきた事実そのものが1つの式になるものである。そこで私は，本人の兄弟関係や生育歴も聞いてみた。聞くと，父親が早く亡くなって幼少のときから母親ひとりで育てられたこと，兄弟がおらずひとりっ子であることが分かった。
　私は，最後にこう言った。
　「ご主人が私に会ってくれませんかね。ほんとうにワキガだけが原因なのか聞いてみたいのです。そう言って，あなたから私に会うように言ってみてくれませんか。そのとき私には法律論をたたかわすつもりはないと，つけ加えて下さい」
　夫は，私が希望する日にひとりで訪ねて来てくれた。これだけで2つほどの式が立つ。すなわち，夫は，「絶対に離婚でなければならない」と思ってはいない。そして，何とか解決したいと思っているのだ。
　「ほんとうにワキガだけが理由なのですか」
　「そうです。ワキガが匂わなくなれば，離婚する必要はないのです」
　ここで，あなたの言い分は法律上通らないと法律論を述べたり，生れる子供に責任を持てと道義論をぶっても説得力はない。なぜなら，紛争の種はワキガなのであって，夫にとって匂うか匂わないかだけが問題だからである。そして，夫にはワキガが匂うということも嘘ではないのだろう。ここで「嘘をつくな！」と怒鳴る人がいるかも知れないが，そんなことが最もナンセンスであることは私にも分かる。
　「ワキガの他に何か奥さんへ不満がありますか」
　「他には何もありません。ワキガだけです。ワキガが原因でなじめないのですが」
　"なじめない？" これではないかな，と私の頭に閃くものがあった。
　数日後，今度は，妻にひとりで事務所に来てもらった。そして私は，私の考えを次のように話した。
　「ワキガから匂いは出ないのです。しかし，ご主人には臭いのです。これは不思議なことですが，事実です。それから，ワキガだけが原因で，ワキガさえなおれば離婚しなくてもよいとご主人は思っています。つまり，ご主人

第3講　紛争解決の客体

はあなたを認めており，認めていないのはワキガだけです。結局，ご主人が臭くなくなったと言えば，それで解決するのです。
　しかし，ワキガが匂わないのに臭いというのは，一体どういうことなのでしょうか。私は，いろいろ考えてみたのですが，ご主人が，"なじめない"と言った言葉にヒントがあるのではないかと思います。ご主人は自分の方がなじめないという意味で言ったのですが，それはあなたがご主人になじめず，それがご主人にうつったのではないでしょうか。そして，もしあなたがご主人になじめないというのが正しいのだとすれば，それは，あなたが男という動物を知らないことが原因だと思います。あなたは，きちんとしたお母さんに，幼少のころから女手ひとつで育てられ，男の兄弟もいませんね。お父さんが早く亡くなり，ひとりっ子でしたから，それはやむを得ないことで，いいとかわるいとかの問題ではありません。しかし，周辺に男性がいなかったことは，事実として，そのことをしっかりと押えておかなければならないと思います。だから，男という動物が，頭をぽりぽり掻いてフケを飛ばしたり，人前で鼻くそをほじくったり，食事中にオナラをしたり，風呂から出てパンツもはかないでブラブラしたりすることを，どうも変なことをすると思って，そういう姿を心の底で認めていないのでしょう」
　ハッとした顔をしたから，相当感性の高い人である。
　「あなたがそういうささいなことを認めないで，無意識のうちに拒否する態度をとるから，それがご主人にうつって，ワキガが臭いなどと言い出すのです。あなたの頭の中にあった男性像と現実のご主人はかなり違う人なのでしょう。しかし，現実の男性はご主人のような人がふつうなのですから，そういう現実の姿をまるごと認めてみたらどうでしょうか。頭の中の人と違うからかえって面白いと思って生活してみたらどうでしょうか。幸い人間というものには想像力がありますから，欠けたところは想像力で補うのです。お父さんが早く亡くなった，男の兄弟がいなかったということは事実ですから，その事実を動かそうとしても無理でしょう。しかし，想像力があれば，欠けているところは想像力で補えるわけですから，頭の中の男性像を現実の男性の姿にだんだん置き換えてゆくことはできるはずです。それに人間には意志の力がありますから，自分の欠けているところを補うためにご主人をまるごと認めるのだと，固い意志を持って自分に言い聞かせれば，これまで男とい

う動物を知らなかった欠点などは，すぐに無くなってしまいますよ」
　私は，次に，夫婦同席のうえで，同じことを夫に話した。
「私がこのように言ったところ，奥さんは半信半疑ながらやってみるということです。ご主人もどうかそのつもりで，つき合って下さいませんか」
　2か月ほどして，夫婦はお揃いで訪ねて来た。
「ワキガは，まだ臭いですか」
「いえ，もう匂いません」
　以上の顛末は，心理学的にみて正解であったかどうか私には分からない。しかし，紛争が解決したことは確かである。
　この事件は，心の在り方がストレートに問題になる分かりやすいケースであるが，理詰めの論争を展開する紛争の最中においても，随所で潜在意識層や無意識層にあるものを読み取る必要があり，そのことによって解決の糸口をつかむ機会は少なくない。このように，潜在意識あるいは無意識を意識化することによって紛争を解決することは，極めて有効，適切な方法であるが[1]，このようなことは，民事訴訟法学でも法社会学でも視野に入れていない。したがって，この一例だけでも，紛争解決学に独自の領域があることが分かると思う。

　心の条件の中で，最も難しい問題は，心の病気，すなわち精神病の問題である。近代法は，すべて人間は自由な意思を持っていることを前提として成り立っている。しかし，心に病気があって，自由な意思が働かない人があり，近年大きな社会問題になっている。法律上は，成年後見人（民法8条），保佐人（民法12条）を立てるなどの手当をしているが，自由な意思が働かないということの中にも多様なケースがあって，成年被後見人（民法9条），被保佐人（民法13条）という法律の枠組みだけではとらえ切れない問題が多い。しかも，自由な意思が働かないという状態はそのまま継続するので，心のトラブルが発現して紛争になることは避けられない。
　また，人間ならば誰でも心の奥底に持っているものに狂気というものがある。とくに，思春期に攻撃性を外に出すことがなかったために，大人になってからもそれを狂気として心に抱ている人がいることはよく指摘されることであるが，そのような狂気が原因となって紛争が発生することがある。

第3講　紛争解決の客体

　自由な意思を前提として成り立っている近代私法は，心の病気や狂気に対しては役立たないことが多い。しかし，これらが原因となって紛争が発生する以上，紛争解決学はこれを除外することはできない。これらを原因とする紛争に対しては，それに対処できる紛争解決規範を探したり，新たにつくったりすることが必要である。また，精神医学や心理学などの研究や経験の力を借り，協力してこの問題に取り組む必要が出てくるであろう[1]。

　しかしまた，心の病気や狂気を原因とする具体的な紛争に，現実に紛争解決学が対処できるかと言えば，その限界もわきまえておく必要がある。すなわち，ほんとうの精神病や狂気であれば，紛争解決学は今のところ歯が立たない。それは別の学問の領域の問題として，精神医学や心理学に委ねることになる。しかし，精神科の医師とともに紛争解決にあたることはあり得ることで，そのことはまさしく紛争解決学のテーマになる。

　いずれにせよ，当事者が持っている内的条件は，主として当事者の生育歴によって形成されると考えられる。したがって，当事者の生育歴を無視しては紛争を正確に把握できないことが少なくない。もっとも，生育歴をどの程度深く知る必要があるかということについてはケースによって程度の差があるが，紛争解決学の基本的な方法としては，当事者の持っている内的条件を知り，その心の深層までを把握してはじめて，紛争を理解できるという意識を持っておきたい。

　紛争を解決するためには，当事者の持っている内的条件を知らなければならないことは事実であって，紛争解決の客体を紛争と考え，争点に絞り込んでゆこうなどと考えているのでは，とうてい質の高い紛争解決は望めない。このことは，当事者の内的条件に少し思いを巡らすだけで，すぐに分かることである。

1　国分康孝教授によれば，臨床心理学とカウンセリング心理学の対象の相違は，前者が病理的パーソナリティを主たる対象としてするのに対し，後者は健常人を対象とするところにある。そして，臨床心理学の教育課程では，無意識の意識化を要するケースが少なくないが，カウンセリング心理学の教育課程では，意識レベルあるいは潜在意識レベルの心理・アセスメント（psychoeducational assessment）の訓練が主となる（国分康孝「臨床心理学とカウンセリング心理学」（東京成徳大学心理学研究科，同大学院心理・研究センター共編『臨床心理学研

究』創刊号・2001年3月, 65頁〜66頁)。したがって, 自由意思を前提とする紛争解決学は, その多くをカウンセリング心理学に学ぶことになるのではないかと考えられる。そして, 当事者が紛れのない病理的パーソナリティであるならば, 臨床心理学あるいは精神医学に委ねざるを得ないということになる。

当事者が持っている諸条件（2）（時間的条件＝歴史的条件）

次に, 当事者が持っている時間的条件, いわば, 歴史的条件について考えてみよう。

当事者は, 紛争を抱えて今ここにいる。しかし, その紛争が起こった原因は過去にある。そして, その原因は, はっきりこれと特定できるものもあれば, 何が原因なのか分からないこともある。また, 原因は1つではなくて, 複数の場合もある。しかも, 原因と原因が絡み合って, それを解明することが困難なケースも少なくない。さらに, 当事者の意識のうえでは過去のある事実が原因だと思っていても, 実はさらに遠い過去に原因があることもある。いずれにせよ, 紛争が起こった以上, その内容を把握するためにも, 解決の糸口を探すためにも, 原因を究明することは不可欠な作業であり, そのためには, 時間的に過去に溯って, 事実を調べる必要がある。

しかし, 当事者は過去から来てここにいるだけではない。言うまでもなく, 将来に向かって歩み続けるのである。すなわち, 当事者は, 過去からずっと来て, 今ここにいて, さらに将来に向かって行こうとしているのである。そして, 過去に原因のある今の紛争が, 将来の運命を決めるという状態で, 今ここにいるのである。

当事者は, 時間の流れの中に身を置いており, その時間は途中で切ることはできない。そして, 当事者が紛争の渦中にあるということは, 歴史的存在としての人間の担っている諸条件によって規定されているのである。その諸条件のいくつかが紛争の原因であり, その原因から紛争が起こっているのであるが, それと同時に, 過去, 現在, 将来の歴史的な諸条件の中に, 紛争解決の鍵は存在している。

紛争の中には, 当事者という個体に歴史的条件がまつわりついていて, 切ることができない状態になっているものがあり, そういう紛争は, 時間的条件を追って解きほぐしてゆかなければ解決の道を拓くことは難しい。民族的

第3講 紛争解決の客体

な紛争の多くはこのような歴史的条件が大きくのしかかっているものであるが、そのような大規模な紛争でなく、身近な紛争の中にも、そのような色彩を持ったものがある。例えば離婚の事件は、妻と夫の生育歴に原因があることが多い。その多くは、妻と夫のそれぞれの祖先に起因しているだろう。そして、離婚後の生活設計や子供の将来などをどう読むかが解決の鍵になることが多い。

ところで、歴史的条件を考えるとき、紛争解決の方法としては、今をスタートの地点として事実を究明してゆくことがコツである。すなわち、「現在」を起点として「過去」に遡り、原因を突きとめたら「現在」に戻り、そのまま「将来」に突き進んで、「将来」の問題点を点検し、また戻って「過去」と「将来」を織り込んだうえで、「現在」、今ここで解決する。

今ここで、入会権の紛争が起こった。しかし、ほんとうに入会権があるのか、ないのか。

こういうときには、今からスタートして、今現在、どんな慣習があるのか、きのうはどうか、1年前はどうか、10年前は、50年前は、100年前は、と過去に遡って行って、慣習、入会主体、客体がどうだったかを押え、事実をかためてゆくと、入会権がよく見えてくる。こうやって過去に遡ってゆくと、明治初年の地券が出てきて、徳川時代の古文書がでてきて、地名の起こりが分かって、太閤検地ぐらいまで遡れば十分に入会権の存在ははっきりする。そして、入会権を立証するに十分な過去まで遡れば、トンと手をついてターンし、現在に戻ったその勢いで将来に突き進む。過疎対策は十分か、土地に生産力はあるか等々、そのような将来構想が解決の鍵になる。

私が裁判外で解決した入会権の事例によって、このことを説明しよう。

国道139号線を富士五湖方面から静岡県に向かって進むと、山梨県と静岡県の県境に割石峠という峠がある。その割石峠を越えて静岡県側に入ると、そこに根原部落という集落がある。この集落を「根原部落」と呼ぶことにしよう。根原部落とは、講学上の用語に従った呼び名であるが、根原部落住民全員すなわち根原部落の構成員全員を指すと同時に入会集団の全体を指すのであって、これが即入会権の主体である。根原部落は、単に根原と言われたり、根原村とか根原区とか言われたりすることもあるが、全部根原部落と同義である。

当事者が持っている諸条件（2）

　後に調べてから分かったことであるが，根原部落は徳川時代以前からの村落共同体であって，徳川時代から明治初年にかけては，根原村として1村を成していた。明治22年，町村制の施行により，近隣3か村とともに上井出村に合併され，その一部になった。その後昭和33年に，上井出村は富士宮市に合併され，現在は富士宮市の一部になっている。行政区画は以上のとおりであるが，村落共同体としての根原部落は，徳川時代以前からの慣習に基づいて構成され，維持されており，実体的にはいささかの変更もない。

　根原部落の戸数は，徳川時代以来若干の増減があったが，大幅な変動はなく，現在は22戸である。この22戸は，割石峠を越えるとすぐ国道の左側に屋根を並べて集落をつくっている。集落の端から端まで歩いて行くのに，ものの3分もかからないが，実は根原部落は，広大な入会権を持っているのである。

　根原部落の入会権は，その大部分は共有の性質を有する入会権（民法263条）であるが，ここではそれとは別の県有地入会の方の事例を紹介する。

　根原部落は，共有の性質を有しない入会権（民法294条），すなわち地役入会権も持っていた。これも後に調べて明らかになったことであるが，根原部落が地役入会権を持つに至った経緯は次のとおりである。

　根原部落の入会地の中に，富士宮市根原字宝山492番1原野39万1195平方メートルと同499番原野23万2350平方メートルという2筆の土地があった。この合せて62万3545平方メートルの原野を「本件土地」ということにしよう。

　本件土地は，もともとは根原部落の共有の性質を有する入会地であったが，昭和15，6年ころ，陸軍省の演習地に取られてしまった。しかし，演習地に取られた後も，根原部落住民は，実弾射撃が行われる日以外は自由に出入りして，桑を採ったり，草を刈ったりしていた。実弾射撃は月に一度あるかなしかの程度であったが，その日は危険なので立ち入り禁止になり，旗竿に合図として赤旗が立てられた。そして，終戦によって軍隊が解散されると，本件土地は根原部落住民が自由に使用する入会地に戻った。

　戦後は，根原部落では主として酪農を行っていた。根原部落の住民は，本件土地を雑草の採草地として利用したり，とうもろこしを作って牛の飼料としていたが，昭和30年代の終わり頃には，とうもろこし畑をつぶして牧草地にした。

第3講　紛争解決の客体

　根原部落は，もともとは本件土地は入会地であり，いったん陸軍省にとられて陸軍省名義に変更されたものの，入会地として相変わらず利用しているのであるから，払下げ申請をすれば，正式に根原部落のものとして戻ってくることは容易であると考えていた。そこで，昭和34年に本件土地の払下げ申請を出したが，昭和35年ころになって，本件土地と根原部落の他の入会地が，農業構造改善事業及び大規模草地改良事業の対象地となり，調査がなされたうえ，昭和37年ころからその事業が実施された。このとき，静岡県の畜産課の担当者から，根原部落が，農業構造改善事業，大規模草地改良事業の地元負担金のうえに，本件土地の払下げ資金を調達することは困難であろうから，いったん静岡県が本件土地の払下げを受け，地元の根原酪農組合に無償で貸付けておくことにしたらどうか，後日，根原酪農組合の事業の進展をみて，県から根原に払下げをするから，と言われた。そこで根原部落は，この静岡県からの申し出を受け入れ，いずれ後日県から払下げを受けられるものと信じて，本件土地の払下げ申請を取下げた。なお，ここに言う根原酪農組合というのは，根原部落住民全員で構成する任意の組合であるが，根原部落の酪農面の組織に名づけた名称にすぎず，根原部落と同義であると言ってよい。

　こうして，根原部落では，昭和39年ころから県の勧めで酪農の共同経営を行うことになった。そして，本件土地は，静岡県の県有地となり，その行政財産に組み入れられた。約束どおり，根原部落は静岡県から無償で本件土地を借りることになったが，行政財産であるから，毎年「行政財産の使用許可」を得る必要があった。

　ところが，この静岡県の指導による酪農経営は失敗だった。根原部落ではいろいろ努力をしてみたが，どうしても経営が成り立たず，酪農経営を存続させる見通しが立たなかった。そしてとうとう昭和46年（1971年）には，牛を売って，酪農組合を解散してしまった。

　牛を売って酪農経営をやめることにしたが，根原部落は，本件土地を無償で使用し続けることはできるものと考えていた。静岡県の行政財産にしたことは形式的なことであるから，形式的に使用許可を得ておけばよいものと，軽い気持でいたのである。したがって，酪農経営をやめることにしたにもかかわらず，前年と同じように，採草放牧地として使用したい旨の使用許可申請を出した。

ここで述べたことは，過去から現在に至る経緯である。しかし私は，実際には現在から過去に溯ることによって，この経緯を聞き取り，事実を掌握した。したがって，ここに書いたことは，聞き取った事実を逆に整理しなおしたものである。そしてその「現在」は，次のようにはじまった。
　使用許可申請を受け取った静岡県は，その前から，根原部落が牛を売って酪農をやめてしまったことを知っていたのである。かねてから本件土地を返してほしいと考えていた県が，この機会を逃すはずはない。そこで県は，静岡県農林水産部長名義で，「使用期間満了後は，県が当該土地を使用するため期間満了後直ちに返還されたく通知する」という書面を根原部落に送りつけてきた。
　びっくり仰天したのは根原部落の人々である。この事件の依頼を受けた私は，すぐに入会権であることに気づき，根原部落に行って調査した。調査の結果，入会権であることがはっきり分かったので，私は早速，静岡県知事あてにあらためて使用許可願を申請する旨の内容証明郵便を出した。そして同時に，静岡県水産部長あてに，「返還いたしかねます」という趣旨の回答書を送った。
　私はこのとき，行き着く先が行政訴訟であることを覚悟した。そして，根原部落の集会で，行政訴訟も辞せずという気構えが必要であることを説明し，根原部落の人々にも覚悟を決めてもらった。
　案の定，県知事からの回答は，「使用許可は出来ませんので通知します」という素っ気ないものであった。私は，かねてから構想したとおり，まず行政不服審査法に基づき，異議申立てをした。しかし静岡県は，こちらの異議申立てに対して，何も言ってこなかった。
　牛を売って酪農をやめてしまったが，根原部落では本件土地を放っておいたわけではない。本件土地を利用しなければ生計が立たないのであるから，牛を売るとすぐに土地を耕して大根畑にした。そして，美味しい大根が穫れて，根原大根として市場でも人気が出た。そのうえ，根原は高冷地にあり，他の生産地とは出荷時期がずれるので，市場的には有利であった。酪農では失敗したが，大根作りはうまくいって，根原部落の住民の生活は，まずまず安定した。
　こうして何と16年の年月が流れた。静岡県農政部畜産課から，そろそろ県

有地問題を解決したいので協議したいという連絡が入ったときには，すでに昭和62年（1987年）の冬になっていた。

その後，静岡県の代理人弁護士と私との折衝に入った。折衝の過程で，私は入会権の存在を立証し，当初の約束どおりに根原部落に本件土地を払下げてほしいと要望した。この辺からトンと手をついてターンし，現在に戻ってその勢いで将来に突き進むという段階に入る。

根原部落の要望に対する静岡県の回答は，払下げ方式の場合，払下げ金額が高額でも低額でも問題が生じ（高額では根原部落で払えないし，低額では県議会の承認が得られない），解決困難な壁に直面する恐れが高いので，土地交換，分割や金銭援助の組み合わせ等の解決策はないかと言うものであった。そこで私は，根原部落の寄合いの席で詳しく説明し，払下げ方式との利害得失を比較して根原部落住民の意見を聞き，その総意を踏まえて，本件土地を2つに分け，根原部落の入会権と静岡県の底地とを交換する方式で解決しようと回答した。

本件土地は，国道の東と西に二分されているが，東側は谷間があり，起伏が多くて農地としては使いにくい。そのうえ，溶岩が露出しているところが多く，現実に耕作されている部分は僅かである。しかし，国道の西側は，フラットな土地で，そのほとんどは大根畑として耕作されている。したがって，西側の土地がキープできれば，根原部落としては実質上営農に支障はない。面積は東側の方が西側よりもかなり大きいので，将来の根原部落の運営に配慮し，東側に方の土地も国道沿いに若干確保しておきたい。

そのような「将来」を折り込んで，折衝を重ねた結果，ついに静岡県は根原部落の入会権を認め，平成4年（1992年）1月22日に，根原部落の入会権と静岡県の底地とを交換する契約を締結することによって解決した[1]。

1　この事件の詳細は，廣田尚久『紛争解決学』（旧版）349頁〜400頁

第4講　紛争解決の客体(続)，紛争解決の主体

当事者が持っている諸条件（３）（空間的条件＝社会的・経済的条件）
　当事者が，今ここにいる，ということは，時間的条件を担っているばかりでなく，空間的にもここにいること，すなわち，社会的な存在としてここにいるということである。そして，紛争を抱えているということは，いろいろな社会的条件によって，その当事者が制約を受けていることを意味している。
　したがって，紛争を解決しようと思えば，その社会的な諸条件を吟味する必要がある。しかし，ひとくちに社会的条件と言っても，そこにはいろいろなものがある。その中で最も重要なものは経済的条件である。大半の紛争は，経済的な原因によって発生し，経済的なやりとりを軸にして解決する。すなわち，金銭を巡る綱引きが紛争の大きな部分を占める。また，紛争は，大なり小なり生きるか死ぬかを賭けるという要素を持っている。紛争に直面したとき，人は死を垣間見ると言ってよい。紛争とは，それほど恐ろしいものである。そして，そのことは食えるか食えないか，ということと関連している。したがって，紛争に直面したときには，それが一見経済問題には関係がないように見えても，当事者が置かれている経済的条件を必ず点検しなければならない。
　個々の紛争を解決するにあたっては，経済的条件を考慮せずに解決することは不可能であると，よくよく肝に銘じておく必要がある。すなわち，よい解決は，必ず経済的な安心感が得られるような裏打ちがなされているものである。逆に，経済的破壊を伴うものは，解決の名に価しない。

　以上は，個々の紛争における経済的条件の考察であるが，ここで経済的条件の全般的構造を考察することによって，社会における紛争状況をマクロ的に掌握しておく必要がある。そのことによって，個々の紛争の原因を深く理

第4講 紛争解決の客体(続)，紛争解決の主体

解することができ，また，的確な解決の道を拓くことが可能になるからである。

　もともと近代私法は，資本主義経済の法として成り立っているから，資本主義経済における社会の規範関係は，私的所有（富＝商品に対する排他的な完全な支配の相互承認），契約（商品に対する排他的支配の相互承認という前提の下では，商品の交換は，交換当事者双方の合意なくしては，存在し得ない。この合意が契約である），法的主体性（商品交換においては，交換当事者は，私的所有及び契約をとおして，相互の独立主体性——すなわち法的主体性——を承認しあっている）の3つの要素が基礎となっている[1]。そして，民法を中心とする法体系は，資本主義経済の法として組み立てられている。

　したがって，私的所有，契約，法的主体性という基礎がしっかりしていれば，資本主義経済の規範関係として社会の中で十分に機能し，仮に紛争が発生しても，この規範関係だけで楽々と割り切れる＝解決することになるであろう。

　しかし今や，資本主義経済の規範関係は変化し，必ずしも機能していない。法的主体性がかなり浸蝕されていることは，内的条件のところで扱った精神病，狂気を見ることによって知ることができた。また，差別問題などに関して法的主体性を巡る攻防が行われているが，これは差別によって法的主体性が奪われているという現実を背景にしている。その他，数多くの社会問題が，この法的主体性を巡って発生していることも確かであろう。

　さらに契約の危機ということも叫ばれるようになった。すなわち，今日の社会は，当事者の自由な意思決定に介入して，さまざまな局面で契約への公的介入を要請し，また許容しており，多くの規制が加えられてきた。それに伴い，伝統的な契約法は，大きな変貌を迫られるようになった。これは，今日の社会が共通に抱えている現実である。

　そして私は，所有権の危機も叫ばなければならなくなったと考えている。

　所有権の絶対性については，公共の福祉という概念によって，これを制限することが正当化されている。また，環境保全の観点から所有権の絶対性に制約が加えられる例などのように，社会的コンセンサスが得られやすいものもある。しかし，私の言う所有権の危機は，そういうものを想定しているのではない。

私は，1991年に『先取り経済　先取り社会——バブルの読み方・経済の見方』（弓立社）という本を書いたので，その本に沿って戦後日本社会の経済的条件を規定しておきたい。

　その本を書く20年以上も前の，1969年6月25日に発行された『金嬉老公判対策委員会ニュース』に，私は，「剰余価値の先取り」という仮説を立てた。この仮説は，わが国の高度成長以後の経済を念頭に置いて，「企業ないし国家が，労働によって生み出すべき価値の相当部分を，剰余すべき価値として先取りする経済体制に入っていると認識する。即ち，ここでは価値が生み出された後，その分配関係が本質的矛盾となるのではなくて，生み出される前に先取りされた価値が，生み出された後にいかにして剰余価値として収集し，埋めつくされるかが，本質的矛盾となるのである[2]」というものである。

　この仮説は，前述のとおり，本にまとめる20年以上も前に立てたものであるが，私はその後，これを体系化したいと考えながら，弁護士としての仕事が多忙を極めてなかなか着手できなかった。しかし地価暴騰が起こり，連日「バブル」という言葉で経済が語られるようになったので，「バブルでなく先取りだ！」とだけは言っておかなければならないと考え，とりあえず『先取り経済　先取り社会』という本にまとめておいたのである。

　私は，この本の中で，先取りの形態として，融通手形による信用の膨張，サラ金地獄，企業による先行的な利益計上，国家による国債の発行，地価暴騰による価値の先取りの例をあげ，個人も，企業も，国家も価値を先取りしており，人々や企業は重層的な価値の先取りに拘束されて身動きのできない状態になっていると述べた。すなわち，わが国の経済は，このような重層的な先取りにかろうじて乗かっているものであり，このような視点を落したら，経済について何も語らないのと同じである。因みに，2010年度予算案によると，2010年度末の国債発行残高は637兆円（財投債を除く）の見込みで，一般会計の17年分。国民1人当り499万円の借金になる。

　国はこの赤字を埋めるために，さまざまな触手を延ばす。地価が高騰すれば，固定資産税や相続税のみならず譲渡所得税が増えるので，国にとっては都合がよい。その証拠に，地価暴騰のときには国債を発行しないで済んだのである。このことは，自ら所有していると思っているものでも，いつの間にか先取りされて所有していられなくなるという現象をひき起こした。ここに

第4講　紛争解決の客体(続)，紛争解決の主体

所有権の危機を見ることができる。

　例えば，1993年2月15日付朝日新聞夕刊によれば，高級住宅地の代名詞ともなっている東京・田園調布で，初老の夫婦が地価高騰で跳ね上がった自宅の土地の相続税の重圧に耐えかね，自殺していたことが報道されている。この地価暴騰の原因については，日本銀行が金利を低く抑えてマネー・サプライを増やし続けていたせいだとか，金融機関が不動産投資に対して過剰な融資をしたからだとか，その他いろいろなことが言われているが，それだけではない。本当の原因は，わが国の経済構造が，価値の先取りをしなければ動きがとれないようになっているからである。そして，先取りされた価値が他人の所有権の中に潜り込んで，その所有権の中身を取ってしまうところまで進行してしまった。すなわち，国債の発行などで先取りされた価値は，地価を跳ね上げることによってその中に潜り込み，税金として吸い上げられる仕組みになっているのである。したがって，自分のものだと思っていたものが，実は自分のものではなくなっていたのである。

　このようにして所有権の危機は，はっきりと目に見える形になってあらわれている。相続税によって土地を失うはめになったのは，その典型的な例であるが，地価暴騰が終焉して地価が下落すると，相続税の支払いのために土地を手離さなければならなくなるケースは少なくなった。しかし，価値の先取りという経済構造は何ら変更されていないので，所有権の危機は形を変えて進行している。金融機関の破綻，大小企業の倒産，そして，ローン破産等々，大企業の資産から個人の住宅に至るまで，多くの企業や人々が，その所有している財産を手離さなければならない事態に追い込まれているのである。

　地価暴騰がやむと，私の予想どおり，国は国債を増発し続け，人々は，ますますこの先取りの拘束力に苦しむようになった。例えば，国債の発行は金融の自由化を促したが，それによって金融機関にあせりが生じ，ここを舞台に変額保険やデリバティブなどの金融商品が売り出され，多くの被害者が出た。また，金融機関は多額の不良債権を抱え込み，その救済措置として公的資金が投入された。

　この「先取り」は，わが国だけでなく，世界中に蔓延している経済現象である。新自由主義経済の旗印のもとに，繁栄を謳歌しているように見えてい

たアメリカ経済も，その本質が「先取り」であるから，それが破綻することははっきりしていた。案の定2008年の秋，サブプライムローンという「先取り」の破綻によって，「100年に1度」と言われる世界的な経済危機がやってきた。これに対処するために各国がとった政策は財政出動である。財政出動ということになれば，必然的に国債の発行に頼らざるを得ないことになって，ここでまた「先取り」をすることになる。私は，サブプライムローンを代表とする投機的取引も，財政出動という名のもとの国債発行も，「先取り」という点では同じであると考えているが，40年前に立てた「先取り」の仮説が，事実として実証されたことに複雑な思いを持っている[3]。

　いずれにせよ，経済的条件を規定するときに，「バブル」などと言っていたのでは何も見えてこない。「先取り」という概念を使ってはじめて，今現在の経済が分かるのである。それだけでなく，「先取り」という概念を用いれば，紛争の原因の所在がよく分かり，紛争解決学にその成果を使うことができる。

　なお，当事者が持っている空間的条件は，経済的条件に限らずまだまだ広い。これをいろいろ研究して，紛争解決学は，多くの学問分野にウィングを伸ばさなければならないであろう。私は，まだそこまでやっていないが，ここでは，紛争解決学の立場から多くの学問分野にウィングを伸ばし，その学問の成果を吸収することが必要であることを指摘するにとどめる。

　以上のように考えると，紛争解決学の視野は，当事者が持っている内的条件（生物的条件），時間的条件（歴史的条件），空間的条件（社会的・経済的条件）に及ばなければならないことは，明らかである。そして，紛争の原因としての内的，時間的，空間的諸条件の制約を受け，それをつくり変えてゆくことによって解決しようとしている当事者こそ，紛争解決の客体でなければならないことも，今や明白になった。紛争解決の客体を紛争ととらえるならば，そのような内的，時間的，空間的諸条件を当事者から切り離し，それを捨象して争点を抽出しなければならないが，それは，私の考えとは正反対の考えとして位置づけられるものである。紛争解決学は，それらの条件を捨象せず，紛争解決の客体はもろもろの条件を担っている当事者そのものである

という考えに立つ。

1　川島・前掲書『民法総則』2頁〜4頁
2　廣田尚久『先取り経済　先取り社会——バブルの読み方・経済の見方』（弓立社，1991年）31頁〜32頁
3　私の小説三部作，廣田尚久『壊市』（汽声館，1995年），同『地雷』（毎日新聞社，1996年），同『蘇生』（毎日新聞社，1999年）と同『デス』（毎日新聞社，1999年）も，「先取り」がテーマになっている。

紛争解決の主体＝当事者

　紛争解決の主体は何か。言い換えれば，誰が紛争を解決するのか。
　この問いに対しては，両極端の考え方として，「当事者」と答えるものと，「国家」と答えるものとがある。この問いの設定と答えの出し方から容易に分かるように，紛争解決の主体を論ずるときには，思想を抜きにして論ずることはほとんど不可能である。そのことを前提として結論を先に言うならば，私は，紛争解決の主体は「当事者」であると答える。
　ところで，「紛争解決の主体は何か」という問いには，「一般に紛争解決の主体は何か」という問題と「紛争解決学の立場で紛争解決の主体をどうとらえるか」という問題の2つが含まれている。しかし，私には，「一般的に紛争解決の主体は何か」という問いに対して，つきつめて答える必要はないように思われる。なぜならば，この問いに答える過程で，思想性をはっきり打ち出さなければならず，それによって形而上学的な論争を誘発するおそれがあるからである。もとより，この紛争解決学は私の思想から生まれたものであることは事実であるが，その思想から直接に一定の学問的な結論を導き出すのは，学問として洗練されたものにならない。したがって，「一般的に紛争解決の主体は何か」という問いに答えることは，紛争解決学を進めるうえではそれほど重要なことではない。
　しかし，もう1つの「紛争解決学の立場で紛争解決の主体をどのようにとらえるのか」という問いに答え，それに伴うさまざまな問題を考察することは，紛争解決学に多くの実りをもたらすであろう。したがって，以下では問題をここに限定して論述を進めることにする。
　私は，紛争解決学を「紛争解決規範及び合意の形成，構造，内容，使用，

紛争解決の主体＝当事者

効果を解明するとともに，紛争解決規範を使い，合意に到達することによって紛争解決をはかる，当事者の諸現象並びに紛争解決システムを解明する学である」と定義した。したがって，この定義からすれば，紛争解決の主体は，論理必然的に「当事者」ということになる。

しかし，論理必然的に出てくる答を警戒するのが紛争解決学の方法であった。したがって，論理必然性に依存せずに，実質的な理由づけをしておかなければならないだろう。

そこでまず，紛争解決学の領域から見ておこう。

前に述べたとおり，紛争解決学の領域は，現在のところ法律学の中の民事法学に属している。しかし，民法学や商法学などの実体法学や民事訴訟法学などの手続法学とは異なるものである。そしてまた，法社会学とも領域を異にしている。紛争解決学は，「紛争」の側から，また「当事者」の側から法現象をとらえる学問であって，その中核から順に言うと，まず相対交渉による和解があり，その先に調停，ミーダブ，仲裁など紛争解決システムを使用する紛争解決がある。訴訟も紛争解決学の範疇に入るが，それは紛争解決学の研究，実践に関連する限りで対象になるに過ぎない。このような領域を持っている紛争解決学からすれば，紛争解決の主体が「当事者」であることは，ごく自然に理解できるはずである。

また，私的自治の観点からも考察しておきたい。

紛争の当事者は，一身にいろいろなものを担っている。家族，組織，社会，心身の病気，苦悩，栄光と屈辱，不安と希望，そういうもろもろのものを，紛争の機会に克服し，屈服し，放棄し，獲得し，解決すべく道程を歩んでゆくものである。この当事者にかかる圧倒的なエネルギー，当事者が費す圧倒的なエネルギーは，国家の払うエネルギーとは比較にならない大きさである。すなわち，当事者にかかり，当事者が費すエネルギーを，国家が全て吸収することは，もともと不可能なことである。したがって，このことからも紛争解決の主体が当事者であることは明白であるが，もし仮に国家が主体として紛争解決を引き取ったとしても，当然引き取りきれない多くのものが当事者に残る。その残った部分は，当事者が自主的に解決すべく方向づけられなければならない。したがって，私的自治は，もともと国家にとっても必要なものであることは明白であり，そうであるならば，私的自治を確立するために，

第4講　紛争解決の客体(続)，紛争解決の主体

はじめから紛争解決の主体を「当事者」にしておいた方がよいということになって，紛争解決の主体を国家とする根拠は失うのである。

ところで，紛争解決学の方法は，当事者の脳と心にある最も微細な素粒子のようなものからスタートし，それを言葉という道具に組み立てながら紛争解決の道筋を立てるものである。したがって，紛争のはじめから解決の終わりまで，当事者が主体としてそこに存在しなければ成り立たない。もとより，代理人や紛争解決機関が紛争と解決のさまざまな場面で重要な役割を果たすことがあるが，紛争から解決に至るまでの当事者自身の全過程から見ると，それは一部分に過ぎない。すなわち，紛争は当事者から発生する。そして，解決は当事者に帰属する。紛争解決学は，その全過程を当事者の側から組み立てる学問であるから，紛争解決の主体を当事者とする以外のことは考えられない。

なお，近代国家は，紛争解決機関として裁判所を持っているので，紛争解決は国家がするものであると考え，紛争解決の主体は「国家」であるとする答が根強く存在するが，現実にはほとんどの紛争は裁判外で解決しているのであって，裁判所で解決される紛争は，紛争の中のごく一部である。

また，裁判において最終的に勝ち負けを考えなければならない場合でも，裁判官だけの思考と意思によって裁きをつけるわけではない。判決をしようという段階の裁判官の脳には，両当事者からインプットされた主張，立証などのデータがつまっているので，裁判官の思考と意思によって生まれるかに見える判決は，実は当事者からの働きかけによって生まれるものであると言ってよい。こうなると，当事者が紛争の主体であるということは，はっきり見えてくる。

そして，最終的には国家の物理的強制力の発動によって執行されることは事実であるが，子細に見ればこのことも修正を要する。すなわち，物理的強制力が発動される頻度はそれほど多くない。また，いよいよ執行という段階になっても，ただちに強制執行が遂行されるわけではなく，その段階からまた話合いに入って結局は和解したという事例も報告されている。つまり，民事紛争のドン詰まりにきても，当事者は最後の最後まで主体性を握っているものである。これらのことから明らかになるように，当事者は，紛争解決の主体性を国家に委ねることなど夢にも考えていない。

このような傾向は，それ自体，人間と社会が成熟してきたことを示している。国家が頻繁に物理的強制力を発動しなければならないということであれば，社会的ロスは莫大なものになるであろう。また，国家が頻繁に物理的強制力を発動しなければならない事態は，人々が法を破り，法に従わないことをあらわすものであるから，社会的に法の支配が貫徹していないことを意味している。そのような事態よりも，私的自治を確立し，法の支配がゆきとどいている社会の方がよい。その意味からしても，紛争解決の主体は当事者であるとすべきである。

紛争解決の主体を巡る諸問題

　紛争解決の主体は「当事者」であるが，紛争解決の主体を巡る諸問題について，さまざまな角度から検討しておく必要がある。ここで，諸問題というものの中には，紛争解決の主体が当事者であるとする考え方を補強するものもあれば，その考え方を脅かすものもある。以下に，その諸問題について考察しておきたい。

　第1に，紛争解決の主体が当事者であることは，社会心理学のうえからも裏づけられる。

　山岸俊男助教授（現教授）は，「社会生活における不確実性に対処するため，人間はこれまでの長い歴史のなかで様々な方策を生み出してきており，法による保護はそのうちのほんの一部にしかすぎないだろう。社会的不確実性に対処するための最も基本的な方策は，お互いに信頼し合うことの出来る社会関係を維持することにあるだろう。多くの社会関係から相互信頼が失われれば，法に基づく強制のみにすべての負担がかかってくることになり，そのような事態が社会的に巨額なコストを伴うものであり，たとえ可能であってもあまり望ましくない事態であることには，ほとんどの人々は同意するであろう」と述べ，内発的動機づけについての研究として子供たちのお絵かきの実験研究をあげている。この実験の結果，そもそも楽しんで行っている行動（お絵かき）に対して外的な報酬（ご褒美）が約束されることにより，その行動の原因が外的な報酬にある，つまり，自分はその行動を楽しんでいないが，報酬があるから行動しているのだと，自分で思うようになり，すすんで行動したがらなくなることが分かった。そして，山岸教授は，同じような

第 4 講　紛争解決の客体(続)，紛争解決の主体

関係が，社会的な関係における自発的な契約の遵守についてもあてはまり，このような内発的動機づけについての研究は，外的強制により内発的動機づけが失われてしまう可能性のあることを示唆していると述べ，「法律に基づく強制力により人々の行動を規制していると，そのうちに人々が自発的に協力しようという気持を失ってしまうだけではなく，他人も本心では協力する気がないのだ，他人は信頼出来ないのだと思うようになってしまうということである。この点を政治学者テイラーは，麻薬中毒にたとえている。つまり，法律による規制は麻薬のようなものであり，それを使用している間は協力行動が促進されるが，その使用によって成員の自発的協力意思がなくなるため，協力行動を維持してゆくために，ますます強力な規制が必要とされるようになる，というわけである」と言っている[1]。

　これは主として通常の社会生活における内発的動機づけを言っているのであるが，紛争解決という段階になると，内発的動機づけが一層重要になる。すなわち，内発的動機づけによって解決することが，紛争解決の在り方に望ましい結果をもたらすことは明らかである。逆に，紛争解決の段階で強制力をあてにすると，ここで指摘されたように，麻薬中毒を重くするという悪循環に陥る。紛争解決の主体が物理的強制力を独占している国家でなく，当事者であるということは，内発的動機づけという視点から見た社会心理学の立場からも裏づけられていると言ってよいと思う。

　しかし第 2 に，紛争解決の主体が当事者であるとする考えは，紛争解決機能を行政に置き換えようとする根強い志向に脅かされるという現実がある。

　例えば，加藤一郎教授は，水俣訴訟において東京地方裁判所などの裁判所が国や県を含めて和解勧告をしたことに対して，和解は法による裁判でないと批判したうえ，「司法，すなわち裁判官は，法による救済を与えるのが困難ならば請求を棄却するほかはないし，そうなればよいのである。あとの被害者救済が必要かどうか，必要だとすればどういう方策をとるかは，行政や立法の仕事だと割り切って考えるほかはない[2]」と述べている。このような考え方が支配的になれば，紛争解決の主体が当事者であるとする考えは吹き飛ばされてしまうであろう。なぜならば，当事者はあくまでも裁判所から救済を与えられる対象としてしか見られておらず，それが与えられなければ行政や立法の仕事だと割り切られて，当事者の主体的意思が全く無視されるか

58

らである。

　しかし，この脅威に対しては，学問に対するスタンスの相違であるとしか言いようがないが，加藤教授の論述に重要な問題があることを指摘することを忘れてはならないだろう。それは，水俣訴訟は行政や立法の仕事が不十分であることを原因として発生している紛争であり[3]，それ故に，行政自体が当事者になっているということである。したがって国や県は，一義的には一方の当事者として紛争解決に取り組まなければならないはずである。国や県が紛争解決の主体である当事者として取り組むことと，一般行政の仕事として取り組むこととは意味が異なるのであって，前者を後者に置き換えることは許されないことである。もし，そのようなことが許されるのだとすれば，紛争解決の主体としての行政（水俣病の場合は国及び熊本県）は雲隠れし，衣を変えて一般行政としてあらわれることでよしとすることになり，それでは責任の質量が薄められて紛争は解決しない。もとより行政上の救済は必要であり，それが十分であればそれに越したことはないが，その場合でも，紛争解決の主体である当事者として関わることを避けるべきではない。

　なお，この水俣訴訟の例で明らかなように，国家や地方公共団体が紛争の当事者として登場することは多くなってきた。そのような場合には，国家や地方公共団体が紛争解決の主体であるから，当事者として正面から立ち向かわなければならない。当事者であるにもかかわらず，一般行政という名の衣に隠れようとすれば，かえって紛争をこじらせたり，長期化することになりかねない。国や地方公共団体が当事者になる紛争に，どのように取り組むか，またその紛争や解決方法にどのよう特徴があるかという問題は，法社会学のテーマであるが，紛争解決学でも研究すべき課題であろう[4]。

　第3に，紛争解決の主体が当事者であるとしたときに，考察しておかなければならない現実的な問題は，保険制度である。保険制度は，紛争解決の主体が当事者であるする考え方を補強することも，脅かすこともある。その意味で両面性を持っている。

　そこでまず，当事者の主体性を脅かす側面を見ておこう。

　加藤雅信教授は，後述の棚瀬孝雄教授の不法行為責任に関する論文に反論して，総合救済システムの提言をし，危険行為課徴金と自衛的保険料を柱にした総合救済システム救済基金をつくることを提案している。そして，「最

後に，このような総合救済システムができた場合には，人身被害についての不法行為訴権は廃止してもよいと考える。この意味では，現在の損害賠償制度は大幅に変ることとなる。また，自賠法，公害被害補償法の不法行為特別法も全面的に廃止されることになる。さらに，これらに伴い，人身損害に関しては，責任保険制度もなくなることとなる。生命保険等の自衛的保険も，全面的に廃止されるわけではないものの，機能する分野が大幅に縮小するものと思われる。また，社会保障制度も大幅な変容を遂げることになる」と言っている[5]。

確かに保険制度などが整備され，被害救済の道が広げられて，社会における正義がトータルとして増大するという意味の全体的正義が実現することは望ましい。しかし，加藤教授が言うように，例えば人身被害についての不法行為訴権を廃止するならば，誰が紛争解決の主体になるのであろうか。不法行為訴権を失った人身被害における被害者は，紛争解決の当事者から追いやられ，保険制度に取って替わられることになるのであろう。しかし，仮に損害賠償額について一定の基準ができ，その基準に基づいて正確に算定することが可能になっても，そのような機械的な扱いに被害者は決して納得しないものである。当事者が紛争解決の過程で，被害者としての苦痛や不安やその他もろもろのことを訴え，それを踏まえた形で解決しないと，真の解決には至らない。仮に機械的に算定した損害賠償額とその過程を経て合意した損害賠償額とが一致したとしても，当事者の納得度の高さにおいても，解決後の心理的安定度においても，紛争解決の質に格段の相違が出てくる。したがって，紛争解決の主体としての当事者を保険制度に置き換えれば，紛争解決の質が落ち，かえって全体的正義の実現が遠くなる。

なお，棚瀬孝雄教授は，全体的正義は被害者救済のために保険制度などのシステムをつくり社会を合目的的に管理しようとするものであるところ，これは「連帯」というもう1つの価値の面では，むしろコミュニティー破壊的作用をすると，加藤教授に批判的な見解を述べている[6]。この見解は，連帯にウエイトを置いたコミュニティーという側面からの批判である点で，紛争解決の主体である個々の当事者の側面から批判する私とは異なるが，当事者が主体性を失えば連帯はあり得ないことになるから，問題意識は共通していると思われる。

ところが一方，保険制度には，当事者の主体性を補強する側面もある。

欧米では，弁護士費用や訴訟費用をまかなう保険は広く普及しているが，わが国でも2000年10月から，日本弁護士連合会の協力のもとで，権利保護保険制度が発足した。これは，保険者を損害保険会社とする保険で，加入者やその家族が交通事故・医療事故・ＰＬ（製造物責任）事故・学校事故や窃盗・傷害・殺人等の犯罪の被害などの偶然の事故に遭って損害賠償を求める場合，法律相談料や交渉・調停・訴訟等の弁護士費用と手続費用を，一定限度まで保険金でまかなわれるという制度である[7]。この権利保護保険については，司法制度改革審議会意見書にも「近時，日本弁護士会連合会は，損害保険会社による訴訟費用保険の商品開発・普及等に一定の協力を行ってきたところである。国民の司法へのアクセスを容易にするための方策として，訴訟費用保険が普及することは有意義であり，引き続き，このような保険の開発・普及が進むことを期待する」と述べられている[8]。私も，民事調停制度を抜本的に改革することを提言した機会に，その制度を維持するために保険制度を導入することを提案した[9]。

紛争解決の主体が当事者であるとしても，費用がないために紛争解決に向けた行動を起こすことができなければ，当事者の主体性は観念だけに存在するに過ぎず，現実の存在にはならない。したがって，当事者がその主体として紛争解決に取り組む費用を調達することを可能にする保険制度は，当事者の主体性を補強する側面を持っていることは確かである。その限りで，加藤教授の提言は正鵠を得ていると言うべきであろう。

保険制度が当事者の主体性を補強することも脅かすこともあるという両面性を持っているのだとすれば，紛争解決の主体としての当事者が，その主体性を損なわず，むしろ主体性を確立することを可能にする保険制度を設計することが課題になる。そのような制度設計をすることは，保険制度に補強と脅威というジレンマがあるために論理的にも難しいことであるが，経済的な循環過程に乗せるという現実性のうえからも難しい。したがって，そのような保険制度の設計は，実は紛争解決学の格好のテーマである。しかしここでは，そのことを指摘するだけにとどめ，先に進むことにしたい。

第4に，紛争解決の主体が当事者であるとしても，当事者の主体性を100パーセント維持することの困難性について考察しておかなければならない。

第4講　紛争解決の客体(続), 紛争解決の主体

　ここで問題になるのは、性や身分や財産などによる差別が今なお現実に存在し、それが主体としての当事者を拘束しているということである。また、当事者が社会の中で生活している以上、家族や組織など何らかの団体に属しているのであるから、意思決定権限が制約を受けることは大多数の人が日常的に直面している問題である。このように考えると、紛争解決の主体が当事者であるとすることは、多分に理念的なものであることを認めざるを得ない。

　しかし、そのような制約を受けても、「どっこい生きている」というのがヒトという動物である。これは人間の自我というものに関係があると思われるが、精神病で意思を喪失しているなどの特殊な例外を除けば、当事者は何らかの形で主体としての自己を手離すものではない。そして、紛争解決の主体を当事者とすることが紛争の発生以前の状態では理念的なものであったとしても、当事者が紛争解決に取り組んだ途端にそのことは現実に転化するのである。したがって、自由意思に制約を受け、主体性が100パーセント発揮できない状態になっていても、その状態を認識、計量しつつ、なお主体としての当事者に着目して、総体として紛争解決に取り組むのが紛争解決学の方法である。そして、その制約から自己を解放することが当事者の課題である以上、その過程を解明することは紛争解決学の目的になる。

　これまで紛争解決の主体を巡る諸問題を考察してきたが、第5に、究極的な問題に言及しておこう。

　それは、私の考えによれば、紛争解決の客体は当事者であり、主体も当事者ということになるから、当事者が当事者を解決する、ということである。

　「当事者が当事者を解決する」と聞いたときに、何も考えないとすれば、それはおかしいと感ずるかも知れない。しかし、「当事者が当事者を解決する」ということは、すなわち、「自分が自分を解決する」ということである。

　「自分が自分を解決する」ということを少しでも考えてみれば、なるほどそうだと思うだろう。そして、よく考えれば考えるほど、そうでなければならないことが分かるはずである。

　このことについては多言を要しないと思うので、極めて図式的な言い方になるが、歴史的に見ると、近代以前は紛争は自らが解決するものでなく、封建領主の専権事項であった。近代に入ってからは法的主体性が私法の基礎とされたが、紛争解決システムの中心が裁判制度とされていたために、紛争は

裁判所で解決されるという考えが長く支配していた。しかし，現実には紛争の多くが裁判外で解決されており，その頻度が高まるに従って当事者の主体性が徐々に確立してきた。紛争解決学はその現実をとらえて，紛争解決の主体が当事者であることを明確に認識したのである。

また，紛争解決の主体である当事者が，自らの力で紛争を解決したという実感をつかまなければ，真の意味の解決にはならない。すなわち，自分で解決したという境地に達するのがレベルの高い解決である。その意味で，自分が自分を解決するというのが，紛争解決の理想の姿である。

なお，すでに気づかれていると思われるが，「紛争解決の客体」の「当事者が持っている諸条件」は，客体としての当事者が持っている諸条件であるとともに，主体としての当事者が持っている諸条件でもある。当然のことであるが，諸条件が当事者の属性になっている以上，それは客体としても主体としても当事者にとっての諸条件なのである。そして，自分自身が持っている諸条件を，客体として認識の対象としたり，主体として自己が認識したりしながら，当事者は解決を模索する。この客体，主体の循環過程を通りながら自己を確立し，同時に紛争を解決する姿こそが，紛争解決の真髄なのである。

こうして当事者は，自分の力で紛争から脱却し，自分を救うことによって蘇り，未来に向かう力をつけて現実に歩みはじめる。

したがって，「自分で自分を解決する」ことこそ，紛争解決の現実であり，また理想である。

これまで，紛争解決の客体と主体について，いろいろ検討を加えてきた。そして，ようやく「自分で自分を解決する」というところに到達した。この過程と到達点は，紛争解決学の本質を示す1つの表現に他ならない。

1 山岸俊男「法と感情——社会心理学的視点」『ジュリスト』989号・85頁）
2 加藤一郎「司法と行政——水俣病をめぐって——」『判例タイムズ』782号・2頁）
3 このことは，国や熊本県の責任を認定した水俣病訴訟の判決（熊本地方裁判所昭和62年3月30日判決・判例時報1235号3頁，熊本地方裁判所平成5年3月30日判決・判例時報1455号3頁，京都地方裁判所平成5年11月26日判決・判例時報1476号3頁）にもあらわれている。

第 4 講　紛争解決の客体(続)，紛争解決の主体

4　中野駅北口広場行政事件（東京地方裁判所昭和46年(行ウ)第226号事業計画認可等の取消請求事件）・『紛争解決学』(旧版) 267頁〜276頁参照。この事件は，私が地域住民の代理人として，建設大臣（当時）及び東京都知事に対し訴えを提起したものであるが，最終的には和解で解決した。この事件で和解が可能になったのは，東京都の江東再開発部長が大阪の住友銀行（当時）本店に行って地域住民が希望していた代替地を買収したからであるが，これは，東京都が当事者として事件の解決に責任を持って行動したことを示している。もし東京都が当事者としてではなく，一般行政の問題に置き換えたとしたならば，とうていこのような解決には到達できなかったであろう。

5　加藤雅信「損害賠償制度の展開と『総合救済システム』論――棚瀬教授の批判によせて」(『ジュリスト』987号・75頁)

6　棚瀬孝雄「不法行為責任の道徳的基礎」(『ジュリスト』987号・68頁)

7　権利保護保険に関しては，日本弁護士連合会『自由と正義』2001年12月号の特集，小島武司「司法改革と権利保護保険」，小山昭雄「保険業界から見た権利保護保険の位置付けと今後の展望」，秋山清人「権利保護保険から弁護士業務改革を考える」参照。

8　司法制度改革審議会『司法制度改革審議会意見書――21世紀の日本を支える司法制度――』(2001年) 30頁

9　廣田尚久『民事調停制度改革論』（信山社，2001年）213頁〜214頁

第5講　代 理 人

代理人の必要性と法律専門職種

　当事者は，紛争解決の主体であり客体であるから，自分が自分を解決するというのが究極の姿であるが，紛争の渦中にある当事者が客観的にものごとを認識し，自らを解決に導いてゆくことは現実には難しいことである。また，世の中の仕組みが複雑になり，紛争もひと筋縄ではゆかないものが多くなると，ますます当事者自身が紛争を解決することが困難になる。とくに武力の支配から法の支配に移行すると，法令などの紛争解決規範を使わなければ紛争解決ができなくなり，専門知識を備えた代理人が必要になってくる。

　近代国家は法の支配が原則であるから，実体面でも手続面でも数多くの法令を整備する。成文法主義をとっている大陸法（わが国も成文法主義をとっている）はもとよりのこと，コモンロー主義の英米でも成文法の数が多くなってきたという。とくに法化社会といわれる今日では，夥しい数の成文法や判例が集積され，人々はその中で日常生活を営み，社会活動をしている。さらに，いったん紛争が発生し，その紛争を解決するという局面になると，成文法や判例のみならず，多様な紛争解決規範を使用する必要が出てくる。それらの紛争解決規範は複雑であるばかりか，使用方法も多様で，簡単には分からないものが多くなってきた。

　そのために「法」を扱うことを専門とする職業が生まれ，その専門家が紛争解決の局面で当事者の代理人として登場することになる。そして，その専門家は，最終的には国家の物理的強制力の発動を促す「法」を扱うので，国家によって承認された職業としてかためられてゆく。

　こうして，当事者の代理人となる法律専門職種[1]が生まれてきたが，わが国には，各士法に資格が定められている弁理士，公認会計士，弁護士，司法書士，土地家屋調査士，行政書士，税理士，社会保険労務士（現行の法律の

第5講　代理人

施行の順による）及び「不動産の鑑定評価に関する法律」に資格が定められている不動産鑑定士の各法律専門職種が存在する。このように多様な法律専門職種が存在するのは，わが国の特殊な事情と歴史的経緯によるものである。

このように，法の支配の浸透とともに多くの法律専門職種が生まれてきたが，紛争解決学の関心事は，紛争解決の局面で，それらの法律専門職種の人々が，当事者の代理人としてどのような役割を果たしているか，また果たすべきかということである。

> 1　一般には，弁護士以外の法律専門職種を「隣接法律専門職種」と呼んでいるが，私は，弁護士を含めて「法律専門職種」と呼ぶことにしている。法の世界における専門分化が進むに従って，それぞれの法律専門職種の人々が，その専門分野を分担し，全体として法の実効性を支え合っていると認識しているからである。

法律専門職種と紛争解決

それでは，これらの法律専門職種の人々が，どのように紛争解決に関わっているのだろうか。ここでは，代理人としての仕事だけでなく，調停人，仲裁人としての仕事も含めて概観しておくことにする。

かつては，改正前の弁護士法72条（非弁活動禁止条項）を根拠にして，弁護士が法律事務を独占していると考えるのが通説であった。しかし私は，弁護士法72条はいわゆる事件屋のようなおかしなことをする非弁護士から人々や企業を守るための規定であって，弁護士の職域擁護のための規定ではないと考えている。例えば，現実に法律専門職種の人々が，その専門分野の仕事に携わる機会に交渉をすることは避けられないことであって，それを弁護士法72条で禁止することは，紛争解決の妨げになる。このことについては別の機会に詳しく述べたので[1]，ここではこれ以上言及しないが，その後弁護士法72条が改正されて，その但し書が「ただし，この法律又は他の法律に別段の定めがある場合は，この限りでない」となったので，弁護士でない法律専門職種の人々の紛争解決に関わる業務が法律上認められ，あるいは拡張されることになった。そこで，その状況をここでひととおり見ておきたい。

弁護士は，訴訟その他法律事件の代理，仲裁，和解その他の法律事務を扱うことになっているのであるから，紛争解決については，その全般に関わる

ことができる。

　私は，それぞれの資格試験に合格した弁護士以外の法律専門職種の人々が，少なくともその専門分野の裁判外の紛争に関しては取り扱うことができるとしてもよいし，紛争当事者のためにもその方が望ましいと考えている。

　しかし，法律上は全体に制限の網がかけられ，法律に定められたときに限って認められるという取り扱いになっている。

　弁理士は，特許，実用新案，意匠，商標，回路配置もしくは特定不正競争に関する事件または著作物についての権利に関する事件の裁判外紛争手続であって，これらの裁判外紛争解決手続の業務を公正かつ適確に行うことができると認められる団体として経済産業大臣が指定するものが行うものについての代理人になることができる（弁理士法4条2項2号）。そして，経済産業大臣から日本知的財産仲裁センターと日本商事仲裁協会が指定されている。しかし，同じ事件でも，日本知的財産仲裁センターまたは日本商事仲裁センターでは代理人になることはできるが，東京弁護士会紛争解決センターや第一東京弁護士会仲裁センターや第二東京弁護士会仲裁センターでは，形式的には代理人になれないという不都合が生じる。なお，弁理士は，特許法，実用新案法，意匠法，商標法に規定する訴訟に関して訴訟代理人になることができ（同法6条），一定の要件のもとで，特定侵害訴訟に関して訴訟代理人となることができる（同法6条の2）。

　司法書士は，一定の要件のもとで簡易裁判所における訴訟代理権が認められている（司法書士法3条1項6号）。また，紛争の価額が140万円を超えない民事紛争について，相談に応じ，または仲裁事件の手続もしくは裁判外の和解について代理人になることができる（同項7号）。さらに，筆界特定の手続についても，一定の要件のもとに，相談に応じ，または代理することができる（同項8号）。

　土地家屋調査士は，「不動産登記法」に定める筆界特定の手続についての代理人になることができる（土地家屋調査士法3条1項4号）。また，土地の筆界に関する紛争について，一定の要件のもとで，裁判外紛争手続の代理人になることができる（同項7号）。

　行政書士は，官公庁に提出する書類にかかる許認可等に関して行われる聴聞または弁明の機会の付与の手続その他の意見陳述のための手続の代理人に

第5講　代理人

なることができる（行政書士法1条の2の1項）。

　社会保険労務士は，「個別労働関係紛争の解決の促進に関する法律」のあっせんの手続，「雇用の分野における男女の均等な機会及び待遇の確保等に関する法律」と「短時間労働者の雇用管理の改善等に関する法律」の調停の手続について，紛争の当事者の代理人になることができる（社会保険労務士法2条1項の1の4号）。また，一定の要件のもとで，個別労働関係紛争の手続において，紛争当事者の代理をすることができ（同項1の6号），紛争解決手続の間に和解の交渉をすることや和解契約を締結することができる（同条3項の2号，3号）。

　代理権の拡張については以上のとおりであるが，弁護士以外の法律専門職種の人々は，調停人，仲裁人として，どのように紛争解決に関わっているのであろうか。

　以前から民事調停委員，家事調停委員として，裁判所の中で弁護士以外の法律専門職種の人々が活躍していたが，裁判外紛争解決機関（ADR機関）が数多く設立されるようになってからは，調停人，仲裁人として選任される機会が増えてきた。「裁判外紛争解決手続の利用の促進に関する法律」が施行される以前から存在していた日本知的財産仲裁センターでは弁理士が調停人，仲裁人に，大阪をはじめとする各地の土地家屋調査士会が設立した土地家屋調査士会境界紛争解決センターでは土地家屋調査士が調停人に選任されていたが，同法が施行された以後は，法務大臣から認証を受けたいわゆる認証ADRで多くの調停人が選任されることになった。なお，神奈川県，東京，静岡県などの司法書士会，大阪，愛媛県，滋賀県などの土地家屋調査士，東京都行政書士会，京都府，沖縄県，鹿児島県などの社会保険労務士会と全国社会保険労務士会，特定非営利活動法人個別労使紛争処理センターなどがいわゆる認証ADRとして設立されている（2009年10月現在）。また，各地の不動産鑑定士協会も設立を検討している。

　　1　廣田尚久『紛争解決の最先端』（信山社，1999年）86頁～121頁。そこでは，「弁護士法の「非弁活動禁止条項」は紛争解決の邪魔になっていないか」というテーマで弁護士法72条の問題を取りあげた。

代理人の本質

　こうして，弁護士以外の法律専門職種の人々が紛争解決の仕事に参画するようになってくると，弁護士に限らず紛争解決に携わるすべての法律専門職種の人々が同じ本質を共有するようになったと言えるであろう。そこで，紛争当事者の代理人にはどのような本質があるのか，ここで見ておく必要がある。

　私が考える代理人の本質は，つぎのとおりである。

　第1に，代理人が扱うものは，正義と危険物である。これは紙一重のところでうら表になり，正義が危険物になったり，危険物によって正義が実現したりすることがある。これは，正義と危険物のジレンマというべきものであって，代理人はそのジレンマを抱えつつ同時に扱っているのである。

　第2に，代理人は，正義と危険物を扱うために国家からお墨付きをもらっているが，人権を守り，社会の活性化に寄与するためには，ときには常識的な正義に抗しなければならないことがある。

　第3に，代理人には奉仕の精神が必要であるが，その仕事に対して報酬をもらわなければ労働力は再生産できない。奉仕とビジネスというジレンマが仕事の中に不可分に結びついているのである。

　第4に，代理人の究極の目標は，この世から紛争がなくなることであるが，この世から紛争がなくなれば代理人はいらなくなる。すなわち，究極の目標が自己否定だということである。

　以上のように，代理人はさまざまなジレンマを抱えている。したがって，代理人の本質をひと言で言えと問われれば，私は，ジレンマの塊りであると答える。

　この本質の考察から，よい代理人と，よくない代理人をある程度仕分けすることができる。もとよりその仕分けは，あくまでも紛争解決学の立場から，すなわち当事者の立場からするだけのことであって，私に「よい」と「よくない」を個別に選別する資格はない。しかし，よい代理人が多いか，よくない代理人が多いかによって，紛争解決システムの在り方が影響を受けるから，紛争解決学がこの問題を避けて通ることはできない。

　そこで，よい代理人とよくない代理人との仕分け方法であるが，私は，ここで述べたジレンマを自覚し，正面から困難を克服しようとする人が「よ

い」代理人，ジレンマに無自覚で，安易に流れる人が「よくない」代理人であると考えている。しかし，ジレンマの圧力から逃れて楽になりたいという誘惑は，大小を問わず，日常的に起こる事態である。けれども，楽になりたいという誘惑にうち克って，ジレンマに耐え抜かなければならず，ここが代理人にとって最も辛いところであるが，また，ある意味では面白いところである。

このように，紛争当事者の代理人として紛争解決に携わることは，魅力的でやり甲斐のある仕事であるが，非常に難しい局面に立たされることが多い。代理人はそのことは十分に認識しておくとともに，ジレンマを克服する方法を工夫する必要があると思う。

その克服の方法について，親しい友人の間でもつき詰めて話し合う機会は少ないし，ノウハウや情報に接するチャンスもあまりない。

そこで，「隗より始めよ」ということで，まず私から開示することにするが，私は自分の仕事を，次のように考えている。これは，弁護士の本質が抱えているジレンマに対する私なりの解決法である。すなわち，――

当事者の頭と心の中にある紛争の原因を，言葉という道具によってとらえ，紛争解決規範を使って言葉を組み立てながら解決に到達すること。

ここで言う紛争の原因は，はじめは，当事者の意識，潜在意識，無意識の層にあるから，ときには潜在意識や無意識の解明も不可欠である。また，言葉というものも，はじめは素粒子のような，エネルギーを帯同した微細なものであって，それが解決の段階では，ひとつの体系をなし，その体系から当事者がエネルギーを汲み取れるようになっているのが理想的である。

私は紛争解決に携わる弁護士として，以上のように規定し，心掛けながら実践してきたつもりである。もとより私もさまざまなジレンマに立たされているが，私の仕事をこのように規定すれば，ジレンマは何とか克服できそうであるし，かえって楽しみが出てくる。

代理人の能力

法律専門職種の人々が当事者の代理人として，専門知識を駆使したり，言葉を組み立てながら紛争解決をはかるためには，その資質が問題になる。

よい資質を持っている代理人はよい解決をもたらすし，よい資質を持たな

代理人の能力

い代理人はろくな解決をもたらさない。名医と薮医者によって病気の治療に差が出るように、名代理人とそうでない代理人とでは、紛争解決に相当の開きがある。もとより資質と言えば、先天的に生まれつき持っているものを指すが、代理人の場合は、後天的に修得する経験や能力も大切である。そのような先天的な資質や後天的な能力のすべてを含めて「能力」と言うことにすれば、代理人にはどのような能力が要求されるのであろうか。

ひと口に能力と言っても、それは紛争の性質、態様によってそれぞれ要求されるものを異にする。ある事件には押しの強さが必要であるが、ある事件には調停型の柔軟さが必要である。また、1つの事件でも、あるときには押しの強さが必要になり、あるときには柔軟さが必要になることがある。さらに、1つの能力が局面によってはプラスに働いたり、マイナスに働いたりする。したがって、代理人の能力の問題には、なかなか複雑なところがあり、十把ひとからげに論ずることは危険な試みである。

しかし、代理人の能力によって、紛争が適切に解決したり、適切に解決しなかったりする現実がある以上、紛争解決学としては、この問題を回避することはできない。

そこでまず、代理人の能力について一般的にどのように考えられているかということを概観しておこう。このことについても多くのことが語られているが[1]、私が日本経済新聞に書いたコラムによって、ひととおり見ることにしたい。なお、ここでは、弁護士に限らず、紛争解決に携わる人々が代理人になる場合の資質を論じているのであるが、コラムには「弁護士」と書いたので、適宜「弁護士」を「代理人」に置き換えていただきたい。

　　弁護士に必要なものは何か。ここで言う「もの」とは、能力、性格、考え方、行動その他あらゆるものを指す——私はある大学の1年生に、「法システム概説」という講義をしているが、これはその科目の学期末試験の問題である。
　「それはなかなかの難問ではないか」
　そう弁護士の友人から言われたが、弁護士にとっては難問でも、学生にとっては難問ではなかったようで、話し上手、決断力、行動力、チャレンジ精神、意外性、奇抜な発想、気の強さ、旺盛な好奇心、疑問に迫る能力、

第5講　代理人

思いやり，ハングリー精神，押しの強さ，柔軟な頭脳，粘り強さ，ずうずうしさ，ヒューマニズム，臨機応変な行動，正義感，広い心，視野の広さ，口のかたさ，お金に汚くないこと，豊富な情報を持っていること，ずる賢さ，よい嘘（うそ）をつけること，カリスマ性，計算力など──書いたこと書いたこと，まだまだ山ほど書いてくれた。

これらが最初から分かっていたなら，私も上等な弁護士になれたのにと，感心したり苦笑したりしてしまったが，世の弁護士の方々はどうでしょうか。

その中でも私の目を引いたのは「相手の目を見て話が聞ける」という答案であった。答案には理由も書いてもらったが，その理由は，「相手が『この人になら話せる』と思えるようにさせて安心感をもたせる必要があるから」。

私には話を聞きながらメモを取るクセがあるので，相手の目を見て聞くことを忘れがちになるが，調停人として調停・和解をすすめている事件で，早速これを実行してみた。すると不思議や不思議，激しく対立していた両当事者の表情から，険しさがすーっと消えてゆくではないか。

学生をテストして，逆にテストされたような妙な結末になった。

（2001年12月12日付日本経済新聞夕刊「弁護士余録」）

新聞コラムの性格上，判断力とか法律知識などという誰でも思いつきそうな答案は，あえて紹介しなかった。

ここで銘記すべきことは，大学の1年生でも，弁護士に必要なものを山ほど思いつくということである。言い換えれば，弁護士の能力に対する要求度が高いということである。大学1年生でもこれだけのことを思つくのであるから，一般の社会人，市民，企業の要求度はさらに高いと言えるであろう。

弁護士は，法律専門家でない素人が弁護士の能力を品定めすることはできないと思っているかも知れないが，それはとんでもない思い違いである。自分で料理をつくれなくても，うまい，まずいは子供でも分かる。一流の料理人と自負していても，料理の素人が「まずい」と言うのであれば，まずいものはまずい。専門家というものは，とかく裸の王様になりがちであるが，自分の能力については，専門性を離れて，素人の目で常に点検する必要がある。

代理人の能力

　そのことをあらためて思い知らせてくれたのが，学生たちの答案であった。
　それにしても，この学生たちの答案はよくできていると思われるかも知れない。この中には，私の授業で触れたものがいくつかあるが，そのほとんどは，学生たちのオリジナリティーによるものである。もっとも，ヒントは予め与えておいた。すなわち，試験の数週間前の授業中に，映画『エリン・ブロコビッチ』を見せておいたのである。そして，コラムでは字数の関係で試験問題の後半部分を省略したが，その後半部分は「映画で見たエリン・ブロコビッチは，弁護士ではなく，弁護士事務所で働く事務員だが，弁護士に必要なものをたくさん持っていた。そのことをヒントにして，弁護士に必要なものを，できるだけたくさん書き出すこと。そして，それがなぜ『必要なもの』なのか，その理由を簡単につけ加えること」となっていた。この映画の内容も弁護士の能力に関係があるので，もう1つのコラムも引用しておこう。

　　ジュリア・ロバーツが主演する「エリン・ブロコビッチ」は，じつに痛快な映画だ。
　　彼女は，ある弁護士事務所の押しかけ事務員になり，不動産売買取引の調査を始める。そして案件の書類の中に医者の診断書が紛れ込んでいたことに疑問を持ち，そこから大企業の六価クロムによる公害事件を発見する。彼女は，煮え切らないボス弁護士にはっぱをかけ，その公害事件に取り組ませるが，それからが彼女の大活躍。そして，ついに全米史上最高の3億3300万ドルの賠償金を勝ち取り，600人余りの被害者を救済する。
　　これが実話だというのであるから，スケールの大きな話である。
　　この映画の中の集会のシーンで弁護士が，訴訟は時間がかかるから「調停」にしようと，被害者たちに必死に勧める場面がある。映画の字幕では「調停」となっていたが，彼女（エリン）が合意書の署名集めに奔走したところからすれば，「仲裁」という紛争解決システムが活用されたのだと思う。
　　この映画は細かいところもよくできていて，ハッとするようなシーンが随所にある。例えば，エリンとボスが被害者の家庭を訪ねたときに，その主婦から手作りのケーキを勧められる。六価クロムに汚染された水を使って作ったケーキを，ボスは敬遠しようとするが，エリンからそっと「食べ

第5講 代理人

なきゃだめよ」とささやかれ，結局食べて「うまい！」という。
　「本物の人物」なら，被害者が食べるケーキを，一緒に楽しく食べるはずだ。してみると，エリンは本物で，ボスは「偽物」になるところだった。とかく「先生」と呼ばれる人種は，偽物と見破られているにもかかわらず「裸の王様」を続けるものだ。私は，自分は大丈夫だろうかと振り返り，思わず背広の裾（すそ）を引っ張った。
　（2001年8月22日付日本経済新聞夕刊「弁護士余録」）

　このコラムについては多言を要しないであろう。要するに，代理人に必要なものは，当事者の苦しみを苦しみとし，当事者の楽しみを楽しみとするシンパシーである。そのシンパシーを真に自分のものにするためには，やはり「本物」でなければならない。
　ところで，紛争解決学では，紛争の原因を言葉によってとらえ，紛争解決規範を使ったり，当事者の合意を取りつけたりしながら解決をはかることが主要なテーマである。したがって，そのテーマにこたえるために必要な代理人の能力は何か，という観点から代理人の能力を考察することが最も的を絞りやすく，また，有益なことであると思う。そのような観点からすると，私が代理人の望ましい能力と考えるものは，次のとおりである。
　第1に，冴えた動物的な勘を持っていることである。具体的に言えば，紛争全般をザッと見廻して，どこに問題，すなわち癌があるかをつかんでしまう能力である。勉強をしすぎると理屈が先に立つので，かえってこの能力は鈍麻する。専門知識の必要性と動物的な勘は，ジレンマに立っている。
　第2に，知，情，意ともにすぐれて強靱でなければならない。強靱という意味は，強く，しなやかで，粘りがあるということである。
　ところで，法は理屈であり，意思であるから，知と意にウエイトが置かれるべきだと考える人が多く，情は軽視されがちである。しかし，私は，あえて順位をつけるとすれば，情を第1順位に置く。
　数学者の岡潔教授が文化勲章を受章したとき，「数学は結局情ですよ」と言ったが，私も紛争解決は結局情だと言いたい。なぜならば，人間は理屈では分かっても，感情が納得しないと，芯から納得しないものだからである。芯から納得しないところに，真の解決はない。したがって，情を欠いていれ

ば，事件としては解決したように見えても，紛争は解決していないのである。そのことがよく分かっていることが，代理人の能力の質と量を高めるのである。

　もっとも，代理人が自らの情に溺れてしまうととんでもないことになる。情に溺れることと情が強靭ということとは違うのであって，内にほとばしる情を秘めながら，知と意とともに外に出してゆくのがすぐれた能力と言えよう。

　第3に，情にウエイトを置くと言っても，数字に強いことも代理人にとっては大切な能力である。

　私が懇意にしている津田篤一公認会計士に，公認会計士に必要な能力は何かと聞いたところ，ダーと数字を見てひっかかる数字をピックアップできることと，電機屋の前を通りかかって在庫の金額をパッと当てられることの2つをあげられた。

　これは，紛争解決の場合にも当てはまるものであって，紛争を瞬時に数字的に把握し，それを頭の中で組み立ててみる論理操作ができることは，代理人の能力として必要なことである。

　第4に，強烈な正義感を持っていることである。

　代理人に最も必要なものとして，よくものの本に書いてあるのは「誠実さ」である。しかし，私に言わせれば，誠実さは，当たり前のことであって，それがなければもともと話にならない。また，「誠実さ」という言葉の中には，誠実であれば他者から理解してもらえるというニュアンスがあって，私はそれに若干の抵抗を覚える。すなわち，誠実であれば理解してもらえるなどと考えるのは，甘い。そのような甘さでは，紛争を解決することはできないものであると，肝に銘じておいた方がよい。

　誠実さよりもはるかに大切なものは，強烈な正義感である。あるいは，ほんとうに誠実な人間ならば，強烈な正義感を持っているのだと言ってもよい。

　しかし，やっかいなことに，「正義」というものは，もともと相対的なものである。したがって，自分の正義だけが絶対的な正義だと信じるのであれば，それはとんでもないことである。「正義感」というのは，そのような正義とは異なるものであって，自分が信じている正義を検証する姿勢も正義感の内容の1つである。すなわち，強烈な正義感を持っていれば，常に自分が

第5講　代 理 人

信じている正義を検証し，高めることができるのである。
　一方，正義が相対的だといっても，正義がなくなってしまうわけではない。正義が相対的であるが故に，「正義」を打ち出すことに消極的になったり，「正義」を打ち出されて拒絶反応をする人がいるが，それもまた問題である。世の中には，相対的にどちらが正しいかとか，誰がみても正しいということがある。そのようなときに，正義感を放擲し，正義を貫くことを回避するようでは，紛争は解決しない。
　これらのことをすべて含めて，「正義感」という言葉で表現すれば，代理人には強烈な正義感が必要であり，そのような正義感を持っている代理人は，能力が高く，よい仕事をするものである。
　第5に，人を信じる力を持っていることである。
　人を信じることができるということは，ひとつの力である。こちらに力がないときには，人を信じることはできない。しかし，「よし，こいつを信じてやろう」と度胸を据えて最後の一点を信じていると，どんな人間でもそれにこたえてくるものである。
　能力のない人は，99パーセントを信じて最後の1パーセントを信じないために解決を取り逃したり，騙されたりするものであるが，能力のある人は，99パーセントを信じなくて最後の1パーセントを信じるために，ピシリとよい解決をするものである。
　第6に，やや細かいことになるが，察しがよいということも能力としてあげておきたい。
　私は，ある共有物分割事件を解決し，姉妹で土地を2つに分割したことがあった。私のクライアントは妹の方であったが，分割後にいざ土地を売却しようとしたとき，測量図をつくる必要が生じ，姉に印鑑を押してもらわなければならなくなった。そこで私は妹と一緒に，姉が入院している病院を訪問し，印鑑を押して下さいと頼んだ。これは，姉が印鑑を押してくれなければ売却ができなくなるというかなりきわどい頼みであり，直前までは姉妹は争っていたのだから，ささいなように見えても実は難しい仕事であった。私がていねいに説明したところ，幸いにして姉はこちらの意向をよく理解してくれたが，「どうしても今日はハンコは押せません。書類は預かっておきます」と言う。そして，その理由を聞いても，さしたる理由は言ってくれない。

代理人の能力

　しかし，その日でなければ，また気が変ってしまう恐れがある。私はフト思いついて，「お姉さん，あなたは私たちがここにいて，ハンコをどこから出すのか見られるのが嫌なのですね。それならば私たちは部屋から外に出て待っていますよ」と言ってみた。すると姉はニコッと笑って，「お察しのよろしいこと」と言ってくれた。
　第7も，細かくなるが，芝居がかったことが好きであることも，能力のひとつにあげておいてよいだろう。
　紛争を解決するためには，伏線をあちこちに張ることが必要である。この伏線を張るという仕事は，芝居がかったことが好きでなければやっていられない。ドンデン返しに驚く顔の見たさに伏線を張り，その伏線が役に立って手品のように紛争が解決すれば，それはまずよい解決だと思ってよい。
　ここまでくれば，能力の問題も終わりに近くなってきた。
　私は，当事者の頭と心の中にある紛争の原因を，言葉という道具によってとらえ，紛争解決規範を使って言葉を組み立てながら紛争解決をはかることが代理人の仕事であると考えているから，当事者の頭と心の中にある紛争の原因を正確に聞き取り，理解し，それを言葉として表現する能力こそが中心になる。この能力を，第8にあげておかなければならない。宮澤賢治の『雨ニモマケズ』の詩の中に，「ヨクミキキシワカリ」という一句があるが，この句を思い出す度に，「よく分かっている！」と叫びたくなる。
　これに関してひと言つけ加えるとすれば，豊富な言葉を持っていることは，代理人として重要な能力であると言わなければならない。豊富な言葉という意味は，単に語彙をたくさん知っているというのではなく，言葉の使い方がうまいということ，具体的には言葉をうまく組み合わせる能力があるということである。言葉をうまく組み合わせるということは，石と石とを積み重ねるようにするのではない。規範や事実を構成している微細な言葉，すなわちエネルギーを帯同して素粒子のように動き廻っている言葉を，ちょうど外科医が細い血管を繋げるように結びつける作業である。
　わが国には「巧言令色スクナシ仁」という論語の言葉を堅く信じる風潮があるが，これは言葉によらないで支配しようという思想が見え隠れして，どうもよくない。もとより内容のない巧言はよくないし，何も饒舌でなくてもよい。しかし，紛争を解決するためには，言葉を使って紛争の原因を探り，

第5講　代理人

言葉を組み立てて解決の道を拓くという仕事が不可欠であるから，そのためには豊富な言葉が必要である。無口では何も解決できない。

　最後にここにあげておきたいことは，代理人の能力というよりも，むしろ望ましい性格とか心構えと言うべきものであるが，人間というものをよく知っていて，人間に対する鋭い洞察と深い情愛を持っていることである。そして，適度のメサイヤ・コンプレックスを持っていることが望ましい。

　メサイヤ・コンプレックスについて，河合隼雄教授は次のように言っている。

　「自分の劣等感に気づくことなく，むしろ，それを救って欲しい願望を他に投影し，やたらと他人を救いたがる人がある。そのような行為の背景には複雑な劣等感と優越感のからみ合いが存在しているが，他人がありがた迷惑がっていることも知らず，親切の押し売りをする。このようなコンプレックスをメサイヤ・コンプレックスと言う。これは表面的には善意としてあらわれるので，克服することの難しいコンプレックスである[2]」

　穿った言い方をすれば，代理人とはメサイヤ・コンプレックスを職業化したようなものである。いかに代理人とは言え，ひどいメサイヤ・コンプレックスによって親切を押し売りすることは顰蹙ものであるが，メサイヤ・コンプレックスがゼロでビジネスだけという代理人もいかがわしい。確かに過度のメサイヤ・コンプレックスは有害であるが，適度で抑制のきいたメサイヤ・コンプレックスは，代理人には不可欠な要素である。私の友人たちに聞いてみると，有能な弁護士ならたいてい「あ！　それならボクも持っている」と言って，「心理学者というのは，うまいことを言うものだなあ」と感心する。有能な弁護士は，無意識のうちにメサイヤ・コンプレックスをバネにして腕を磨いているものである。

　私は，代理人の望ましい性格として，子供のような好奇心と純情さをつけ加えておきたいが，好奇心と純情さがうまく働くと，自己のメサイヤ・コンプレックスを高度化することが可能になり，そのメサイヤ・コンプレックスが思わぬエネルギーを湧き起してくれる。

　以上のように代理人の能力を考察して分かることは，矛盾する能力が同時に要求されているということである。いきおい代理人には何重人格という複雑な人格が要請されることになるが，これが分裂することなく，何重もの矛

代理人の能力

盾した性格を乗り越えて，統一した人格として一身に体現してゆかなければならない。そのような代理人が当事者の前にあらわれたとき，当事者はその代理人を認め，信頼を寄せるものである。

なお，断っておくが，私自身今述べた資質を十分に持っているわけではない。あるところは強く，あるところは十分でない。また，時を経ることによって，かつて持っていた能力が衰えることもある。

したがって，この部分については，自分自身で読み返し，絶えず能力の挽回をはかる必要を感じている。

1　例えば，小島武司編『法交渉学入門』（商事法務研究会，1991年・130頁～131頁）には，交渉者の資質として，34項目が箇条書きされている。参考までに，本文に書いていない事項のいつかを掲げておこう。
　・準備・企画技術
　・交渉の対象事項への知識
　・プレッシャー，不明確さの中で，明確かつ迅速に考える能力
　・考えを陳述する能力
　・敵方の信頼・尊敬を勝ち取る能力
　・感情と外見についての自制心
　・潜在需要ならびに自陣および敵方組織の反応に対する洞察力
　・自分のチームまたはグループのメンバーに対する統率力
　・個人的安全感覚
　・開かれた心（他者の意見への寛容さ）
　・自己の陣営の中の種々の目的の伝達，調整技術
　・好まざるリスクを進んで負うこと
　・交渉上の役割や交渉ポーズを上手く演ずる能力
　・曖昧さ，不明瞭さへの寛容さ
　・魅力的な人格およびユーモアのセンス（その人間といっしょにいて楽しめる度合い）
　　以上の能力と，本文に書いた能力とを合わせると，紛争解決に携わる代理人には，並々ならぬ能力が求められていることが分かる。
2　河合・前掲書『無意識の構造』23頁

第6講　紛争解決規範（1）

紛争解決規範の類型

　法を裁判規範ととらえ，紛争は裁判所を中心にして解決されるのだと考えるのならば，規範とは成文法を指すか，せいぜい成文法とそれに近接している判例や慣習を指すことになるが，紛争解決のために有用な基準は何かという見方に立てば，成文法はもともと紛争解決規範ととらえられ，しかも，紛争解決規範の1つに過ぎないということになる。すなわち，紛争解決規範は，成文法だけでなく，実にさまざまなものがある。したがって，紛争解決のためには，世の中にある多様な規範を持ってくることができ，そのような規範を使うからこそ，広く深い紛争解決がはかれるのである。

　また，紛争解決のためには，成文法を使うことがかえって適切でないことがある。そのようなときには，例えば，その成文法の解釈を変えたり，他の規範を使ったり，新しい合理的な紛争解決規範をつくって解決しなければならなくなる。

　そしてまた，1つの規範体系の中にも，広く使えるものもあるし，あまり使えないものもある。そのときどきによって，規範としての強さや妥当性が変化することも少なくない。したがって，紛争解決のためには，その紛争に合わせて，使う規範を選定し，正しく使わなければならない。医師が患者の病気を治療するときに，薬を選び，投薬のタイミングをはかるように，紛争解決にあたっては，規範を選択し，使い方のタイミングをはからなければならない。また，医師が患者に薬を与えないことがあるように，規範を使わない方が解決に役立つこともある。しかし，いずれにせよ，紛争解決規範やその使い方は，数や種類が多いほどよいのである。

　紛争解決規範の定義については，第2講で述べたのでここでは繰り返さないが，紛争解決学では紛争解決規範の形成，構造，内容，使用，効果を解明

することが主要なテーマであるから，ここに紛争解決規範の類型を列挙し，ひととおり吟味しておきたい。

1）成 文 法

　紛争解決のために，成文法が紛争解決規範として使われることは多く，法律がこうなっているから，こういうふうに解決しようということは，通常の在り方としては圧倒的，支配的であると言ってよい。成文法は，正規の立法機関によって規範＝ルールとして定められたものであるから，正当性のイメージは通常は賦与されており，成文法が紛争解決規範として日常的に使われている状態は，社会の安定のためにも，法の支配の貫徹のためにも，必要なことであると言えよう。

　とくに，日本の法令は，たいへん細かいところまで規定されているので，細かい法令を調べて紛争解決規範として使うことが，紛争解決の決め手になることもある。

　例えば，私のクライアントが賃借人として家主から家を借りていたところ，家主が，暖房の煙突を自分で修理して，めがね石をはめ込み，そこから火を出して家を燃やしてしまったという事件があった。これは，家主の過失が問題になったケースであるが，消防法9条というのがあって，それによれば，「かまど，風呂場その他火を使用する設備又はその使用に関し，火災の発生の虞のある設備の位置，構造及び管理……に関し，火災の予防のために必要な事項は，市町村条例でこれを定める」となっている。この消防法9条の規定を受けて，東京都火災予防条例3条1項17号に，「金属または石綿セメント等でつくった煙突または煙道は木材その他の可燃物から15センチメートル以上離して設けること」「可燃物の壁，床，天井等を貫通する部分は，めがね石をはめこみ，またはしゃ熱材料で有効に被覆すること」という定めがある。また，東京消防庁が「消防用設備火を使用する設備の技術基準」を設けていて，めがね石を使用する場合は，壁体と煙突外周との最短距離は10センチメートル以上，と定めている。ところが，この事件の家主が使っためがね石が，3.75センチメートルしか幅がなかった。そこで私は，訴訟において，この石を使って修理したこと自体に重大な過失があると主張した。その結果，家主に契約上の不履行があるということになって，こちらの勝ちになった。

これは，訴訟という場で成文法を紛争解決規範として使った例である。

しかし，成文法が絶対と考えることは誤りである。成文法は書かれている法であるが，一方紛争は刻々と変化する人々の生活や社会の在り方の中から生まれてくるものであるから，成文法が全ての紛争をカバーすることはできない。このことは一寸考えれば分かるはずのことである。

すなわち，成文法は，かためられた規範であるから，流動的で，ドロドロした，変化，ヴァリエーションのあるあらゆる紛争を，そのかためられた規範にあてはめることはできない。当然，成文法のわくからはみ出している紛争，成文法のわくにとらえられない紛争，成文法の隙間に出てくる紛争がある。また，成文法が役に立たない紛争や，成文法が邪魔になって，成文法を使うとかえって解決できない紛争もある。

したがって，成文法は，単に紛争解決規範の中の1つであると割り切って，他の規範と並べて，すなわち他の規範よりも優位にあるものではなく，同レベルのものと考えた方が，ものごとがすっきり見えてくる。

わが国で法律学を学ぶときには，成文法を学ぶことが圧倒的なシェアを占め，ともすれば法律学イコール成文法解釈学であるとされている。法学部の学生や法学部出身者は，無意識のうちに成文法優位の思想にひたっているが，しかしそれでは，厖大な紛争解決規範の海は見えない。成文法は，もとより紛争解決規範として大切なものであるが，それを絶対的なもの，他の規範より優位に立つものと考えることは，バケツ1杯の海水で海を語るようなもので，それだけでは，紛争は一向に解決しない。

それでは，海の方を見てみよう。

2）判　例

判例は，類似の事例について同一の解決をもたらす働きがあるので先例的な価値を持ち，その意味で規範として使われると一般的に考えられており，事実そのとおりと言ってよいと思う。

すなわち，判例は，裁判所が個々の紛争に規範をあてはめて有権的に判断したものであるから，類似の紛争には同じ判断がなされる確率が高くなり，判例がこうなっているから，こういうふうに解決しようということになって，判例がそっくり紛争解決規範として使われることが多くなるのである。

また，判例は，成文法の隙間に出てきた紛争に何らかの判断をしているときもある。そのような判例は，その成文法の隙間を埋める規範をつくったり，成文法に新たな解釈を加えたりして，言わば創造的な役割を果たしている。このような判例は，新しい紛争解決規範を創造したものと考えてよい。その意味では，判例は，まさに紛争解決規範そのものということになる。

　例えば，借地借家法28条に解約申入れは建物明渡しと引換えに財産上の給付をする旨の申出が考慮されると定められたが，旧借家法にはこのような成文の規定がなかった。しかし，判例は，正当事由を補完する金銭を給付することによって賃貸借を終了させるという理論を確立し，この判例上の理論に従って多くの紛争が解決されていたことは，周知のとおりである。

　また，因果関係の割合的認定という規範的枠組みをつくった創造的な判例もある[1]。これを踏襲する裁判例は少ないが[2]，この判例は，和解，調停，仲裁に使用されており[3]，したがって，非常に有用な紛争解決規範になっている。この因果関係の割合的認定は，裁判所においてつくられたにもかかわらず，訴訟手続の中では使用されないで，訴訟手続外の紛争解決システムの中で頻繁に使用される紛争解決規範であって，極めて興味深い現象がここにあらわれている。

　しかし，判例を絶対視することも，やはり誤りと言わなければならない。それは，裁判所の判断がときには誤りを犯すという単純な問題ではなくて，判決という判断に至るまでに，その手続上の制約を受けて論理構造が歪曲してしまうからである。

　私の恩師である川島武宜教授が後年弁護士になられてから，大学で教えていたときには気がつかなかったことがある，と私に言われた。それは何かと言うと，なぜ変な判決が出るのかと思っていたが，それは当事者がなすべき主張をしていなかったからだ，こんな初歩的なことを弁護士になってから初めて気がついた，とのことであった。すなわち，弁論主義の制約があって，当事者（あるいは代理人の弁護士）が主張しないために裁判所が判断できない。したがって，判決の論理が曲がってしまう。なぜこんな判決が出るのかと不思議に思っていたが，学者であったときには，そのように歪曲された判決を一所懸命に批判していた，と川島教授は言われた。川島教授が言われるような弁論主義の制約のために歪曲されてしまった判決は，筋道が立ってい

83

ないので，紛争解決規範としては使えない。

　弁論主義の制約は一例であるが，裁判官の心証形成に無理がある判決などもあり，先例的価値の乏しい判決例がある。

　判例は，判決例にイコールではなく，判決の中で先例的価値のあるものに限定されるが，前述の因果関係の割合的認定の例のように，紛争解決規範として使用される機会や方法は，その紛争解決システムや紛争の態様などによって異なり，他の紛争解決規範と同様に，相対的なものである。

　したがって，紛争解決規範として判例を使用する場合には，使えるものと，使えないものがあることを認識したうえで，紛争解決規範として使えるものだけを使うという，当たり前の作業が必要である。紛争解決規範として使えないものを持ってきて紛争解決をしようとしても，うまくゆかないことは，言うまでもないことである。

　1　東京地方裁判所昭和45年6月29日判決，判例時報615号38頁
　2　この判決をした倉田卓次裁判官自身も，「裁判実務への影響としても，同趣の判決例もないではないが，明示的にこの理論を排した判決例も目立つ。私はまた，複合的な貸金請求の事案において，心証に応じて65％を容認するという判決もしたが，類似の判決を見たことはない。こういう消極的な姿勢は結局，証明論の根本命題としての要件事実認定の悉無律を疑う私の議論自体が暴論と見えたからであろう」と言われている（倉田卓次「確率的心証と認定の悉無律」『民事実務と証明論』日本評論社，1987年）291頁）。
　3　後藤勇，藤田耕三編『訴訟上の和解の理論と実務』（西神田編集室，1987年）に，「交通事件における過失相殺の評価，慰謝料の算定等は裁判所の裁量の範囲が広く，大多数の事件は，請求が全部認容又は全部棄却されるのではなくその中間に落着くものであるため，当事者も和解的判決を予期する傾向にあるし，裁判所の勧告する和解案も重みをもつといえるのである」（同書302頁）という部分があり，「裁判所の裁量の範囲が広く」という言葉につけた注釈に，「交通事故の評価的性格は従前にもまして強くなってきている。例えば，因果関係の割合的認定ないし寄与度による損害減額の手法の実務への浸透や運行供用者性についての割合的責任の提唱等にそのことが顕著に窺われる」（同書306頁）とある。

3）裁判上の和解，調停，仲裁の解決例

　これらのものは，非公開とされているので，一般の目に触れる機会は少ない。

紛争解決規範の類型

　しかし，裁判上の和解などの中には，すぐれた解決例があり，それらは，他の紛争に紛争解決規範として使用すれば，適正な解決が得られるものも少なくない。その意味で，裁判上の和解，調停，仲裁の解決例は，紛争解決規範と言ってもよいものが多いと思う。

　したがって，裁判上の和解などの解決例は，何らかの方法で，もっとオープンにされなければならないだろう。オープンにされることによって，それが批判にさらされる道が拓かれ，非公開の弊害は排除される。すなわち，裁判上の和解などの公正さが担保される。それと同時に，紛争解決規範として使われる可能性が拡大する。

　もっとも，裁判上の和解，調停，仲裁を非公開にしていることについては，当事者の秘密の保護という大義の名分があるので，この問題はひと筋縄にはゆかない。すなわち，営業秘密やノウハウやプライバシーに関する問題について公開の法廷で争うことを望まない当事者が多く，そのようなニーズにこたえるためにこれらの紛争解決システムが設けられている側面があるので，非公開の原則は守らなければならない一線である。

　こうしてみると，裁判上の和解，調停，仲裁をオープンにすることと秘密の保護とはジレンマの関係に立っていることが分かる[1]。しかし，紛争解決規範の先例として使用するために裁判上の和解，調停，仲裁の解決例をオープンにすることに限定するならば，当事者名を仮名にして事件の特定性を排除する等の工夫することができるし，現実にさまざまな試みがなされている。

　このうちの裁判上の和解については，非公開性とプライバシーの保護という観点から，長い間ベールに覆われていた。しかも，裁判所には「和解判事となるなかれ」という戒めが旧くから伝えられており，裁判が正道で和解は邪道という考えが支配していた。しかし，裁判上の和解は，むしろ正道であるという考えが生まれてきて，その考えが公にされるようになってきた[2]。前述の『訴訟上の和解の理論と実務』は，現役の裁判官が中心になって編纂されたものであるが，その中には，裁判上の和解の解決例が抽象化された形で出ている。また，和解のすすめ方などの手続上の工夫などの論述もあるので，それらを手続的な紛争解決規範と考えれば，紛争解決規範として使用できるものが多い。

　調停や仲裁の解決例としては，各紛争解決機関が発行している解決例集が

ある。その例として，第二東京弁護士会編『仲裁解決事例集』（第一法規），日本海運集会所編『日本海事仲裁判断全集』（近藤記念海事財団），中央建設工事紛争審査会編『中央建設工事紛争審査会仲裁判断集』（大成出版社）などがある。

しかし，裁判上の和解，調停，仲裁の解決例を紛争解決規範としてより適切に使用することができるようにするためには，事案の内容を抽象化したり，結論部分だけを開示するだけでは不十分であって，申立てから解決までの経緯が分かるようにすることが望ましい。そのことを可能にするものとして，両当事者が合意のうえで積極的に公表する方法と，当事者から承諾を得て公表する方法がある。

前者の例を1つあげておきたい。

1998年3月，東京・多摩ニュータウンの分譲マンション「ノナ由木坂」の管理組合は，東京都住宅供給公社が行った大幅値下げ販売を不当として，第一東京弁護士会仲裁センターに仲裁の申立てをした。その結果は，新聞やラジオにも報道されたが，①公社が住民と十分に協議しなかったことに遺憾の意を表する，②管理組合はビラまきなどの反対行動を中止する，③管理組合は新しい組合員を差別しない，④公社は管理組合に対し紛争解決金として2210万円を支払う，という仲裁判断で解決した。

ところが同様な事件の解決では，住民側の敗訴になっている。この事件と同じ頃，関西文化学術研究都市にあるニュータウン「木津川台住宅地」における大幅値下げにつき，住民が近畿日本鉄道・近鉄不動産に対して提起した損害賠償請求事件に，大阪地方裁判所は請求を全面的に退け，請求棄却の判決を言い渡した。もっとも判決は近鉄側の経営姿勢を批判し，「差額返還の検討を含め，購入者の納得を得られる対応をとることが期待される」と解決の努力を促したが（1998年3月29日付朝日新聞），結論は，住民側の完全な負けになっている。

この事例は，裁判所の判断と仲裁機関の判断が相反する結論になっていることに注目を要する。これは，裁判所の保守性と仲裁機関の先駆性が如実にあらわれているが，紛争解決規範としてどちらが多く使用されるかということについては，未だ結論が出ていないというべきであろう。当事者が仲裁機関の判断の先駆性を選択することはあり得るが，その場合には，この解決例

が参考にされるであろう。

当事者から承諾を得て公表する後者の例としては、第15講で述べる付帯条件つき最終提案仲裁・調停がある。

> 1　私は、前掲書『紛争解決の最先端』において、「公開の原則と秘密の保護とのジレンマは解決するのか」という章を設け、この問題を考察した（同書37頁～53頁）。その結論として「公開の原則と秘密の保護は、相互にせめぎ合ったり、重なり合ったりしながら、あるいは相互に否定したり、容認したりしながら、螺旋階段を昇りつめてゆくようなものではないだろうか」と書いた。
> 2　本文で述べた『訴訟上の和解の理論と実務』の他に、例えば草野芳郎『和解技術論』（信山社、1995年）

4）学　説

学説の中には、紛争解決規範として使用する価値のあるものが多いはずである。そして、現実に紛争解決規範として広く使われている学説がある。

例えば、不法行為法において、利益較量論という学説がある。この学説は、成文法ではがんじがらめになって妥当な解決が得られない事態に陥ったときに、妥当性という観点から従来の解釈を修正するためのものとして唱えられ、広く紛争解決規範として使用されるようになった。そして、不法行為に限らず、契約関係やその他の紛争においても、広く使用、応用されるようになった。最近では、この利益較量論が広がり過ぎて、何でも利益較量論になって本来の法律論をすっ飛ばしてしまうので、法律論議を大味なものにしているという批判があるようだが、少なくとも当初は、この利益較量論という学説が紛争解決規範として使用されたことは確かであり、現在でも、時と場合によって、この学説が紛争解決規範として重要な役割を果たしていることは事実である。

しかし、紛争解決規範として現実に使用されている学説をピックアップせよと言われれば、すぐに思い当たるものはそれほど多くはない。

前述の因果関係の割合的認定は、学説としても成り立つものであり、現在では学問上の議論の対象になっているが、学説として唱えられる前に実務が先行した。また、付帯条件つき最終提案仲裁は、学説として唱える可能性があったのかも知れないが、私は、それを発表する前に実務のうえで実行して

しまった。

　このことは，実務が学説に先行する傾向があることを示している。しかし，実務が学説に常に先行するとは限らない。学説のよいところはその先見性にあるのだから，よく注意していれば，紛争解決規範として使用できる学説に気がつくのではないだろうか。実務家が学者の理論を勉強し，学者が実務家の理解できる言葉で語り，学者と実務家が手を繋げば，紛争解決規範として使用される学説が多くなり，したがって，有効，有益な紛争解決規範が豊富に発見され，創造されることになると思う。

　ところで学者は，自分の学説が紛争解決規範として実務で使用されることに生き甲斐を感じるのではないだろうか。紛争解決規範として実務で使用されるために学説を唱えるということを明確に意識していなくても，無意識のうちにそのようなことを考えていることはないだろうか。もしそうだとすれば，学説は紛争解決規範としてすでにここに存在していると考えてもよいだろう。

　このように考えると，現在存在する学説の中から紛争解決規範として使用可能な学説を洗い出す作業が紛争解決学のテーマとして必要になってくる。またこれからは，紛争解決規範として使用されることを意識する学説の登場が期待される。

5）諸科学の成果

　社会が複雑化し，技術が進歩してくると，紛争解決にあたっても，専門家の知見を取り入れる必要が出てくる。例えば，医療過誤事件において，医師の作為・不作為と患者の死亡との間に因果関係があるかという問題に直面したときには，専門的観点からの科学的データ，意見が必要になる。

　初老期うつ病の患者が死亡したとき，それを防止しなかった医師に過失があるとされた判例があるが[1]，その場合には，その患者の病状と医師の不作為という具体的な事実関係とは別に，初老期うつ病のある種の症状があるとき，自殺の可能性がどの程度あるか，という科学的な解明が必要になる。

　この場合，相当因果関係という法的規範の中に専門家の意見がその一部として取り入れられることになる。すなわち，この例で明らかなように，専門家の意見が規範の構造の中に取り入れられてその一部となり，その部分を取

り除くと，残りの部分だけでは規範として成り立たなくなる。このように見てくると，諸科学の成果の紛争解決規範としての重要性が理解できると思われる。

それでは，どのような諸科学の成果が，どの程度紛争解決規範として使われているのだろうか。また，将来使われる可能性があるのだろうか。さらに重要なことは，諸科学の成果を紛争解決規範として使用するときに，どのような過程を経て，どのような方法で使用するのか。例えば，医療過誤事件で医師の鑑定書を使用するときに，そのまま採用するのか，何らかの評価過程を経て採否を決めるのか。これらの事項を1つ1つ摘出して点検することは重要かつ興味あることであるが，これだけで厖大な作業が必要になるので[2]，ここでは注意すべき点を大づかみに述べるにとどめたい。

まず第1に，現在では広い範囲の諸科学の成果は使われていないが，実は大きな広がりと，深さがあるということである。

現在のところでは，医療過誤事件における医学，知的財産紛争における関連科学というところが中心ではないだろうか。最近では，カウンセリング心理学が盛んになり，その成果も期待されるようになった。

紛争解決をはかるものがその気になれば，もっと多数の使用可能な紛争解決規範が発見されるであろう。経済学，人類学，文学はもとより，霊長類学に至るまで，使用できるものはたくさんあるだろう。

第2に，専門家の意見の中には，紛争解決規範として使ってはならないものがあることを，逆に注意しなければならない。

例えば，建物の賃貸借は，貸主に正当事由がなければ更新を拒絶することはできないことになっている。正当事由は，自己使用とか，建物の老朽化などがあげられるが，一応の正当事由があるときにも，それだけでは十分でないとき，正当事由を補完する金銭をつければ更新拒絶ができるという判例が出て，借地借家法に取り入れられ成文化したことは前述のとおりである（借地借家法28条）。これが俗に立退料といわれているものであるが，それでは正当事由を補完する金銭は一体いくらかということになると，裁判になったときには，不動産鑑定士にいわゆる借家権価格を評価してもらうことがよく行われる。すなわち，この場合には，正当事由という法規範の中に，不動産鑑定士の鑑定評価が入り込み，法規範の構造の一部を構成するのである。裁判

第6講　紛争解決規範（1）

になったときには以上のような経過を辿るが，裁判外の相対交渉や調停でも，不動産鑑定士の借家権価格の評価が必要なことがあり，その場合には，その鑑定評価は紛争解決規範の一部を構成することになる。

　不動産鑑定士が行う鑑定評価の方法にはいろいろな手法があるが，1980年代後半のいわゆるバブル期には，差額賃料還元法という手法がさかんに使われた。この差額賃料還元法は，借家の経済価値に即応した賃料即ち正常実質賃料と，実際に賃借人が支払っている賃料即ち実際支払賃料との差額を，いわゆる「借り得部分」とし，その借り得部分に賃貸借の持続する期間を乗じて資本還元して求められるものである。そして，正常実質賃料は，土地と建物の価格に期待利回りを乗じて算出される。したがって，正常実質賃料を算出する過程で，いわゆるバブルによって暴騰した地価が算入され，結果として借家権価格は莫大な金額になっていた。

　しかし，この差額賃料還元法は，理論的にも経済的にもまったく合理性を欠いている。のみならず，立退料が高額になると，賃貸借関係を円滑に運ぶことが困難になり，賃貸借という広く誰でも利用している法律関係の根底を揺るがすことになる[3]。

　すなわち，諸科学の成果を積極的に取り入れて，よりよい紛争解決をはかることは大切であるが，無節操に取り入れるととんでもない事態を引き起こすので，慎重な配慮が必要である。

　　1　福岡地方裁判所小倉支部昭和49年10月22日判決，判例時報780号90頁
　　2　その一例として，渡辺千原「医療過誤訴訟と医学的知識——因果関係の専門性を手がかりに——」（『立命館法学』第271・272号下巻1792頁）参照。
　　3　詳細は，廣田尚久『不動産賃貸借の危機——土地問題へのもうひとつの視点』（日本経済新聞社，1991年）53頁〜88頁。なお，この本を書く契機になった事件は，私が代理人として担当した東海堂銀座ビル明渡請求事件（東京地方裁判所平成3年5月30日判決，判例時報1395号81頁・判例タイムズ757号255頁）。

6）慣　　習

　ここまでくると，慣習が紛争解決規範の1つであることは，自然に受け容れられるであろう。

　慣習が法源であることが，はっきり法律の中に明記されているものがある。

紛争解決規範の類型

　それは入会権であるが、民法には入会権に関する規定は2か条しかない。すなわち、共有の性質を有する入会権については各地方の慣習に従うほか共有の規定を適用するという条文（民法263条）と、共有の性質を有しない入会権については各地方の慣習に従うほか地役権の規定を準用するという条文（民法294条）の2か条である。ここではっきり書かれているように、入会権については、第1順位の法源が「各地方の慣習」である。しかし、この「各地方の慣習」は何も裁判規範としてだけ使われるわけではない。裁判をせずに、裁判外で紛争を解決するときにも、各地方の慣習を紛争解決規範として使うのである。私は、第3講で述べたように、相対交渉で入会権の事件を解決したことがあるが、そのときには、その入会部落の慣習を規範として使った。すなわち、そこで使用した規範は、明らかに慣習という紛争解決規範である。

　民法には権利の名称がはっきり書かれてはいないが、入会権と同様に、慣習を紛争解決規範として使っているものに温泉権がある。温泉法という法律はあるが、これは行政法であって、民事的な規範として使われているものではない。温泉権については判例がたくさんあり、規範としての慣習がどのように解釈され、適用されているかが示されている。温泉の慣習はさまざまであるが、法社会学の分野で調査や研究が行われ文献も多い[1]。

　私も川島武宜先生の最晩年にお手伝いをして、ある地方の温泉の慣習上の関係を確認し、法律上明確にするために慣習を成文化したことがある[2]。

　また、慣習の中には商慣習があり、商法1条2項には、「商事に関しこの法律に定めがない事項については商慣習に従い、商慣習がないときには、民法の定めるところによる」と、商慣習は民法の上位に位置づけられている。さらに、国際連合国際商取引法委員会仲裁規則（ＵＮＣＩＴＲＡＬ国際商事仲裁模範法）33条3項には、「いかなる場合においても、仲裁裁判所は、契約の文言によって判断し、当該取引に適用される商慣習を考慮しなければならない」とされている。

　興味ある判決例に、借地の期間満了の際に支払われる更新料に関するものがある。東京地方裁判所では慣習になっているとして更新料支払請求権を認めた事例があるが[3]、最高裁判所ではまだ更新料を支払う商慣習または事実たる慣習はないと言う[4]。東京などの大都市ではかなり広く更新料のやり取

りがあるが，これなどは，紛争解決規範と見るか見ないかという点で，裁判所と一般とにズレが出ている例である。

なお，慣習については，川島武宜教授が，慣習・習俗・おきて・社会規範と並べて，法社会学的な分析をされている[5]。また，慣習法にも言及して，「慣習法という概念は，多種多様の権利義務的おきての現象のうちで比較的安定したものを指す」とされている[6]。

川島教授の見解を，従来の法解釈学の見解と比較すると，慣習にせよ慣習法にせよ，相対化されていることは明らかである。

では，紛争解決学の立場はどのようになるのであろうか。

紛争解決学においては，紛争を解決するにあたって，当事者が紛争解決規範を選び取ってゆくことを前提にしているのであるから，いっそう相対的になる。すなわち，慣習も慣習法も同列であって，上下，優劣の差はない。

1　例えば，川島武宜・潮見俊隆・渡辺洋三編『温泉権の研究』（勁草書房，1963年），同『続温泉権の研究』（勁草書房，1980年），川島武宜『温泉権』（岩波書店，1994年）
2　廣田尚久「川島先生と私」（「川島武宜先生を偲ぶ」編集委員会編『川島先生を偲ぶ』日本評論社，1994年）286頁，木暮金太夫「川島先生を偲んで」（同書）291頁
3　東京地方裁判所昭和49年1月28日判決，判例時報740号66頁
4　最高裁判所昭和51年10月1日判決，判例時報835号63頁
5　川島・前掲書『法社会学上』31頁～43頁
6　同書49頁

7）道　　徳

このように，紛争解決規範を相対的にとらえるとするならば，道徳も紛争解決規範として使用できるのではないかという考えも当然出てくると思われる。

川島武宜教授は，「多くの法哲学および法社会学の著述は，法と道徳に関する理論を述べるために一章乃至一節を設けるのが常であります[1]」と述べているので，紛争解決学においても，せめて1項を設ける必要があるだろう。なお，川島教授は，第1に道徳に固有の価値（善），第2に固有な行動決定

紛争解決規範の類型

の仕方（良心）をあげ，従来とは違ったアプローチの方法で道徳を分析しているが[2]，紛争解決学では，まず紛争解決規範として道徳の使用可能性の有無が問題になるので，一般的な意味から入る方が分かりやすいと思われる。

そこで，「道徳」という言葉の一般的な意味を見ておくことにしよう。

辞書（大辞林）によれば，道徳とは，ある社会で，人々がそれによって善悪・正邪を判断し，正しく行為するための規範の総体。法律と違い外的強制力としてではなく，個々人の内的原理として働くものをいい，また宗教と異なって超越者との関係ではなく人間相互の関係を規定するもの，とある。

紛争解決学は当事者の自主的解決が中心であり，その方法としても相対交渉を基本にして調停，仲裁へと及んでゆくのであるから，紛争解決規範に強制力があることを必ずしも必要としない。したがって，当事者が紛争解決のために内的原理としての道徳を使用しても，一向に構わないのである。そしてまた，ここに言うように，道徳は人間相互の関係を規定するものであるから，紛争解決規範として使用することは可能ということになる。

そこで次の問題は，道徳がどのようなときに，どのように使用されれば，紛争解決規範としての力を発揮するかということになる。換言すれば，紛争解決規範としての道徳の適切な使用方法が問題になる。

このことに関して，棚瀬孝雄教授は，不法行為責任を支える実質的な道徳的基礎づけとして，個人的正義，全体的正義，共同体的正義の3つをあげ，個人的正義は責任の限定すなわち不法の客観化が不可欠であるため，コミュニティー作りに不可欠な人と人との間を結ぶ責任の観念がこの不法の客観化の中で空洞化される，と言う。また，全体的正義は被害救済のために保険制度などのシステムをつくり社会を合目的的に管理しようとするものであるが，これは「連帯」というもう1つの価値の面では，むしろコミュニティー破壊作用をする。そこで，まさに不法行為がそこから生じてくる，その加害者――被害者間の社会関係がどうとらえられているかということを見ていく必要があり，共同体的正義というもう1つの正義が必要となる。すなわち，当事者がお互い一個の人間として向き合う関係を大切にすると，人格が尊重され，加害から回復まで通時的にみて，加害者が被害者と向き合い，その苦痛を除去するために自分として何ができるかということに大きな関心を持つ，とされる[3]。

第6講　紛争解決規範（1）

　ここで明らかになるのは，道徳という概念が人々の意識と要請によって位相を異にし，それに伴って内容を変えるということである。その意味では，1つの法現象に対応する道徳も，相対的な見方が可能だということである。しかし，棚瀬教授の言う共同体的正義は，被害者と加害者との相互の人格の尊重や向き合う関係を確保できるのであるから，個人的正義や全体的正義よりも道徳として高みに達していることは事実である。したがって，紛争を解決するにあたっては，紛争解決規範として直接道徳を使用するのではないにしても，共同体的正義を念頭に置いて手続を進め，それを実現する解決をすることが望ましい。しかし，事案によっては，現実的な被害救済を優先することが必要な場合もあるだろうし，加害者の責任を明確にすることを望む場合もあるだろう。したがって，全体的正義や個人的正義を同時に実現することがいっそう望ましいということになる。いずれにしても，道徳が紛争解決規範として直接表面に出てくることは少ないとしても，背景に控えて重要な役割を果すのである[4]。

　しかし，何が道徳かということについては，民族，世代，職業，社会的地位，価値観などの相異によって相当の違いがある。紛争の局面で，甲がAという道徳をかかげ，乙がAと両立し得ないBという道徳をかかげて一歩も引かなければ，どうにもならなくなる。紛争解決規範の中では，道徳は最も強い価値的，評価的な力を持っているから，紛争解決のためには往々にしてかえって邪魔になるのである。そのような場合には，道徳が持っている価値的，評価的な側面を削ぎ落すか，相互に相手方の道徳とチェンジするか，いったん道徳に引っ込んでもらうか，いずれにせよ当事者にとっては耐え難い，そして人生観を変えるような工夫をして，局面を打開しなければならない（そのような解決法については第8講で述べる）。

　にもかかわらず，道徳は紛争解決規範として絶妙な働きをすることがある。とくにシンプルな道徳が，ときには紛争解決の強烈な切り札になる。例えば，「飢えている赤ん坊を殺す気か」という一喝だけで，養育費を支払う父親だっているのである。

1　川島・前掲書『法社会学上』52頁
2　同書53頁〜65頁

紛争解決規範の類型

3　棚瀬・前掲論文「不法行為責任の道徳的基礎」68頁
4　共同体的正義を紛争解決規範として使ったものとして，金鵄勲章を盗んで川に捨ててしまった青年に対し，被害者が賠償金を要求せず，青年に修行道場に行くことを求めた例がある。

第7講　紛争解決規範（2）

8）自　然　法

　人間の本性そのものに基づいて普遍的に存在する法として自然法というものがあり、この自然法を認め、これによって実定法を基礎づけようとする法思想がある。ホッブス、ルソーをはじめとするこの自然法の思想は、近代合理主義において顕著な展開をして、市民的・自由主義的思想の確立に貢献した。このような考え方に立てば、自然法こそ紛争解決の根本的な規範であるということになるだろう。

　しかし、現代の複雑な社会を背景にして、価値観や思想が多元化し、錯綜してくると、何が自然法かということを確定することは困難になる。そのことを意識せずに自然法をそのまま持ってくることは、いかにも大味に過ぎて、紛争解決規範としてとても使えないものになってしまうばかりか、無理に使おうとすると、一方が他方に押しつけるものになり勝ちで、紛争解決規範として使うことがかえって危険な場合も出てくる。その押しつけを回避しようとすれば、今度は何が自然法かという、言わば形而上学的な議論を延々と続けることになるか、そうでなければ、自然法以外のものによって根拠づけをしなければならなくなる。そうなると、結局自然法以外のものを直接探究する方が早いということになる。したがって、自然法の基礎をつくっている、合理性とか、自由とか、平等とか、基本的人権とかの価値概念の中に入り込んで、その中から使えるものを抽出し、具体化する作業を欠かすことができなくなる。

　しかし私は、自然法が紛争解決規範として使えないと言っているのではない。道徳と同様に、シンプルな自然法が紛争解決の切り札になることもあるだろう。また、自然法の思想の多くは、実定法の中に埋め込まれているので、直接自然法を紛争解決規範として使用しなくても、その思想を覚醒させて適

切な紛争解決をすることはあり得る。

　9）生きた法
　社会団体の構成員によって承認され，一般的には実際にも遵守されている規則，すなわち，社会団体の内部秩序を生きた法という。生きた法は，法社会学ではそのサンクションの在り方などに関心が持たれるが，紛争解決学の関心は，紛争解決規範として使用可能か否か，というところにある。
　例えば，生きた法の1つとして，校則をとりあげてみよう。
　ある私立高等学校に，普通自動車運転免許の取得を制限し，パーマネントをかけることを禁止する校則があった。この校則は，生徒にとっては他の法規範などの諸規範よりも身近な行為規範である。しかし，この校則に違反した生徒がいて，学校側は自主退学の勧告をし，その生徒は退学した。この学校の措置に対し，生徒側が憲法13条の自由権，幸福追求権に違反し無効であると争ったが，最高裁判所はこの自主退学の勧告に違法があるとは言えないと判断した[1]。すなわち，生きた法は，公序良俗や強行法規に違反するものでない限り，裁判所が正当性を与える傾向が強いと考えてよいのである。
　したがって，社会団体の構成員によって承認されただけのように見える生きた法も，第1に，現実の人々の行動を規律すること，第2に，それが裁判所によって正当化されることという二重の意味で，実質的には法規範と大差ない機能を持つことになるのである。
　そうだとすれば，生きた法も紛争解決規範として使用することが可能であるということになる。その場合でも，当事者の選択に委ねられること，相対的に扱われるべきであることなどは，他の紛争解決規範と同様である。

　1　最高裁判所平成8年7月18日判決，判例タイムズ936号201頁

　10）経済的合理性
　道徳とか，自然法を紛争解決規範として使うこともないではないが，価値観や思想が多元化してくると，その背後にある合理性とか，自由とか，平等とかの価値を追求することによって，普遍的な紛争解決規範を発見したり，創り出したりすることがある。

第7講 紛争解決規範（2）

　その中で注目すべきことは,「法と経済学」という新しい学際的研究分野である。すなわち,「所有権法や契約法,不法行為法の諸ルールは人間の様々な行動に対して暗黙のうちに価格を設定しているのであり,それゆえ,ミクロ経済学の手法を用いて分析することができるのであるという発想は,1970年代から1980年代はじめにかけて確立した[1]」のである。

　法と経済学においては「経済的効率性」という概念に重きを置いているが,私の言う「経済的合理性」は経済的効率性よりも広い概念である。しかし,経済的効率性よりも広い概念だとしても,経済的合理性を絶対的なものと見ることは誤りである。人間というものは,経済的合理性で割り切るにしては,はるかに複雑なものだからである。

　とは言うものの,経済的合理性が有用な紛争解決規範であることは確かである。そこで,私が経済的合理性を紛争解決規範として使用して解決した事例を紹介しておこう[2]。

　都心の優良地に,図のようなA地,B地,C地の3筆の土地があった。A地とB地はほとんど同面積で,C地はやや広い。私のクライアントの甲は,B地の所有者であったが,A地とC地を取得した土地開発会社乙から「A地とB地を交換してほしい」と申入れを受けた。私は甲の代理人として乙の代理人弁護士と折衝したが,結局B地とC地とをくっつけることによって生ずる付加価値を計算して,それを甲と乙との双方で分け合うという交換条件を提案した。

　まず,付加価値が生ずる原因としては,次のものがあげられる。すなわち,B地・C地に1つのビルを建てる方がA地,C地に2つのビルを建てるよりも,①容積率がふえる。②共用部分が節約できる。③建築費の単価が安くなる。④エレベーターの基数が少なくなる。

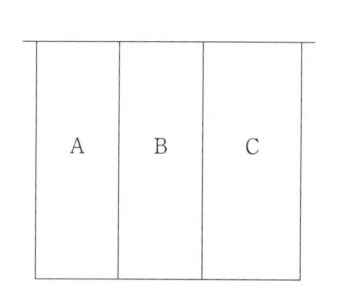

A	B	C

　そこで私は,一級建築士に依頼して,A地にビルを建築する場合,C地にビルを建築する場合,B地・C地に1つのビルを建築する場合の3通りの設計図を引いてもらい,それに基づいて,建築費,保証金収入,賃料収入を試算することにした。

紛争解決規範の類型

　まず，建築費から保証金収入を差し引くと，建築当初に建築主が負担する工事費の負担額が出てくる。その計算の結果，ＢＣの場合の工事費負担額と，Ａの場合とＣの場合の工事費負担額の合計額を比較すると，前者の方が約3000万円高くなった。ＢＣの場合は建築費の単価は安くなるが，建物の容積がＡの場合とＣの場合の合計よりも大きくなるので，工事費負担額が大きくなるのは当然である。

　さらに，ビルを賃貸しするときの賃料を予測して算出する。ＢＣの場合は容積が大きいので，Ａの場合とＣの場合の合計よりも，年間約1800万円多くなることが分かった。したがって，工事費負担額の差の3000万円は，だいたい２年分の賃料の差で穴埋めできると考えられる。つまり，３年目からは，ＢＣの場合の方が収益の差を出してゆくわけである。

　ここで，仮に，賃料収入の差が年間1800万円という状態が50年間続くとしよう。そして，中間利息を控除するために，年五分新ホフマン係数を用いて計算すると，50年の係数は24.7019，２年の係数は1.8614である。工事費負担額を穴埋めしている２年分は除くため，24.7019から1.8614を引くと22.8405になる。したがって，1800万円に22.8405を乗ずると，約４億1100万円になる。これが，ＢＣの場合とＡの場合・Ｃの場合の合計の収益の差額であり，交換によって生ずる付加価値の概算額である。

　次に，この付加価値が生ずるために，Ｂの土地がどれだけ寄与したかであるが，これは，Ａ，Ｂ，Ｃの３筆の土地の坪当たり単価に差がないのであるから，面積で按分すればよい。Ｂ地は３筆の土地の約３割なので，４億1100万円×0.3で，１億2330万円になる。この１億2330万円が乙から甲に交付されるべき計算上の数字である。

　私は，以上のような計算をして，乙の代理人弁護士に示した。しかしこれは，あくまでも計算上の数字であって，実際には，乙の事業遂行上の危険負担などを考慮する必要がある。したがって，折衝の結果，計算上の金額の７割程度のところで合意し，相対交渉で解決した。

　このように，経済的合理性を紛争解決規範として使用すると，アッと言う間に解決してしまうことがある。

　この事例から，経済的合理性を紛争解決規範として使用する過程で，数字を使うことが多いことが明らかになった。ここで忘れてはならないのは，数

99

第7講　紛争解決規範（2）

字も言葉の一種だということである。したがって，数字の特殊性を頭にたたき込んでおくことが必要である。すなわち，数字は最も抽象化された言葉であって，数字になった時点では絶対的なものである。明確性，一義性という点では，これほど確かなものはない。したがって，数字が力を発揮すると，他の言葉の追従を許さないほどの効果をもたらす。しかし逆に，数字が出てくる根拠に誤りがあると，これほど役に立たなくなるものはない。したがって，数字を使うときには，何度も点検してみる必要がある。

　また，相手から数字を突きつけられたときには，その算出根拠を洗い直してみる必要がある。数字には，往々にして数字の魔術というものがあり，こんなものに引っかかるとひどいことになる。逆に，数字の魔術を見破ってドンデン返しをすることもあるが，そういうときには一寸した快感を味わうものである。

　数字は絶対的な姿をしているが，紛争解決の局面でこの絶対性をあまり頼りにするのもよくない。人によっては，数字を見ただけで反発する人もいる。また，数字に従うことに感情が許さない人も多い。したがって，紛争解決をするときには，数字だけではダメである。人は数字だけで解決することに納得しないものであると，よくよく肝に銘じて，ふくらみのある豊かな言葉をつけて数字を出すのがよい。そしてまた，数字をあまり絶対化せずに，政策的な配慮や諸般の事情次第によって，柔軟に修正する気持を持っておかなければならない。しかし，そのような場合でも，出した数字を消しゴムで消してしまうようにするのではなく，その数字を横に置いて，それを睨みながら，すなわち，修正の軌跡を丹念に追跡するようにしながら合意点を目指してゆけば，たいていはうまくゆく。

　そして，不思議なことに，数字が悪感情を消してしまうことがある。それは，数字が最も抽象的な言葉であるために，具体的事象としてあらわれるときには，予想を越えるほどの広がりと深さに到達するということを示している。

　以上，数字の使い方について述べたが，これは経済的合理性を紛争解決規範として使用する場合にも言えることである。すなわち，経済的合理性は，紛争解決規範として有用なものであるが，それを使うときには，その力と内容を吟味し，限界をわきまえ，扱いを慎重にしなければならない。経済的合

理性を不用意に使用すれば，そこに独断が生じ，抽象化の過程で切り捨てられたものから異議を唱えられて，かえって紛争を深刻化してしまうことになりかねない。

なお，経済的合理性は，前述の事例のように，ストレートに，すなわち，それ自体が紛争解決規範として使われることもあるが，他の紛争解決規範を基礎づけたり，他の紛争解決規範と一緒にされて使用されることが多い。その意味からしても，経済的合理性は重要かつ汎用性の高い紛争解決規範である。

1　ロバート・D・クーター，トーマス・S・ユーレン著・太田勝造訳『法と経済学』（商事法務研究会，1990年）5頁
2　この事例の詳細は，廣田尚久『和解と正義――民事紛争解決の道しるべ』（自由国民社，1990年）96頁〜109頁

11）ゲーム理論

鈴木光男教授は，「ゲーム理論とは複数の意思決定主体からなる状況を表現し分析するための言葉の体系である[1]」と言い，「いまでは，経済学，経営学，政治学，社会学，倫理学，さらには，生物学とか，工学など，さまざまな学問が，ゲーム理論という新しい言葉によって，その基礎から書き直され，いままで見えなかったものが，その姿を現し，事物は新しい形を与えられるようになりました。この事物を再構築する力こそ，ゲーム理論もつ力です。それは諸科学を新しく蘇生させ，新しい世界を構築する力となっています[2]」とされる。

ゲーム理論と法律学の関係について言えば，法社会学者や民事訴訟学者が研究をしているが[3]，実務家はそのような研究が行われていることをほとんど知らないであろう。また，法律学をゲーム理論の言葉によって基礎から書き直すことは，それが現実になるとしても，これから相当の年月を要すると思われる。

それでは，ゲーム理論と紛争解決学との関係はどうであろうか。

鈴木教授が，「社会状況における意思決定のための言葉ですから，人間のもつ知性や感性に基づく思考過程，合理性の基準，自己と他者との関係など，

第7講　紛争解決規範（2）

人間の社会的存在についての深い洞察に基づいて，柔らかな感覚で，その体系を再構築していく必要があります[4]」と言い，ゲーム理論の基本的精神は，「自由というものの強い意識である。個人間の自由な関係を前提にして，すべての議論が出発する[5]」と言われるところからすると，ゲーム理論は，紛争解決学の問題意識と方法論に非常に近いと言うことができる。

それでは，紛争解決学の側から見て，ゲーム理論の成果をどのように取り入れればよいのであろうか。そのことを考察する前提として，ゲーム理論と紛争解決学との異同を見ておく必要がある。

まず，「複数の意思決定主体からなる状況を表現し分析する」ことについては，紛争解決学もゲーム理論と同じである。そしてまた，「表現し分析するための言葉の体系である」ことも同じであると言ってよい。これまで述べたことによって，あるいは，これから述べることによって，紛争解決学も言葉の体系であることは明らかである。

しかし，異なるところはその先のことである。すなわち，紛争解決学は，そこから先に解決に向かってゆく。したがって，具体的な問題を抽象化し，抽象化したことを具体的な問題に戻すというフィードバック作業が行われ，そこに大きな言葉の体系がつくられる。ゲーム理論も「解」に向かって行くのであるから，同様な作業が行われるのであろうが，やはり抽象化の方に力点が置かれるものと思われる。紛争解決学では，抽象化できない事象はあえて抽象化せず，そのまま残して，残した状態で扱うという方法をとる。

したがって，紛争解決学から見たゲーム理論の関係は次のようになる。

第1に，ゲーム理論の成果は，紛争解決学に相当取り入れることができるであろう。そして，紛争解決学は，ゲーム理論で使われる言葉，概念，方法を取り入れることによって，将来の発展が期待できると思われる。

第2に，紛争解決学はゲーム理論の後から生まれた新しい学問であるから，「再構築」とか「新しく蘇生」などということは考える必要はない。ゲーム理論の後を追い，あるいは並走しながらその成果を取り入れればよいのである。あるいは，紛争解決学の成果をゲーム理論に提供して，相互のフィードバックもあり得るかも知れない。

第3に，ゲーム理論の成果の中には，紛争解決規範として使用できるものがある。紛争解決規範として直接使用することができるものもあるだろうが，

紛争解決規範の類型

その多くは、他の紛争解決規範の基礎として、または他の紛争解決規範を引き出すものとして、あるいは自らは捨て石となってあるべき解決を導くものとして使用されるであろう。

その一例として、「反復囚人のジレンマ」をあげておくことにしたい[6]。

反復囚人のジレンマを説明するためには、まず囚人のジレンマから説明しなければならない。

2人の囚人が、互いに相手が何を言っているか知らされないで牢につながれているとする。片方が相手を裏切って相手こそ犯人だと言い、相手が何も言わないとすれば、裏切った方が無罪になり、裏切られた方は重い罪になる。双方とも互いに相手が犯人だと言えば双方とも有罪となる。しかし、双方が協調して何も言わないとすれば、双方とも有罪になるが罪は軽くなる。つまり、囚人は相手を裏切った方が常に得だが、双方とも裏切るとひどいことになる。そして、双方が協調すればまずまずの結果になるが、自分が協調して相手に裏切られると、最もひどいことになるからうっかり協調できない。これが囚人のジレンマである。

囚人のジレンマ・ゲームを3人以上に拡張したゲームに共有地の悲劇というゲームがある[7]。数軒の農家が山の中に共同で土地を持っているとする。その共有地には牧草がよく茂っていて、そこには、自由に放牧することができる。各農家は、先を争って自分の牛を放牧し、自分の利益の増大をはかる限り、牛の数を増やし続けることになる。しかし、牧草には限りがあり、やがて牧草は枯渇し、共有地の荒廃という悲劇のみが残る。

この囚人のジレンマ・ゲームや共有地の悲劇は、非協調が招く不利益や危険性に警告を発し、非協調から協調に切り替えるときに使うと、有効な紛争解決規範として機能する。すなわち、囚人のジレンマを明確に意識することによって、他の紛争解決規範を引き出したり、捨て石の機能を発揮させて妥当な解決に導くのである。

さて、2人のエゴイストがこの囚人のジレンマ・ゲームを1回だけ行い、双方が支配された選択肢である裏切りを選んだときには、両方が協調し合ったときよりも損になる。もしこのゲームが決まった回数だけ繰り返され、その回数をプレイヤーが知っているとしても、協調関係を引き出せないことには変りはない。しかし、回数が決まっていないときにはどうであろうか。実

第7講　紛争解決規範（2）

際の人々のつき合いにおいては，当事者どうしが相手と何回つき合うか知らない場合がほとんどであろう。

そこで，囚人のジレンマ・ゲームを，回数を知らせずに反復して行う反復囚人のジレンマ・ゲームをすれば，どのような結果になるだろうか。アクセルロッドは，対戦の回数を知らせないという条件を設定したうえで，囚人のジレンマ・ゲームを反復して行うコンピュータ選手権を2回開き，ゲーム理論の専門家を競技参加者として招待した。

その結果，トロント大学のアナトール・ラポポート教授が応募した「しっぺ返し」戦略が，第1回選手権で優勝した。「しっぺ返し」戦略は，最初は協調行為をとる。その後は相手が前の回にとったのと同じ行為を選ぶ。この決定方法は，分かりやすく，プログラムをつくるのも簡単である。そして，人間どうしのつき合いにおいて，かなり多くの場合に協調関係を引き出すものとして知られている。すなわち，「しっぺ返し」戦略は，相手からあまり搾取されず，また，「しっぺ返し」どうしがつき合ってもうまくゆくという望ましい性質を持っている。

アクセルロッドは，さらに第2回選手権を開催した。2回目の参加者には，1回目の結果の詳しい分析を予め知らせていたが，2回目に優勝したのは前回と同じ「しっぺ返し」であった。アクセルロッドは，この「しっぺ返し」の強さの秘訣を分析して，「しっぺ返し」が成功した要因は，自分の方から裏切り始めることはなく，相手の裏切りには即座に報復し，心が広く（ここで心が広いということは，相手が裏切った後でも再び協調する性質で，報復は1回きりで過去のことは水に流してしまうことである），相手に対して分かりやすい行動をとったことであると言う。

このアクセルロッドの研究の成果は，紛争解決規範として使用することができる。すなわち，自分の方から裏切らない，相手の裏切りには即座に報復するが，心が広く，相手に分かりやすい行動をとるということは，交渉過程の言葉の中に随所に折り込むことができるし，和解の条件として（例えば，過怠約款の書き方）表現することができる。

私は，長い間相対交渉をしていた相手に対し，いよいよ訴えを出さなければならないかと考えて訴状を準備した矢先に，たまたまこの反復囚人のジレンマ・ゲームを読んで，訴状を引っ込め，「自分の方から裏切らない」とい

うことにして交渉を継続したところ，首尾よく和解で解決した経験がある。
　このような紛争解決規範を使うと，交渉に自信を持つことができるので，筋の通った道が拓けてくるものである。

1　鈴木光男『ゲーム理論の世界』（勁草書房，1999年）4頁
2　同書5頁
3　小島・前掲書『法交渉学入門』249頁〜275頁
4　鈴木・前掲書『ゲーム理論の世界』13頁
5　同書51頁
6　ロバート・アクセルロッド著・松田裕之訳『つきあい方の科学』（HBJ出版局，1987年）。なお，廣田・前掲書『紛争解決学』（旧版）51頁〜57頁，174頁〜178頁参照。
7　鈴木光男『新ゲーム理論』（勁草書房，1994年）18頁〜22頁

12) 新しく生まれる規範，新たに発見される規範，新たに創造される規範

　これまで，さまざまな紛争解決規範を列挙した。ここにあげた紛争解決規範の他にも，俚諺，格言，名言など，いろいろな紛争解決規範が存在する。このように言うと，聞く人によっては，手当たり次第に使えるものは何でも使えと言っているに過ぎない，と聞こえるかも知れない。事実，紛争解決規範は，手当たり次第に何でも使え，というのが私の考えである。

　しかし，現存する紛争解決規範を使えばすべての紛争が解決するかと言えば，そうではない。まだ何か足りないのである。何が足りないのかと言うと，まさに今生まれようとしている規範，ようやく発見されようとしている規範，これから創り，育ててゆかなければならない規範があり，そういうものを紛争解決規範に仕立てて使わないと解決しない紛争が，世の中にはたくさんあるのである。

　したがって，まさに今生まれようとしている規範に目をつぶり，ようやく発見されようとしている規範を見逃し，新たに創造されなければならない規範をつぶしてしまったら，紛争解決の重要な鍵を捨ててしまうことになる。しかし，これらの新しい規範は，地下から地上に噴き出てくる泉のようなものであるから，紛争解決規範の根源というべきものなのである。

　このことに関連して，合意について考察しておかなければならない。

第7講　紛争解決規範（2）

　合意は，新たに生まれようとしている規範を生まれた規範とし，新たに発見されようとしている規範を発見された規範とし，新たに創造されようとしている規範を創造された規範とする作業を成し遂げるものであって，いわば胎児を取りあげる産婆のようなものである。

　もともと近代私法における「法」は，合意を契機にして生まれるものである。何らの合意もなく，降って湧いたように生まれるものではない。独裁体制のもとでつくられる法にはそのようなものがあるが，それは正当性が乏しく，長続きするものではない。ましてそのようなものは，紛争解決規範として使用に耐えない。したがって，もともと法は，合意によって世に出され，発見され，創造されたものなのである。すなわち，合意こそ，原初的な紛争解決規範なのである。

　このように考えると，合意が紛争解決規範の1つであることが明白になる。これに対して，単なる当事者間の合意が紛争解決規範になると考えることは，勝手に紛争解決規範をつくることを容認するものであって，そのような考えはおかしいという反論を受けるかも知れない。しかし，私はすべての合意が紛争解決規範になると言っているのではない。紛争解決規範として使うことができる合意は，合意以外の紛争解決規範と同様に，公序良俗に反するものであってはならないし，また，他の規範との間に整合性を持っているものでなければならない。

　そしてまた，判例や裁判上の和解・調停・仲裁の解決例と同様に，先例的価値があるものに限られる。これは，普遍性と汎用性の問題になるが，先例的価値がある合意を使用することによって，同種の紛争には同種の合意を取りつけることが可能になる。そして，そのような合意は，相対交渉の場で使われるだけでなく，裁判上の和解や調停や仲裁の場でも使用可能になる。

　このような新しい紛争解決規範は，誰かの胸のうちに暖められていて，長い間使用されないことがあるが（第15講で述べる付帯条件つき最終提案仲裁は，私の胸に約2年間暖められていて，使用する機会を待っていた），多くの場合は，紛争の局面で妥当な紛争解決規範がないときに，突如生まれたり，発見されたり，創造されたりするものである。したがって，即座に，その場で使用することになるが，そのときには，まるで生まれたての赤ん坊に活躍してもらうような感覚になる。そのような例を，1つあげておくことにしたい[1]。

紛争解決規範の類型

　住宅地の真ん中にマンションを建築する計画が立てられたが，近隣住民が騒いで反対同盟を結成した。マンション建築敷地（下図の斜線部分）と近隣住民の住居（図のア～ト）は，次のとおりである。

　建築主＝業者の当初の計画では，ここに地下駐車場つきの５階建のマンションを建築するということであったが，反対同盟の人々の一致した要望は，５階部分を削り，地下駐車場をつくらないようにすることであった。すなわち，地下駐車場なしの４階建のマンションに設計変更せよ，というのが反対同盟の人々の統一した意思であり，全体の目標である。

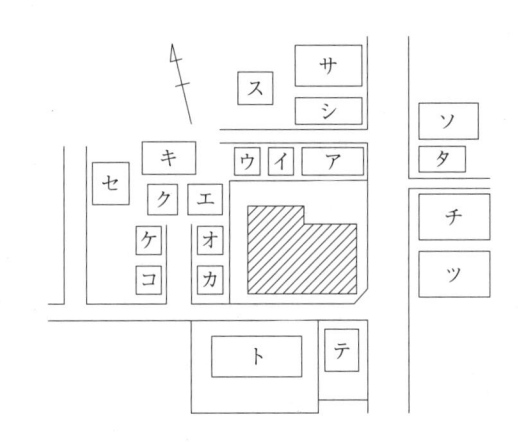

　ところが，全体の問題とは別に，個々の住民がマンション建設によって受ける被害がある。その主要なものは日照権侵害であるが，その他に，電波障害，風害，工事中の騒音などがあり，場合によっては，井戸の枯渇，地盤沈下なども予想される。また，隣にマンションが建つことによる圧迫感，地価の下落なども無視できない。このような被害は，個々の住民の建物の位置，大きさ，間取りなどによって相違があるので，個々の住民がどのような補償をしてもらう必要があるのかということは，はじめから大きな問題だったのである。

　マンション建築に伴う業者と反対同盟の抗争は，それ自体ダイナミックなものであるが，反対同盟の要望の中に，全体としての目標と個々の人々との要求が混ざっているので，いっそうダイナミックな動きをするものである。そして，反対同盟の全体の目標を達成しようとすれば，団体としての結束を強固にする必要がある。業者は特定の人だけに有利な条件を示して反対同盟を分裂させようとするが，そのような一本釣りに乗って抜け駆けをしようとする人がいると，反対同盟は体をなさなくなり，全体の目標は達成できない。そして一般的に言えば，団体としての結束が強ければ強いほど，業者との間

で補償金の額が決めやすくなるし，トータルの額も高くなるものである。

　さて，私は反対同盟から相談を受け，その代理人になった。その最初の段階で，私は，反対同盟の人々に，絶対に抜け駆けをしないことを約束してもらった。

　事件がはじまり，私は，5階部分と地下駐車場を削れという方向で，徹底的に業者とわたりあった。その結果，業者が5階部分と地下駐車場を削ることを約束し，反対同盟の全体の目標は達成された。その交渉の終わり際に補償金の交渉に入り，結局補償金はトータルで700万円と決定した。

　さあ，それからが問題である。一体，この700万円をどのように分けるのか。これが本項の主題である。

　700万円を近隣20名でどのように分けるか，そのことを会議の席で議題にしても，2，3の人が小当たりに発言するだけで，あとは皆黙り込んでしまう。つまり，言葉が消えてしまうのである。

　しばらく沈黙が続いて，何となく嫌な気分が漂ってくる。人々の胸の中には，「こんなはずではなかった」という思いと，「一体どのように分けるのか」という興味とが交錯しているのであろう。しかし，うっかり発言して欲張りだと思われるのも嫌だし，さりとて自分の権利を人に差し出すのも嫌なのだ。

　ややあって，そのような空気を打ち破るように，1人の男性が「先生に全面的に任せましょう」と大きな声を出し，皆がこれに賛成した。

　こうして，賽は私に投げられたが，では，私はどうしたらよいのであろうか。

　紛争解決学の立場から問題点を抽出し，なすべきことを探してみよう。

　第1に，紛争解決学は言葉の体系であるが，この事案では，当事者から言葉が出なくなってしまった。では，言葉が無くなってしまったのかと言えば，そうではない。皆の胸の中には，言葉がたくさん詰っているはずである。そうだとすれば，当事者から言葉を引き出す方法を考えればよいということになる。しかし，会議の席では言葉が出てこないだろう。それでは，私が1人ずつ意見や要望を聞くのはどうだろうか。その方法は私が情報を操作することができるので，公正さが疑われる可能性がある。では，他によい方法はあるのか。

紛争解決規範の類型

　第2に，このような場合に，補償金を分配する紛争解決規範があるのだろうか。例えば，頭数で割れとか，日照権侵害を受ける人と受けない人の割合を5対1にせよなどという規範はない。それでは，何か客観的な基準はあるだろうか。冬至の日の日影図から時間当りいくらと割り出す方法が考えられるが，日照権に影響を受けるのは冬至の日ばかりではない。また，日陰になる家の間取りや，窓の位置や，家族構成によっても影響はさまざまである。さらに，予想される被害は，前述のとおり，電波障害などいろいろある。したがって，公正で客観的な基準は見当たらない。そうだとすれば，適切な紛争解決規範はないということになる。では，新たな紛争解決規範をこの場で創造するしかないのだろうか。

　第3に，「先生に任せます」と言われた以上，私が分配額を決めればよいのだろうか。しかし，補償金の合計額が700万円ということは，甲の額が多くなれば乙の額が少なくなる関係になるので，双方代理（民法108条）になってしまう。したがって，私が分配額を決定することはできないことになるが，この双方代理を禁ずる法規範は，私の行動を制約する消極的な紛争解決規範として，また，私にヒントを与えてくれる紛争解決規範として機能しているのである。その制約とヒントによって，私ができることは分配方法の手続を提案することであることが分かってきた。しかし，このような分配は，利害が複雑に絡んでいるので（例えば，甲だけが多額な分配を受けると，乙にも，丙にも，丁にも……影響を及ぼす），皆が納得する，公正で，強力な手続が必要であろう。それならば，20人全員の合意を一気に引き出す手続的な紛争解決規範を創造するのが一番よい。

　このように，問題点を抽出し，なすべきことを模索している過程を述べると，解決の道筋が見えるまでに相当の時間がかかったように思われるかも知れないが，そうではない。「皆から言葉を引き出そう」「客観的な基準はない」「双方代理はできない」「全員の合意を取りつける手続をつくろう」という言葉が私の頭に中に玉突きのように出てきて，「先生に全面的に任せましょう」と言われた日の帰りに靴を履くときには，私の頭の中で構想ができあがっていたのである。

　要するに，第1から第3までの問題点を同時に解決する方法が発見されればよいのである。

第7講　紛争解決規範（2）

　私は，次の会議の日に，全員に1枚ずつ紙を配った。そして，
　「皆さん，この紙には，左の隅に全員の名前が1列に書いてあります。今，700万円をどのように分けるのかが問題ですが，1人ずつ，その分け方について，数字を入れていって下さい。その書き方は自由です。何も書いていない封筒を渡しておきますので，書いたものを中に入れ，封をして，次に会うときに，私に渡して下さい。紙には，署名をしても，しなくてもけっこうです。また，ただ数字を書くだけでもよいし，理由や意見を書いてもよい。もちろん，誰かと相談して書いてもよいし，自分だけで書いてもよい。とにかく存分に自由に書いて下さい。私は，それを誰にも見せないで，私だけが読んで，皆で議論したら多分こういうところに落着くのではないだろうかということを読み取って，それでは，こうしたらどうですか，という案を出します。私は，皆さんから相談を受けている立場上，私が決めてしまうのは問題があります。それで，立案者になることにし，最終的には，皆さんが決めて下さい。それから，皆さんからいただいた答は，全部まとめて封をして，絶対に外には出さないことにします。ただし，全員が一致して公開せよ，と言うのなら，そのときだけ，全員の前で公開することにします」と言った。
　「そいつはいいや！」と誰かが叫んだ。皆，ガヤガヤと笑い声を立てる。
　こうして，新しい紛争解決規範が生まれ，即座に使用された。
　20人の人々は，たった1枚の紙に存分に意見を書いてくれた。1枚の紙は，見事に豊富な言葉を引き出してくれた。その言葉を冷静にかみ合わせると，議論をしたのとそれほど違いのない程度の結論が見えてくるものである。
　私は，20人が出した数値を整理し，そこから大勢が日照権侵害を重く見るべきだという意見であることを読み取って，①冬至地盤面においてマンションの影が3時間以上直接落ちるグループ（図のアイウエオ），②冬至地盤面において図面上マンションの影が2時間以上落ち，かつ直接窓に影が落ちるグループ（図のカキク），③その他のグループ（図のケ～ト）に分けた。そして，グループごとに算出方法を変えたうえで，それぞれの人に対する全員の意見（数値）の平均値と中央値などから各人に対する分配案を算出し，それを「分配案の策定について」という書面にまとめて全員に配布した。つまり私は，近隣住民の人々が書いた意見を読み取って，紙上のディスカッションをたたかわし，案を出しただけである。

さて，決定権は住民の人々にある。しかし，評議は1分もかからなかった。
「これはいい。これでいきましょう」「賛成」「賛成」
——これにて一件落着。

1 この事例の詳細は，廣田・前掲書『紛争解決学』(旧版) 305頁〜314頁。

第8講　紛争解決規範（3）

紛争解決規範の使用段階

　これまで，さかんに「紛争解決規範を使う」とか，「紛争解決規範の使用」という言葉を使ったが，それでは紛争解決規範をどのようにして使うのか，その使用方法をここでまとめておきたい。紛争解決規範の使用方法は，いろいろな角度から検討する必要があるが，まず，紛争解決規範を使用する段階，すなわち，紛争から解決に至るときにどのレベルで使用されるか，ということを整理してみよう。

　第1は，解決に結実する言葉の中に直接取り込むことである。紛争の解決は，最終的には，合意＝和解，仲裁判断，審判，判決などという形で結論が出る。このうちの合意＝和解（以下，意思の形成過程を重視して，ここでは「合意」と言うことにする）には，相対交渉による和解，調停の成立，裁判上の和解などがあるが，和解契約書，調停調書，和解調書という形になって表現される。また，仲裁判断は仲裁判断書，審判は審判書，判決は判決書という形になる。言うまでもなく，この合意，仲裁判断，審判，判決などは，いずれも言葉によって組み立てられている。紛争解決規範を使うということの第1次的な方法は，和解契約書，調停調書，和解調書，仲裁判断書，審判書，判決書などに紛争解決規範が直接使用されることである。これを1次的使用と言うことにする。

　第2は，解決＝結論に至る根拠，理由づけのために紛争解決規範を使うことである。この場合には，結論には直接表現されないが，その根拠，理由づけとして紛争解決規範が分かるようになっている。紛争解決規範を使う側からすれば，根拠，理由づけのために使うことを意識したり，明示したり，伝えたりしながら，解決＝結論を引き出すのである。この場合，積極的な意味で根拠，理由づけをするとは限らない。第7講11)の囚人のジレンマ・ゲー

紛争解決規範の使用段階

ムのように警告や捨て石のために使うことや，同12）の双方代理のように制約やヒントとして使うことも含まれる。これは言わば消極的な意味の使用方法で，紛争解決規範は使われないことによって絶妙な機能を発揮する。これらの紛争解決規範の使い方を，第2次的な使い方という意味で，2次的使用と言うことにしよう。

第3は，解決＝結論の根拠，理由づけをさらに根拠，理由づけるために紛争解決規範を使うことである。このような紛争解決規範の使い方を第3次的な使い方という意味で，3次的使用と言う。さらに4次的使用，5次的使用などと，延々と続く。これらの段階では，相手方の主張する紛争解決規範と闘う過程で，価値が減殺されたり，変更されたり，捨て石の役目を果して消えてしまったりするものがある。これは1次的使用，2次的使用でも同じであるが，この傾向は次数が増えるに従って，すなわち，時間的に過去に溯るに従って顕著になる。

なお，すでにお気づきのことだと思うが，次数が増えるに従って過去に溯るのである。過去から経時的にみるとすれば，5次的，4次的，3次的，2次的と，時間の経過に従って使用される紛争解決規範が，互いに闘い，あるいは協調し，または価値を増幅したり，減殺したりしながら，ときには変更し，ときには消え去り，そして選択されながら，最終的には1次的に使用されて解決＝結論に至るのである。

3次的使用以下の段階では，紛争解決規範をどのように使ったか，ということが分かりにくい。すなわち，紛争の初期の段階で使われる紛争解決規範は，後から見ると，変形したり，変質したり，部分的に使われたりしているので，掌握することが困難なことが多いのである。しかし，紛争解決規範を使って解決することは，この複雑なメカニズムを解明することによって進歩するものであるから，可能な限りトレースしたいものである。

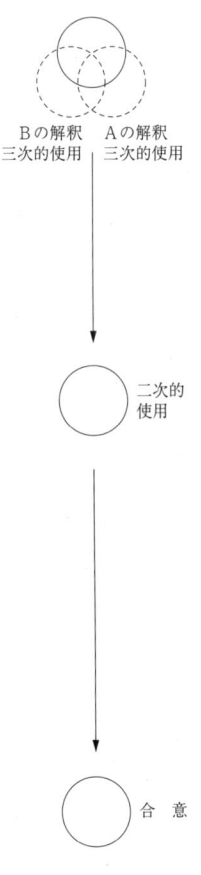

Bの解釈　Aの解釈
三次的使用　三次的使用

二次的使用

合　意

第8講　紛争解決規範（3）

　注意すべきは，1次的，2次的，3次的と言っても，それは紛争解決規範の重要性の順序でないことである。また，同じ紛争解決規範でも，ある場合には1次的使用され，ある場合には2次的使用される。さらに，1つの紛争解決規範が，当事者の解釈によって，ずれが生ずることがある。この関係を図示すると，前頁の図のようになる。

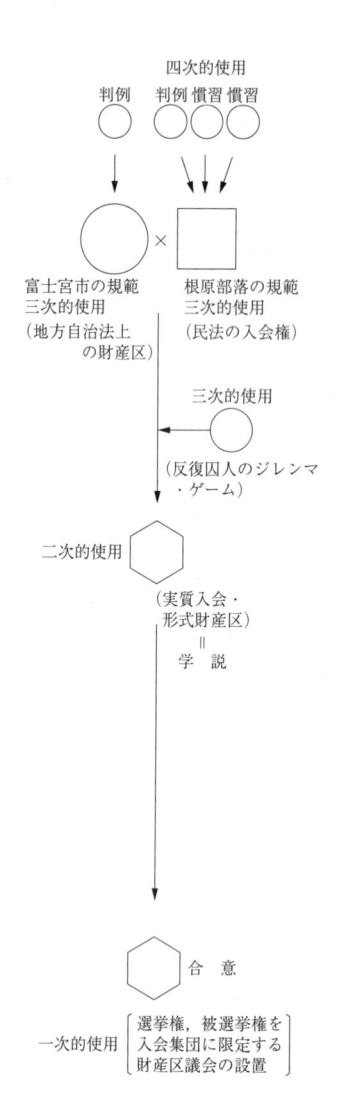

　紛争解決規範は，紛争という舞台の中で使われるのであるから，規範相互に矛盾があったり，優劣を決める必要が生ずることがある。こういうときには，紛争解決規範を使うこと自体が闘いとして展開される。

　私は，第3講で，根原部落には県有地入会の他に共有の性質を有する入会権があると述べたが，その入会権について富士宮市と折衝し和解で解決した例を使って，紛争解決規範の使用段階を見ておこう。

　当初は，根原部落は民法上の入会権であると主張し，富士宮市は地方自治法上の財産区であると主張していた。民法も地方自治法も成文法であり，それだけを見ると立派な法規範であるが，この2つの法規範は相互に矛盾しているのである。したがって，紛争解決規範として民法が選択されると根原部落の主張が全部通ることになり，地方自治法が選択されると富士宮市の主張が全部通ることになる。しかし，これを裁判で争えば，おそらく100年戦争と言われるような長期の熾烈な紛争になるだろう。それは，根原部落にとっても，富士宮市にとっても実益のないことである。そこで私は根原部落の代理人として，富士宮市と折衝を重ね，実質入会・形式財産区という学説[1]

114

紛争解決規範の使用段階

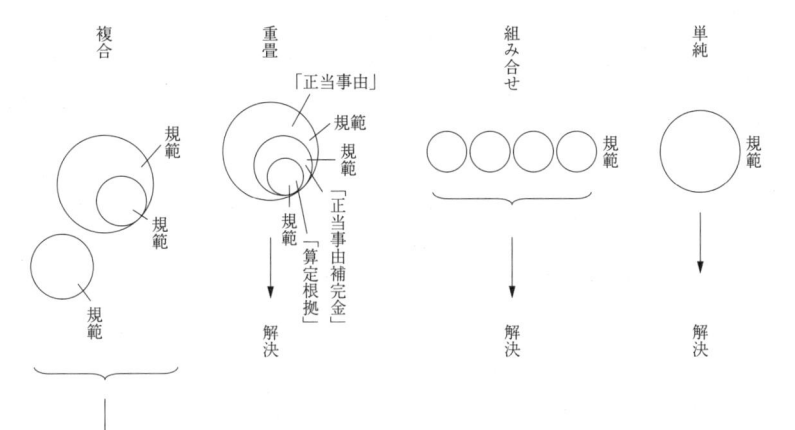

複合／重畳／組み合せ／単純

（図：各段階における規範の関係図）

を2次的使用の紛争解決規範として使い，選挙権・被選挙権を入会集団に限定する財産区議会を設置する方向で合意に到達して，相対交渉によって解決した。選挙権・被選挙権を限定する財産区議会には先例があり[2]，その先例を1次的使用し，それが根原部落と富士宮市との間で取り交わした覚書に表現された。この関係を動態的に図式化すると前頁のとおりになる。なお，反復囚人のジレンマ・ゲームは私にヒントを与えてくれた紛争解決規範だということになるので，この図式に書き込むことにした。

ところで，言うまでもないことだが，紛争解決の最大の関心事は，紛争をどのようにして解決という出口に出すか，ということである。これを，紛争解決規範について言えば，紛争を解決という出口に出すために紛争解決規範をどのようにして使うか，ということになる。

ここで，注意すべきことを2つあげておこう。

1つは，紛争を解決する過程で使われる紛争解決規範は，いずれも言葉という姿をしていることである。したがって，紛争解決規範を使うということは，紛争解決規範を構成している言葉を使うことに他ならない。そうなると，言葉の意味，内容，効果などを正確に掌握することが必要になる。

もう1つは，紛争解決規範はそのまま使用されることもあるが，多くは紛争解決規範に解釈を加えたり，変形，加工，合成されて使われるということ

である。また，複数の紛争解決規範が組み合されたり，重畳的，複合的に使用されることもあり，混合，化合されて使用されることがある。しかも，その複数の紛争解決規範は，自分が主張するものだけでなく，相手方が主張するものと一緒に使用されることも少なくない。

そのいくつかを図示すれば，前頁の図のようになる。もとよりここに図示したのは，典型的な例に過ぎず，組み合わせはこれだけではない。現実の紛争を解決するときには，もっと複雑な組み合わせになることがある。しかも，刻々と変動する状況に応じて，紛争解決規範の組み合わせを変え，同時に紛争解決規範を使ってゆく必要がある。このようにして，最終的に解決という出口を探りあてるのが紛争解決の動態である。

紛争解決学の課題は，これらの紛争解決規範の使い方を究明して，具体的な紛争解決の道筋をつけることである。

1　入会権と財産区の関係については，渡辺洋三編著『入会と財産区』（勁草書房，1974年）に詳しいが，とくに「実質入会・形式財産区の法律論」（同書256頁〜264頁）には，実質入会・形式財産区についてよくまとめられている。
2　例えば，岡山県小田郡美星町の星田財産区では，星田入会集団の構成員以外の住民に財産区議員の選挙権・被選挙権はない。このことは，星田財産区の実体が入会集団とみれば当然であるが，地方自治法の建前からみれば全住民に認めるのが筋である。この問題を，条例は居住年数条件をつけることで解決しようとした。すなわち「3箇年以来区の区域に住所を有する者」にのみ選挙権・被選挙権を与えることにしたのである。しかし現実には，これらの非権利者は事実上選挙権を行使しないということでおさまっている（同書317頁）。

紛争解決規範の選択における疎外

ところで，1つの紛争に対して紛争解決規範を使用とするときに，その紛争に対応する紛争解決規範が複数存在することがある。そのときに，どちらの紛争解決規範を使用すればよいのかという問題が出てくる。

この問題については，紛争の内容，当事者の意識などの要素によってさまざまな相違があるので一般論で決着をつけることはできないが，はっきりした意識を持たずに答を出そうとすると，弱い紛争解決規範よりも強い紛争解決規範を使った方がよいと思うであろう。しかし，1つの病気に対して複数

の薬があるときに，強い薬の方が常に弱い薬よりもよいかというと必ずしもそうでないように，紛争に対する紛争解決規範も，強いものの方が常によいとは限らないのである。

　強い薬に副作用があるのとちょうど同じように，強い紛争解決規範にも副作用がある。その副作用とは，どのようなものなのだろうか。

　このことについて，棚瀬孝雄教授は，弁護士が依頼者の道具に徹することによってその自律性を尊重する党派的忠誠[1]に関連して，「本来自分の事件であり，その生きている世界の中で，その倫理に従って解決しなければならない筈の依頼者が，自ら党派的な法援用の中に巻き込まれていく中で，法を今使うことが本当に必要なことなのか，正しいことなのかという適切性の問いを見失っていくことがあるとすれば，依頼者の疎外を生み出す」から「法による疎外」がそこに帰結する[2]，と言う。すなわち，強い紛争解決規範による副作用は「疎外」ということになる。

　このことを，分かりやすい例によって考えてみよう。

　ある夫婦がよちよち歩きの女の子を連れて旅行に行き，旅館で夕食をした。そのとき，母親の膝に乗っていた幼児が僅かの隙に歩き出して転び，頬が鉄製の鍋の蓋に当たって，頬に直径４センチほどの円形の火傷を負ってしまった。代理人の弁護士は，今どき煮物に鉄製の鍋を使う旅館はないこと，配膳係の女性が置いた煮物の位置がよくなかったこと，その女性が注意するようにと告げなかったこと，旅館業法３条の４の定めにより旅館業者は安全の維持・向上に努める責務があるのにその責務を果たしていないこと，以上により旅館業者に過失があるとして損害賠償の請求をした。

　この場合，幸いにして火傷は治癒し後遺傷害もなく，旅館業者が治療費を支払ったので，あとは慰謝料だけということになったとする。しかし，夫婦が旅館業者の非を責め立てるので，弁護士が党派的忠誠の精神を発揮し，是非とも旅館業者の過失を認定させるべく裁判所に訴えを提起したとすれば，どういうことになるだろうか。

　まず，旅館業者は看板に傷がつくのを恐れて，必死に防戦するだろう。また，夫婦は裁判の形勢をみて，ほんとうは賠償金がほしかったのでなく，心から謝ってほしかったのだと気づくかも知れない。しかし，弁護士はあくまでも勝訴を勝ちとろうとして頑張る。これが棚瀬教授の言う「自ら党派的な

第8講 紛争解決規範（3）

援用に巻き込まれていく」という現象である。

　では，裁判所はどのような判断をするだろうか。このケースで旅館業者の過失を認定する裁判官がいるかも知れないが，すべての裁判官が認定するとは限らないだろう。しかし，仮に過失を認定したとしても，ほとんどの裁判官は大幅な過失相殺をすると思われる。その結果を知った夫婦は，法は何の役にも立たない，法は自分たちの気持を汲んでくれないと思うだろう。あるいは，法に裏切られたと言うかも知れない。これこそ「法による疎外」に他ならない。

　何故こんなことになるのだろうか。

　それは，使った紛争解決規範が強過ぎたのである。

　弁護士は不法行為や旅館業法をかざして裁判を起こすよりも，娘を心配した親の気持に対して心から詫びてもらう方向に導いた方がよかったのだ。旅館業者も，賠償金でなく見舞金なら支払う気持はあるだろう。それならば，見舞金を支払ってもらう和解の方がよかったということになる。これはいかにも弱い紛争解決規範を使うように見えるが，薬としては効果があり，疎外は起こらない。

　すべての場合にこのようなことが起こると言うつもりはないが，強い紛争解決規範を選択するとこのような「疎外」が起こるということは頭にたたき込んでおいた方がよい。医師も強い薬を使うときには慎重になる。当事者にせよ，代理人にせよ，あるいは調停人，仲裁人にせよ，強い紛争解決規範を使うときには，1度は副作用の有無を点検する必要がある。また，裁判官の判断が慎重であり，ときには保守的に見えるのは，法による疎外を無意識のうちに避けているからかも知れない。これはあくまでも私の仮説であるが。

　しかし確かなことは，強い「法」は，強い薬と同様に，慎重に扱われること，すなわち軽々しく扱われないことを要求していると言えよう。そして，薬と違うところは，軽々しく扱われると自ら身を引き，遠ざかってゆくことである。この現象を目の当たりに見てしまうと，法は役に立たないものであり，法に裏切られたように感じる。しかしそれは，法の責任ではなく，援用の仕方が拙いのである。

　そのことを意識して，さまざまな紛争解決規範の中からその紛争を解決するために最も適切な紛争解決規範を選択することが必要なのである。そして，

選択すべき紛争解決規範には実体的紛争解決規範と手続的紛争解決規範の両方があることを忘れないようにしたい。ちょうど医師が患者を治療するときに，最も適切な薬を選びその適切な使い方を指示するように。

　1　棚瀬孝雄「語りとしての法援用（一）――法の物語性と弁護士倫理――」（『民商法雑誌』111巻4・5号134頁）
　2　同書149頁

紛争解決規範のミクロ化，ニュートラル化，化合

　これまで私は，たびたび紛争解決規範をミクロ化するとか，評価的価値を削ぎ落とすとか，化合するという言葉を使ってきた。これらの言葉は感覚的に理解できるかも知れないが，やはり現実の紛争に使われる言葉に当てはめて解説をしておく必要があると思われる。しかし，現実の紛争に当てはめることになると，エスノメソドロジー[1]のような手法を使うえに，紛争解決学の手法による分析を加えることになるので，僅かな言葉のやりとりについて解説するだけでも厖大なボリュームになる[2]。したがって，骨組みが分かる程度のことしかできないが，ひととおり概観しておくことにしたい。

　なお，ここで評価的価値を削ぎ落とすというのは，紛争解決規範が持っている是非，善悪，正邪などの価値的要素を減殺させてニュートラル化させることである。したがって，ニュートラル化と言い換えてもよい。また，前に化合の他に紛争解決規範の変形，加工，合成，混合などという言葉を使った。これらも紛争状況における言葉に当てはめて解説する方がよいかのも知れないが，実際に紛争を解決する過程ではその言葉に該当する事態に直面するので，ここでは化合だけにとどめ，その他は該当する事態が発生したときに応用することにしていただきたい。紛争解決規範が組み合されたり，重畳的，複合的に使用されることについても同様の扱いにさせていただくことにする。

　ここで注意すべきは，紛争を解決する過程で紛争解決規範がミクロ化されるときには，紛争を構成している事実の方も同時進行的にミクロ化されることである。したがって，これから述べる設例については，紛争解決規範と事実が同時にミクロ化される状況を述べることにする。

　さて，問題は紛争解決規範がどのように使用されるかということであった。

第8講　紛争解決規範（3）

このことをミクロ化，ニュートラル化，化合という観点から考察することにするが，その前提として紛争解決規範の姿を見ておこう。

　金銭消費貸借契約は，例えば，甲が乙に100万円を貸渡し，乙が甲に同額の100万円を返還することを約束する契約である（民法587条）。これは民法に書かれており，大部分の金銭消費貸借契約は，この成文法がそのまま使用されて，貸した金銭が返還されることになるだろう。これは成文法がそのまま使用される例である。

　しかし，甲と乙との関係が紛争状況になると，成文法がそのまま使用されることは少なくなり，多くの場合は，その中からその紛争に役に立つものを抽出したり，解釈を加えたり，あるいはミクロ化，ニュートラル化，化合されたりして，紛争解決規範として使いやすいようにされてから使用されるのである。

　比喩的な言い方をすれば，紛争状態にないときには紛争解決規範はマクロ的な存在であるが，紛争状況に入ると，紛争の実態に合わせたミクロ的なものに変化する。前者が紛争解決規範の静態であり，後者が紛争解決規範の動態だと言ってもよいだろう。

　ミクロ化された紛争解決規範は，これも比喩的な表現になるが，イオン＝電気を帯びた原子・原子団のような姿をしている。これに対して，静態の紛争解決規範はイオン化していない安定した物質である。安定はしているが，不安定な紛争の動きにはうまくついてゆけない。紛争の動きについてゆけるようにするためには，安定した物質をイオン化して，動き回ることができるエネルギーを与えなければならない。エネルギーを与えると，紛争解決規範は，電気を帯びたイオンのようにさかんに動き廻り働き出す。そして，紛争の坩堝の中でもがき廻っている紛争当事者の利害，感情などのさまざまな事実と衝突し，ときには反発しつつも，やがて相性のよい紛争解決規範と事実は結びついて，紛争はおさまってゆく。

　よい解決とは，紛争解決規範と事実とを，よい形で結びつけることだと言えよう。逆に，事実に合わない紛争解決規範と結びつけようとすると，解決は歪んだものになる。

　このことを，100万円の金銭消費貸借の設例を使って見ておこう[3]。

　甲が「乙に100万円貸した」と主張し，乙が「借りたことはない」と主張

紛争解決規範のミクロ化，ニュートラル化，化合

しているとする。そしてよく調べてみると（このあたりからミクロの世界に入ってゆく），丙が乙の代理人だと称して甲から100万円受け取り，乙にその100万円を渡していないことが分かった。

乙は，「100万円借りたなんて寝耳に水だ」と甲を突き放す。

「しかし，借用書に書いてあるではないか。乙代理人丙と」と甲は反論する。

「では，委任状はあるのか」

「いや，このときは委任状は持って来なかった」

「それみろ！」

「だけど，以前中古車を売ったときには，丙は君の委任状を持ってきて私と契約したではないか。あのときは君だって，きちんと80万円支払ったではないか」

「それとこれとは話は別だ」

「どこが別なのだ。あのときに代理人だったら，今度だって代理人ではないか」

「あのときだって中古車にしては高かったから，納得できなかったのだ。それで私は，丙と縁を切ったんだ」

「君はそんなこと私に言わなかったではないか。私が丙を信じて，君の代理人だと思うのは当然ではないか」

「それではどうして私に確かめなかったのか。電話1本ですむことではないか」

借用証，乙代理人丙，委任状を持って来なかったこと，中古車の売買，そのときの委任状，話が別かどうか，乙が丙と縁を切ったこと，そのことを甲に伝えなかったこと，甲が丙を信じたこと，しかし確かめなかったこと……と，事実はどんどん細かくやりとりされて，ミクロの世界に奥深く入ってゆく。

ここで，ミクロ化された事実を紛争解決規範にぶつけてみよう。

民法は，代理権なくしてなされた代理行為は本人に対して効力を生じないと定めている（民法113条1項）。これに従えば，乙は100万円を借りる代理権を与えていなかったのであるから，丙が乙代理人丙と書いて甲から100万円を受け取っても，それは原則として無効であって，乙は甲に100万円を返す

121

義務はない。甲は丙から取り返さなければならないが、丙が無資力であれば、取り返す見込みはない。

しかし、これには例外があって、表見代理に該当すれば結論は逆になる。表見代理は取引の安全を保護するための制度で、一定の要件を充たせば代理の資格のないものが行った行為でも有効な取引とみなす。民法にはいろいろなパターンの表見代理があるが、この設例の場合は、代理権消滅後の表見代理という類型に当たる（民法112条）。この表見代理が成立する要件は、代理行為の相手方が善意（代理権が消滅したことを知らないこと）であり、過失がないことである。

したがって、甲と乙との100万円の貸借を巡る争いが、丙の出現によって表見代理に該当すれば、丙が乙代理人丙と借用書に書いて100万円を受け取った行為は効力を生じ、有効となる。そのときは、乙は甲に100万円を返さなければならない。乙は丙に損害賠償を請求して、丙から取り返す方法があるが、丙が無資力であれば取り返す見込みは薄い。

無権代理行為を無効にするのは、丙の不正を許さないということであるから、正義の実現を背景にしている。一方、表見代理も「取引の安全を保護する」という立派な正義を背負っている。したがって、ここでは評価的な価値の高い規範が衝突していることになる。表見代理を巡る判例はたくさんあり、これを分析すると、多くの判例は、丙に権限があったと信ずるべき正当な理由があったか否かということで勝負が決まっている[4]。そして、乙と丙との人間関係、例えば丙が乙の親族であったか、印鑑を常に丙が使えるような関係であったか、などということがこと細かく検討され、判決が出されている。しかし、結局のところ、表見代理が成立すれば甲の勝ち、成立しなければ乙の勝ちになる。このような結論を出すのであれば、紛争解決規範をミクロ化する必要はない。また、別々の正義を担った評価的価値の高い規範のどちらかを選択するのであるから、ニュートラルな紛争解決規範の登場をうながす必要なく、したがって紛争解決規範の化合も起こらない。この段階では、まだマクロの世界のことだと言ってよいだろう。

これに対して、さらにミクロの世界の事実を追求したいと考える当事者もいるであろう。また、裁判官や調停人、仲裁人もその方が望ましいと考えることがあるに違いない。そうすると、ミクロの世界で動き廻っている事実に

着目することになり，紛争解決規範をその事実の間尺に合わせてミクロ化して解決することを模索するようになる。

そしてそのときには，「対立する利害間の比較衡量を無視すべきではない」という第3の正義が登場する。この第3の正義は，正義とは言え，無権代理や表見代理の正義と比較すると，格段に評価的価値が少ない。そもそも間に割って入って両方の顔を立てるような紛争解決規範であるから，ニュートラルな性格が強いものである。すなわち，評価的価値の高い2つの紛争解決規範が衝突した結果，ニュートラルな紛争解決規範が出てきたと言うことができよう。譬えて言えば，強い酸性の塩酸の塩素と強いアルカリ性の苛性ソーダのナトリウムが化合して，中性の塩化ナトリウム（食塩）になったようなものである。そして，この紛争解決規範はミクロ化されて，すなわち，「利害」「比較衡量」「無視すべきでない（つまり，相手の利益を尊重する）」などの要素に分解されて，そこに1つ1つのミクロ化された事実が結びつけられる。そして，それらが計量されてゆく。このことを甲と乙の言葉のやりとりで追ってみよう。

「久しぶりに丙がやって来て，突然金を貸せというのは，君だって怪しむべきではないか」

「そう言えば，丙の手が少し震えていたなあ。そのときは一瞬おかしいと思ったのだけど，すぐに金を銀行からおろさなければならないと思って，忘れてしまったのだ」

こうなると，乙の方に分があるだろう。利害の比較衡量という観点からすると，乙に八分，甲に二分というあたりだろうか。

「しかし，丙は君の親戚だろう？」

「そうだけれど，遠い親戚だよ。いとこのいとこだ」

「だけど君は，丙に使い走りをさせていたではないか」

このあたりは甲の方に分がある。判例では近親者である方が表見代理を認めやすくなっているので，そのような判例をここに紛争解決規範としてぶつけると，だいたいの利害の計量はできる。この場合には，甲に七分の理，乙に三分の理というところだろう。

このようにひとつひとつの事実に，それにふさわしい紛争解決規範を結びつけて利害を計量してゆくと，甲の言い分は，

第8講　紛争解決規範（3）

「全部とは言わないが，70万円ぐらいは払ってくれよ」
ということになったとする。ここで，乙が30万円と粘って解決がつかなければ，仲裁を申立てて，付帯条件つき最終提案仲裁で解決しようということもあるかも知れない。そうなればここで，付帯条件つき最終提案仲裁という手続的紛争解決規範が，エネルギーを帯同して生き生きと登場することになる。
　しかし，たいていは乙が，
「70万円は高いよ。五分五分として50万円がいいところだよ」
と応ずるだろう。
「しかし，足して2で割るというのはどうかな。私の方がちょっと分があるよ。何しろ丙と君は親戚なのだから。よし，60万円で手を打とう」
と結論が出て，甲と乙は和解する。
　この設例はかなり単純化しているので，ミクロ化，ニュートラル化，化合と言っても，それほど微細なものではない。それでも，おおまかなところは掌握できると思われる。実際の紛争では，さらに複雑なミクロ化，ニュートラル化，化合が行われる。
　大切なことは，このミクロ化，ニュートラル化，化合などの紛争解決規範の使用方法を頭に入れておいて，紛争解決のさまざまな局面で意識して実践することである。紛争の最中には，目先の事柄に心が奪われて，ついこのようなことを忘れてしまい勝ちになるが，一歩離れて，紛争解決規範の使い方を意識のうえに乗せると，多種多様な方策が見えてきて道が拓けることが多い。

　1　エスノメソドロジーの手法については，樫村志郎『「もめごと」の法社会学』（弘文堂，1990年），同「合意の観察可能性」（井上治典・佐藤彰一共編『現代調停の技法～司法の未来～』判例タイムズ社，1999年）294頁～307頁
　2　例えば，水谷暢編・「交渉と法」研究会1994年度研究報告書『実験法廷──即興劇企画──』（文部省科学研究費補助金助成研究報告書，1995年）は，紛争解決学と全く同じ手法で分析しているのではないが，それでも全体でB4版632頁のボリュームがある。
　3　この設例については，廣田尚久『上手にトラブルを解決するための和解道』（朝日新聞社，1998年）に書いたので，詳しくは同書48頁～60頁。
　4　表見代理の判例については，廣田・前掲書『紛争解決学』（旧版）240頁～259頁で，大阪地方裁判所昭和62年2月20日判決・判例タイムズ655号158頁を詳しく分

紛争解決規範のミクロ化，ニュートラル化，化合
析したので，参考にしていただきたい。

第9講　紛争解決規範（4）

実体的紛争解決規範と手続的紛争解決規範

　紛争解決規範には，実体的紛争解決規範と手続的紛争解決規範があることは，これまでに度々述べてきた。そこで実体的紛争解決規範と手続的紛争解決規範の関係を整理しておくとともに，とくに手続的紛争解決規範についてまとめておくことにしたい。

　実体的紛争解決規範と手続的紛争解決規範との関係は，おおよそ実体法と手続法との関係と同じであるといってよい。紛争は，一定の手続に乗せられて解決される。その紛争解決の際に使用される手続が手続的紛争解決規範である。すなわち，手続的紛争解決規範の流れのうえで，紛争を構成している事実に実体的紛争解決規範が適用され，紛争は解決に導かれる。手続が不公正，不適切であれば，紛争はなかなか解決の軌道に乗らない。また，不公正，不適切な手続を使用して無理矢理に解決しても，その解決は歪んだものになり，当事者に不満を残す。もとより，適正な実体的紛争解決規範を使用することは大切なことであるが，その前に公正，適切な手続的紛争解決規範を選択し，しかもそれを公正，適切に使用しなければならない。また，公正，適切な手続的紛争解決規範を公正，適切に使用すると，第7講の補償金分配の解決例で見たように，それだけでほとんど解決されてしまうことさえある。したがって，手続的紛争解決規範を選択し，使用することは，紛争解決の内容を左右するほどの重要性を持っているのである。

　以上が実体的紛争解決規範と手続的紛争解決規範との関係の概要であるが，第6項，第7講の紛争解決規範の類型で述べたものは大半が実体的紛争解決規範であったので，ここでは，手続的紛争解決規範についてのみ，その特徴をまとめておくことにする。

　まず，紛争解決学においては，訴訟手続，仲裁手続，調停手続，相対交渉

の手続などの大枠の手続の他に，その中で行われる論理上の枠組みのような手続的ルールを含め，そのすべてを指して手続的紛争解決規範と言う。したがって，紛争解決規範の中には，例えば訴訟手続のように，多数の手続を包含していて体系をなし，全体としては制度と言われるほどの質量のものもあれば，因果関係の割合的認定のように，解決のための出口に設けられる論理上の枠組みだけの個別的なものもある。すなわち，手続的紛争解決規範は大小，複雑・単純，全体・部分を問わない。

　私は，紛争解決規範を紛争解決のためにそれを使うことが正当とされる基準と定義したが，紛争解決のために使うことが正当とされる手続上の基準が手続的紛争解決規範であるから，このことは当然である。したがって，例えば，当事者が仲裁機関に仲裁の申立てをすることは，全体としての仲裁手続を手続的紛争解決規範として使うことになり，当事者が仲裁機関において仲裁人を選定することは，その機関の仲裁人選定を定める規則を手続的紛争解決規範として使うことになる。もっとも，紛争が発生しなければ，それらの手続的紛争解決規範は顕在化しないが，いったん紛争が発生すれば，それらの手続的紛争解決規範が発動を要請され，機能を発揮する。これらは全部，手続上のルールを定める論理上のシステムであるということでは同じであるから，大小，複雑・単純，全体・部分を問わず，これらのすべてを含めて，手続的紛争解決規範と言うのである。

　ここで，手続的紛争解決規範の特徴と使用上の留意点をいくつかあげておかなければならないだろう。

　第1に，手続的紛争解決規範の中には，訴訟手続のように厳格なものから，相対交渉のように柔軟なものまでさまざまなものがある。場合によっては手続的な紛争解決規範を使ったことが意識されないようなものさえある。また，規範やルールとして認識されていないような，すなわち，単なる事実に過ぎないようなものもある。例えば，貸金返還請求について弁護士に相談すれば，ほとんどの弁護士はまず最初に内容証明郵便を出すだろう。これは，単に実体上の請求権を行使するという事実であるが，後に訴訟手続に入ることに備えて，催告や時効中断の手続を踏まえたか否かを立証するための行為でもある。したがって，内容証明郵便を出すことが手続的紛争解決規範を使ったことになるか否かは言葉の問題であるが，少なくとも手続的紛争解決規範に繋

第9講　紛争解決規範（4）

がる手続であることは確かだろう。
　では，内容証明郵便を出さずに，まず電話をかけて請求するのはどうであろうか。これは，単に電話をかけるという事実に過ぎないように見える。しかし，内容証明郵便を出すことが手続的紛争解決規範あるいはそれに繋がる手続だとすれば，それを裏返しにしてあえて出さないことも手続的紛争解決規範あるいはそれに繋がる手続ではないのだろうか。実際に最初に内容証明郵便を出すか，電話で請求するかによって，紛争解決の道筋が変ることはよくあることである。すなわち，催告の意思表示や時効中断の効果を明確にするためには，内容証明郵便は有力な手段であるが，最初に内容証明郵便を出したばかりに関係が硬直化して相対交渉ができないこともある。そうだとすれば，相対交渉を手続的紛争解決規範に選択することにして，まず，電話をかけるという手続から入ることは大きな可能性を持つのである。そして，まず電話をかけるというところに言葉の枠組みをつくれば，それがまさしく手続的紛争解決規範になるのである。
　こうしてみると，手続的紛争解決規範の中には，定型化されたものと不定形なものがあることが分かる。とくに相対交渉に使われる手続的紛争解決規範は不定形なものが多い。しかし，その不定形なものを定形化し，汎用性の高いものに仕立てることも，紛争解決学の課題なのである。
　第2に，訴訟手続のような体系的な手続的紛争解決規範と因果関係の割合的認定のような個別的な手続的紛争解決規範の関係を見ておきたい。
　因果関係の割合的認定[1]については，先例的価値のある判例として第6講で紹介したが，ここで手続的紛争解決規範としての論理と位置を明確にしておきたいと思う。
　最初の判決は，追突事故の被害者が頸椎鞭打損傷を負い入退院を重ねていたが約2年後に突然倒れ，歩行不能に至った場合，その症状が事故と相当因果関係を有するか否かが争われた事件で，裁判所は，「肯定の証拠と否定の証拠とが並び存するのであるが，当裁判所は，これらを総合した上で相当因果関係の存在を70パーセント肯定する」と認定し，次のとおり判示した。
　「当裁判所は，損害賠償請求の特殊性に鑑み，この場合，第3の方途として再発以後の損害額に70パーセントを乗じて事故と相当因果関係ある損害の認容額とすることも許されるものと考える。けだし，不可分の1個請求権を

実体的紛争解決規範と手続的紛争解決規範

訴訟物とする場合とは異なり，可分的な損害賠償請求権を訴訟物とする本件のような事案においては，必ずしも100パーセントの肯定か全然の否定かいずれかでなければ結論が許されないものではない。否，証拠上認容しうる範囲が70パーセントである場合に，これを100パーセントと擬制することが不当に被害者を有利にする反面，全然棄却することも不当に加害者を利得せしめるものであり，むしろ，この場合，損害額の70パーセントを認容することこそ，証拠上肯定しうる相当因果関係の判断に即応し，不法行為損害賠償の理念である損害の公平な精神に協い，事宜に適し，結論的に正義を実現しうる所以であると考える[2]」

この判決については，第6講で触れたように，担当の倉田卓次裁判官自身が「要件事実認定の悉無律を疑う議論自体が暴論と見えたから」これに従う判決例が少ないと述べられている。また，訴訟手続の中では使用されないが，訴訟手続外の紛争解決システムの中で頻繁に使用されているということについても前述した。

そこで，この因果関係の割合的認定についての考察を進めるうえで，まず先にこの理論に対する賛否，あるいは評価の問題を見ておかなければならない。

倉田裁判官が言われるとおり消極説が多い中で，私は，因果関係の割合的認定は和解に親和的であり，和解手続の中で積極的に使用されるべき論理上の機械装置であるという考え方のもとに，この理論を好意的に評価していた[3]。しかし，この私の考え方に対して，伊藤滋夫教授から「割合的認定の理論の考え方を判決において一般的に採ることが，一般人の常識にかなうからそうすべきであるとまでいっておられるものではないと考える[4]」と指摘していただいたように，私は訴訟手続一般においてもこの理論を採用するべきだとは言っていなかった。

また，伊藤教授は，悉無律を疑う議論を暴論と見たからではなく，①当該事件における当事者の納得，②当該事件における解決についての第三者の納得，③紛争についての将来の裁判上の解決の見通しとこれに対処する方法の存在，以上の3点をファクターとして具体的に考察したうえで消極論に立たれているが[5]，このことは，体系的な手続的紛争解決規範と個別的な手続的紛争解決規範との関係の在り方を示唆している。

第9講　紛争解決規範（4）

　すなわち，訴訟手続は原則として100対ゼロの勝ち負けという結論を出す論理上のシステムであり，割合的認定は100対ゼロという悉無律を打ち破る論理上のシステムである。したがって，訴訟手続という体系的なシステムの中に，この個別的な論理システムをはめ込むことには，どこかに無理が出る。その無理がどこに出るかと言うと，伊藤教授が指摘された①～③に他ならない。では，訴訟手続の中でなく，訴訟手続外の紛争解決システムで使用すればよいということになるが，訴訟手続の中で割合的認定が使用できるか否かが目下の問題であるから，それでは答にならない。

　ところで，原則として100対ゼロの勝ち負けという結論を出す訴訟手続は，後に詳しく述べるように，事案によっては裁判官の心証を歪める側面を持っている。なぜならば，例えば当事者間の権利の重さ（「権利の重さ」の意義についても後に述べる）が70対30の争いでも，100対ゼロの判決を出さなければならないからである。これが倉田裁判官の言われる「証拠上認容しうる範囲が70パーセントである場合に，これを100パーセントと擬制すること」という意味である。しかし，割合的認定をすることが可能であれば，70対30の判決をすることができる。したがって，割合的認定は，権利の重さが100対ゼロでないにもかかわらず，100対ゼロの判決を言渡さなければならない裁判官が，そのときに起こるはずの心証の歪みを解消するための論理システムであると言えよう。だとすれば，訴訟手続の中においても，この割合的認定は，極めて有益な手続的紛争解決規範であると言うことができる。

　そこで，割合的認定を訴訟手続の中にはめ込む手立てがないかという問題に直面する。ここでクリアすべきことは，伊藤教授が指摘された3点のファクターである。すなわち，この3点をクリアして割合的認定を訴訟手続にドッキングできればよいのである。

　私は，裁判所が訴訟手続の一定の段階で割合的認定をする旨当事者に告知し，それに関する攻防をすることを折り込んで，割合的手続を訴訟手続に追加するシステムを設けることによってこの問題を解決する方法があると考えている[6]。このような手続を設ければ，伊藤教授が指摘された3点のファクターはすべてクリアできるはずである。すなわち，訴訟手続という体系的な手続的紛争解決規範と割合的認定という個別的な手続的紛争解決規範とを結びつけるための，バインダーのような手続的紛争解決規範をもう1つ作るの

である。

　以上のとおり，新しく生まれる個別的な手続的紛争解決規範は，元からある体系的な手続的紛争解決規範とはじめから調和するとは限らない。しかし，その個別的な手続的紛争解決規範が有益なものであるならば，別の体系的な手続的紛争解決規範の中で使用することも可能であり，元の体系的な手続的紛争解決規範と調和させる手続的紛争解決規範を作って使用することも可能になる。なお，このようなことは，手続的紛争解決規範だけでなく，体系的な実体的紛争解決規範と個別的な実体的紛争解決規範との間でも起こることである。

　第3に，手続的紛争解決規範は無色透明で中立的なものと思われるかも知れないが，決してそうでないということを留意点としてあげておかなければならない。すなわち，手続的紛争解決規範それ自体は，何らかの歴史的背景のもとで，歴史的役割を担って生まれるものであって，大なり小なり思想性がある。このことに関しては，実体的紛争解決規範と同じである。実体的紛争解決規範についてこのことを言うと，誰でも納得できると思われるが，手続的紛争解決規範について同じことを言うと奇異に思われるかも知れない。しかし，あらゆる規範に思想性があるように，手続的紛争解決規範に思想性があることは紛れもない事実である。したがって，このことに無感覚になって，無色透明性，中立性を装うと，それだけで信頼を失うことがある。

　このことから明らかになるのは，どのような手続的紛争解決規範を選択するかということについては，それを選択する当事者や代理人の主観，好み，利害，経験，そして思想が反映されるということである。しかし，いったん手続的紛争解決規範が選択された以上，それは公正，中立に使用されなければならないし，客観的で透明性が高ければ高いほど望ましい。ここが手続的紛争解決規範の難しいところであり，面白いところである。この選択前の主観性と選択後の客観性は，譬えて言えば，野球をするか，サッカーをするか，相撲をするかは，好みや都合や技術などによって選択されるが，いったん野球と決めて試合が始まった以上，公正性，中立性，客観性，透明性の高い野球のルールに従うというのと似ている。

　第4に，このことと関連するが，手続的紛争解決規範が選択されてそれを使用する段階に入った以上，公正性と中立性は徹底的に維持したい。ここで

第9講　紛争解決規範（4）

「維持したい」と言って「維持すべきである」と言わなかったのは，これを徹底的に維持することは難しいからである。

　まず，当事者の立場に立ったときのことを考えてみよう。当事者にしてみれば，手続的紛争解決規範が自分の方に一方的に有利に使用されれば，結論も有利になることが目に見えている。したがって，ルールを曲げてでも手続的紛争解決規範を自分側に有利に使用しようという誘惑に常に魅かれていると言ってよい。しかし，ゲームを想定すれば分かることだが，手続を曲げるほどアンフェアな印象を与えるものはない。

　また，裁判官，仲裁人，調停人の立場に立てば，実体的紛争解決規範よりも手続的紛争解決規範の方が目立たないことが多いから，手続的紛争解決規範を多少操作することによって，紛争解決の方向づけをすることが可能になる。よく指摘されることであるが，公正性，中立性に鈍感な調停人が，交互方式による調停の席で聞いた当事者の本音や弱点を逆に説得の材料に使うようなことが起こる。このようなことは，結局のところ手続の信頼を失い，紛争解決システムを疲弊させることになる。

　したがって，手続的紛争解決規範は，公正かつ中立を旨として使用したい。当事者の立場に立つにせよ，調停人などの第三者の立場に立つにせよ，もし公正性，中立性に欠けるような行動をとれば，信頼を失い，手続の進行に混乱，破壊をきたして，紛争解決が不能になるか，解決したとしても不本意な解決しかはかれなくなるからである。

　なお，もうひとつ留意すべきことは，当事者がいったん手続的紛争解決規範を選択して使用し始めると，次に選択する可能性のある手続的紛争解決規範がスタンバイすることがある点である。そのような場合には，先行する手続は，徹底的に公正，中立に運営しておかなければならない。例えば，調停手続をすすめているときに，後に最終提案仲裁をすることが予測されたとしよう。そのときには，調停人がそれまでに双方の当事者から公正，中立だと思われていなければ，当事者は最終提案仲裁を選択しない。なぜならば，この調停人は必ず相手方の最終提案を選ぶだろうと思われているときに，それでも最終提案仲裁を選択する当事者はいないからである。

　　1　倉田卓次裁判官は，「交通事故訴訟における事実の証明度」（鈴木忠一＝三ケ月

章監修『実務民事訴訟講座（3）交通事故訴訟』日本評論社，1969年）133頁において，確率的心証という用語を使用されているが，本書では心証の確率的数値に立ち入るのでないので，一般的に使用されている「割合的認定」という用語を使うことにする。
2 東京地方裁判所昭和45年6月29日判決，判例時報615号38頁
3 廣田尚久『弁護士の外科的紛争解決法』（自由国民社，1988年）122頁
4 伊藤滋夫『事実認定の基礎』（有斐閣，1996年）201頁
5 同書201頁～205頁
6 廣田尚久「裁判官の心証形成と心証の開示」（吉村徳重先生古希記念論文集『弁論と証拠調べの理論と実践』法律文化社，2002年）472頁～477頁

紛争解決規範のトモグラフィー

　では，多数の紛争解決規範が存在するときに，そのトモグラフィー（断層撮影）を撮るとすれば，それはどのようになっているだろうか。紛争解決学はミクロの世界に関心があるので，1つの紛争解決規範のトモグラフィーを撮ることも興味深いことだが，ここではそのようなものでなく，ある当事者が紛争に直面して一定の局面にさしかかったときに，その当事者を取りまいているすべての紛争解決規範がどのようになっているかということを知るためのトモグラフィーを撮ったとすれば，それはどのように写っているかということをテーマにしたい。

　私がそのことに答える前に，学説をひととおり見ておくことにしよう。ただし，以下の学説は，問題の設定の仕方が私とまったく同一というわけではない。和田仁孝教授が全体システムの関連モデルとして整理されているように[1]，学説はシステムに焦点が当てられている。しかし，私の見解[2]もこの中に引用されているとおり，共通の関心と問題意識があることは事実であると思うので，ここで学説と対比する形で私の見解を述べることは，意義のあることだと思う。

　小島武司教授は，「紛争ないし対決が多面的かつ多層的で独自の個性を有する複雑な実体を有する以上，諸紛争を処理するためのシステムは，その幅，性質，深度において異なる多彩な救済ルート（法道ないし法路）を用意して，多様なニーズ（諸ニーズ）を満たす構造と実質とを持たなければならない。このような包括的な救済ルートを有機的に組み合された統一体として把握す

第9講　紛争解決規範（4）

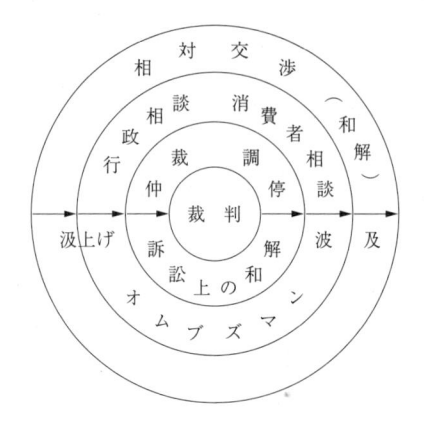

ることがきわめて重要であるとの認識に立つとき，われわれは，「正義の総合システム」ともいうべきものに想達するはずである。この構想は，静的な多元救済ルートの構造と各ルート間の動的な交流の動きの2面から考察される必要がある。多元的な構造の点はいく度か分析されてきたが，動的な交流の側面は，これまでいささか軽視されてきたきらいがある[3]」として，正義の総合システムの静的構造と動的交流を提示している。これを図示したのが上図である。

　これに対し，井上治典教授は，①「法的基準」そのものに懐疑的であり，むしろ，裁判外の方式の「日常的コミュニケーションの論理」をもっと裁判にとり入れて裁判を「裁判外化」することこそ，現時の課題であるとみる。②基準のみならず手続としても裁判を中心に見ることはせず，他の方式と同等の「ワン・ノム・ゼム」であるとみる。比喩的に言えば，小島の「富士山志向」に対する井上の「八ヶ岳志向」である。③小島は裁判までくればそれが最終項とみる立場に結びつきやすいが，井上は裁判は解決過程の中間項であり，訴訟から出たのちにさらに交渉やあっせんが続いていくことを当然のこととして容認する。④小島は訴訟は法的基準による裁断として，他の方式とは異質なものととらえるのに対し，井上は訴訟をも他の方式と同質の連続的なものととらえ，そこにも当事者の自律性をとり込む必要がある[4]，と言う。その井上教授の紛争処理のフローチャートを描いたネットワーク図が次頁の図である。

　この井上教授の批判に対し，小島教授は，正義の総合システムの構図における規範の相互交流の矢印を事件の流れを示すものと誤解されているが，この構図は事件フローを限定する何らの要素を示すものでなく，批判は的がはずれていると言い，井上教授の提言に検討を加えている[5]。

　小島教授と井上教授の両論を私が比較検討する余力はないが，小島教授は正義の総合システム論であり，井上教授は紛争処理のネットワーク論である

から，立論者の位置と視点，立論の目的や関心，着眼点の位相，着眼の対象などが微妙に相違しているのではないかと思われる。

その相違点を踏まえれば，私は，小島教授が諸紛争を処理するシステムに多彩な救済ルートを用意する必要があるとし，正義の総量を著しく引き上げるためにそのシステムの静的構造と動的交流を同時に図式化されたのは，すぐれた理論であると思う。

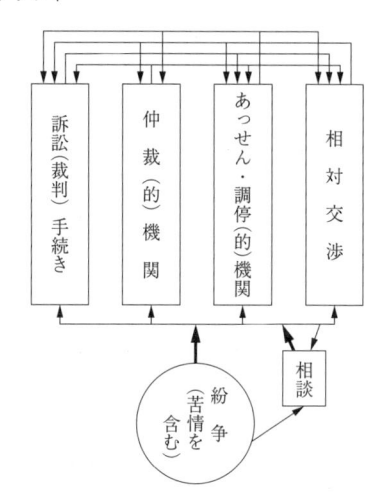

ただ，敢えてこの位相で私が図をつくるとすれば（私の場合も着眼している位相などが異なるので，この位相では図をつくらないのが私の立場であるが），小島教授の図の1番外側にある「相対交渉」が中心にきて，中心にある「裁判」が1番外側にくる。すなわち，項目の順序がちょうど逆になる。これは，紛争解決学は私的自治を間近に見て，遠くの司法を見通すからであって，反対の側に目の位置がある民事訴訟法学と逆になるのは当然である。

また，井上教授の基準のみならず手続としても裁判を中心に見ないこと，裁判と他の方式とは同質の連続的なものであるとの考え方や問題意識には，私も賛成である。

しかし，私が着眼している位相などは，井上教授とも若干相違がある。私と小島，井上両教授との相違点は，次のとおりである。

第1に，小島，井上両教授は，システムとして相対交渉，相談，調停，仲裁，裁判をあげているが，これは私の用語によれば体系的な手続的紛争解決規範のレベルである。これに対し，私は，位相をもっと深いところに落とし，個別的な手続的紛争解決規範のレベルにも着眼する。したがって，その位相では，体系的な手続的紛争解決規範も個別的な手続的紛争解決規範も同列なものとして存在している。

第2に，手続的紛争解決規範のみならず実体的紛争解決規範も1つの時空間的構造の中に同時に存在しているから実体的紛争解決規範も図の中に入っ

第9講　紛争解決規範（4）

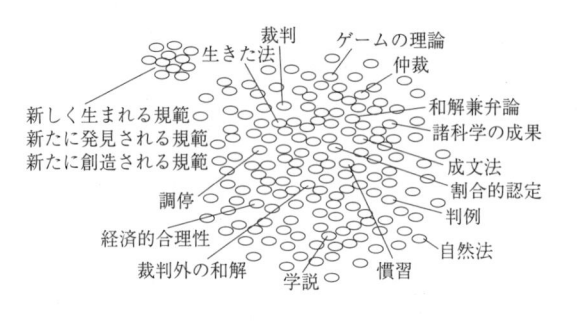

　　　　　　　　　　裁判　　ゲームの理論
　　　　　　　生きた法
　　　　　　　　　　　　　　仲裁
　　新しく生まれる規範　　　　和解兼弁論
　　新たに発見される規範　　　諸科学の成果
　　新たに創造される規範　　　成文法
　　　　　　　　　　　　　　割合的認定
　　　　　　　調停　　　　　判例
　　　　経済的合理性　　　　　自然法
　　　　　　裁判外の和解　　慣習
　　　　　　　　　　　学説

てくる。しかも，実体的紛争解決規範と手続的紛争解決規範が連結したりしている。

　第3に，私は当事者の位置で紛争の深奥を見ることを前提とし，紛争の局面における紛争解決規範の相互関係に着眼することを目的としているので，原初形態にある紛争解決規範を見ることからスタートする。なぜならば，人々が紛争を解決するときには，原初形態にある紛争解決規範をいきなり使いはじめることが多いからである。そして，原初形態にある紛争解決規範を飛ばしてしまったら，紛争解決の深奥を見落としてしまうからである。

　したがって，これらの多数の紛争解決規範の存在について，紛争の初期段階のトモグラフィーを撮るとすれば，上図のようになる。

　ただし，これは4次元の時空間的構造を2次元の平面に書いたものであるから，時間的要素が表現されておらず，また立体があらわされていない。キュービズムの絵のようにするのがより正確かも知れない。さらに，一応成文法，判例，裁判，調停，慣習，生きた法等々と示したが，これは1つのところにとどまっているのではなく，めまぐるしく動いているものである。

　和田仁孝教授は，この私の説に対してダイナミズムなモデルであると評価したうえで，また，井上教授の説を「制度理念の呪縛」から自由なモデルであると評価したうえで，これらのいずれのモデルにおいても，いかなる機関におけるセッションであれ結局は紛争処理主体である当事者の水平的交渉の中に動員されていくものに過ぎないという点が十分に把握され表現されていないとして，紛争処理の全体モデルを次頁の図のように図示した。

　そして，「ここでは，全体的システムの基底構造として当事者間の水平的交渉関係に正当な重みを与え，各紛争処理機関をそこに動員される通過点として措定している。またそこには「処理の法的性格」や「使用規範の種類」等のスタティックな要素に沿った序列構造はない。ある場，ある時点での状況に応じて，各機関でのセッションやその水平的交渉への影響の内実が，こ

紛争解決規範のトモグラフィー

れらスタティックな要素の程度をアドホックに決めていくからである」と言う6。

この和田教授のモデルは，よくできていて説得力がある。また，当事者の水平的交渉関係に正当な重みを与える等の目的や関心は，私とほぼ同じであって，立論には賛成である。しかし，ここでもやはり立論の視点と対象の位相の違いがあることは確かだと思う。

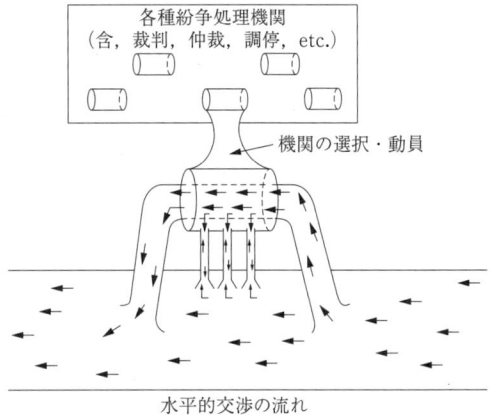

その主な相違点は，まず，和田教授が紛争処理の全体モデルを図示したのに対し，私は多数の紛争解決規範のトモグラフィーを図示したところにある。したがって，小島，井上両教授と比較したのと同じように，私の方が位相が深く，低い。それに伴って，私の場合は裁判等の体系的な手続的紛争解決規範だけでなく，個別的な手続的紛争解決規範が出てくる。

また，和田教授の図では実体的紛争解決規範は水平的交渉の流れの中に入ってくるのであろうから，そうだとすれば，実体的紛争解決規範を図の中に入れることは同じであるということになる。しかし私の場合は，実体的紛争解決規範と手続的紛争解決規範の位置に区別はない。ただ，私の図は，紛争の初期段階の時点のトモグラフィーであるから，紛争がかなり進行した後の時点のトモグラフィーは相当違うものになると思う。

さらに，和田教授は「機関の選択・動員」を図の中に入れているが，私はそれを図からは除外し，第8講などで別途論じている。私は，選択・動員だけでなく，ミクロ化，化合等々を全部含めて紛争解決規範の使用方法として論ずる必要があったので，別途の扱いとしたのである。

なお，私がここで示した図は，紛争の初期段階の一定時点のトモグラフィーに過ぎないから，断層撮影写真が変化するように時間経過に従って変化する。したがって，時間経過ごとに図を並べ，それを立体的に繋げればより正確になると思う。

第9講　紛争解決規範（4）

　また，それぞれの紛争解決規範を切り離して同じ大きさの楕円形で示したが，紛争解決規範は重なっていたり，繋がっていたりするものもあり，大きさにも大小がある。もっともこれらはすべて仮の表現であるからそのことに意味があるわけではないが。

　しかし，立論の視点や対象の位相に相違があるにしても，紛争解決システムの全体像を把握し，それを図示することによって表現しようと試みていることは，小島教授，井上教授，和田教授それと私に共通している。

　これは，紛争解決は裁判だけでなく，裁判以外の紛争解決システム全般に視野を広げて取り組まなければならないとする考えの当然の帰結であるが，時代は確実にその方向に向かって進んでいるという認識を深める事実に他ならない。

1　和田仁孝『民事紛争処理論』（信山社，1994年）97頁～101頁
2　廣田・前掲書『紛争解決学』（旧版）64頁
3　小島武司「紛争処理制度の全体構造」（講座民事訴訟①『民事紛争と訴訟』弘文堂，1984年）359頁～360頁
4　井上治典・三井誠『法と手続き』（放送大学教育振興会，1992年）53頁～54頁
5　小島武司『裁判外紛争処理と法の支配』（有斐閣，2000年）24頁～32頁
6　和田・前掲書『民事紛争処理論』99頁～101頁

第10講　紛争解決の技術

言葉という道具

　これまで，紛争解決の成立，定義，領域を論じ，さらに紛争解決の客体，主体，代理人，紛争解決規範について論述してきた。しかし，これらのことを頭の中に入れたとしても，それだけでは紛争を解決することはできない。なぜならば，これらの事柄は言わば基礎的な概念に過ぎないが，実際に紛争を解決するためには，具体的な行動を起こさなければならないからである。すなわち，解決という宝物を掘り出すための道具と技術を使って，着実に行動することが必要なのである。

　したがって，具体的にどのようにして紛争を解決するかという問題に答えるために，ここで紛争解決の技術をまとめておきたい。

　そこで今，紛争解決の道具は何か，ひと言で答えよ，と問われたら，私は躊躇なく「言葉」であると答える。そして現在のところは，大略においてそれは正解だと言ってよいと思う。しかし，この問いが戦国時代に発せられたのであるとすれば「武力」が正解で，卑弥呼の時代なら「呪術」が正解だろう。

　紛争解決の道具が，呪術から武力へ，武力から言葉へと変転したことは，支配の道具が呪術から武力，武力から言葉と移り変ってきたこととほぼ見合っている。したがって，「法の支配」と言われるものは歴史の所産に他ならないが，要するに言葉による支配であって，呪術による支配でも，武力による支配でもないということである。

　しかし，今現在においても，呪術による支配や武力による支配という現実が存在している。とは言え，近代が法の支配を原則としている以上，呪術や武力による紛争解決を前面に押し出すわけにゆかないことは，人類共通の了解事項であると言ってよいだろう。したがって，「言葉によって紛争を解決

第10講　紛争解決の技術

する」ことは，十分に掘り下げて研究するに値することであり，これこそ紛争解決学の主要なテーマである。

　そこで，紛争解決のための道具としての言葉の性能に注目することにしよう。

　言葉の性能については，言葉が持っている性質（すなわち，どんな道具であるか）と言葉の機能（すなわち，どんな働きをするか）に分けて考察するのが理解されやすいと思われる。

　まず，言葉が持っている性質であるが，ここで言う「言葉」とは，単語だけでなく，複数の単語で組み立てられた「文章」をも含めることにする。また，これから「言説」という言葉を使うことがあるが，ここで言う「言説」とは，言葉を使ってものを言うこと，またはその言葉の意でる。

　第1に，言葉のうえでは，どのようなことでも言えるということである。例えば，「明日，太陽の引力によって月が引っ張られ，太陽に吸収されて月がなくなる」ということは，言葉のうえで言うことは簡単である。この言説については，現在の天文学によってあり得ないことは証明できるであろう。それに，明日1日が過ぎれば真偽は分かることである。では，「明日」を「150年後」に置き換えたらどうであろうか。これも天文学によって真偽を論ずることはできるだろうが，今，ここにいる人々には真偽を経験することはできない。真偽を経験することができないのに，言葉のうえだけでは成り立つという性質は，紛争解決の局面でしばしば利用される。

　第2に，このことに関連することであるが，虚の言説に強制力を賦与すると，当面は真実として扱われることである。これを敷衍すると，言葉には強制力，あるいはそれに類する力を呼び寄せる性質がある。天動説はそのような力によって守護されていたために，長い間人類にとっては真実であった。「武力の支配」から「法の支配」に移行したことは喜ばしいことであるが，法の支配が言葉による支配である以上，その病理現象に着目すると，手放しでは喜べないところがある。

　この第1と第2の性質は，いかにも馬鹿馬鹿しいもののように見えるが，紛争解決の局面では，しばしば臆面もなく利用される。すなわち，虚を実にし，偽を真にするためにさまざまな言説が用いられるのである。しかし，虚や偽の上に楼閣を築いても，真の意味の解決はできない。したがって，第1,

第2の虚偽性，欺瞞性を暴いて，よりよい解決に導かなければならない。その虚偽性，欺瞞性を暴く道具としても言葉が使用される。この虚偽性，欺瞞性を暴く道具としての性質が，言葉の性質の第3である。

　したがって，第4に，一定の言説に対して，虚実，真偽を問われることが多い。また，言説の中に評価的な意味が込められるか，評価的な意味が込められていると思われることが頻繁に起こる。これらのことが，誤解を生んだり，感情的な反発を呼び起こすことがある。紛争解決の局面でこれらのことを放っておくと，いつまでも尾を引いて紛争がなかなか解決しない。したがって，虚実，真偽を見極め，評価的意味の質量を認識する作業が不可欠になる。そのような作業をする道具としても言葉が使用される。

　第5に，紛争解決のための道具として，よい言葉とよくない言葉があることは否定できない。すなわち，性質の良し悪しは言葉にも存在する。紛争解決の局面においては，おおよそのところ，事実によって検証することができる言説がよい言葉で，事実によって検証できない言説がよくない言葉であると言えよう。この点では，紛争解決のために使用される言葉と，あるジャンルの詩作のために使用される言葉とは，著しい対比をなしている。なお，この性質には当然程度の差があり，また，同じ言葉でも使用される場面によって良し悪しが変化することがある。

　第6に，言葉は力を持っている。言葉が動態にあるときには，その力はエネルギーになる。紛争解決の局面において，言葉が持つ力，エネルギーのうちで大切なのは「説得力」である。その説得力は，事実による裏づけがしっかりしていればいるほど強いものになる。そしてその事実も言葉によって語られる。

　以上のように，言葉の道具としての性質を押さえたうえで，言葉の機能，すなわち働きについてひと通り見ておきたい。

　その1は，紛争の対象を認識し，それを言語化して当事者の意識の中に組み入れる働きをする。

　その2は，紛争の原因を認識する道具としての働きをする。紛争の原因は，意識，潜在意識，無意識のいろいろな層から発生し，はじめのうちは言葉によって表現することは難しいが，時間の経過に従って，紛争の原因を言語化して認識するようになる。

第10講　紛争解決の技術

　その3は，紛争解決規範を構成している言葉を認識し，解釈する働きをする。

　その4は，当事者の意識の中で，事実を構成する言葉と紛争解決規範を構成する言葉をぶつけ，紛争と解決に対する意思を形成する働きをする。

　その5は，当事者の意思を相手方に伝える道具としての機能を持っている。もとより，意思を伝達するための道具は，言葉だけではない。顔や目の表情，態度，音楽，絵画など，人間は自己の意思を表現し，他者に伝えるためのさまざまな道具を持っている。しかし，言葉の表現力と伝達力は，言葉以外のものに比べて，圧倒的に強く，大きく，また明確である。

　その6は，相手方から伝えられた言葉を受け取って，自己の中で再構成や解釈をする機能を持っている。

　その7は，これまでの働きのフィードバック作業によって，紛争当事者間の合意形成を引き出す働きをする。また，合意形成が不可能なときには，第三者による裁定を引き出す働きをする。

　その8は，言葉は自ら合意に結実する働きをする。合意形成が不能なときには，裁定の内容を構成する働きをする。

　これらは，必ずしもここに並べた順序で機能するわけではない。順序が入れ替わったり，行ったり来たりしたり，同じ機能が何度も使われたりする。

　言葉にこれらの機能があることは，あまりにも当然のことであるが，紛争解決の渦中にあるときにはとかく忘れがちになる。紛争の最中には，言葉をさかんに使うことになるが，言葉のどの機能を使用するのかを自覚していると，言葉はうまく働いてくれるものである。これは，大工道具を想定すればすぐに分かることであるが，言葉は他の道具と同様に使用上の注意をわきまえているか否かによって，その働きに雲泥の差が出てくるのである。しかし，言葉は目に見えないので，このことについては無神経になりがちになる。

　すぐれた紛争解決の技術とは，道具としての言葉を十全に生かして使う能力に他ならない。

　すなわち，紛争を解決するためには，紛争解決規範を使わなければならないが，その紛争解決規範をそのまま使えることは少ないのであって，紛争解決規範を使用するときには，その意味と論理構造を明らかにしたうえで使わなければならない。

そしてさらに，紛争を表現する言葉は，そのままでは使えないことがある。そのときに意味づけをしたり，組み立てたり，整理したりして，相手に伝えなければならない。この意味づけ，組み立て，整理という操作も，言葉を使って考え，言葉を使って行われる。そして，できあがったものもまた言葉であり，相手に伝えるときも言葉を使う。この紛争の意味と論理構造を明らかにすることはなかなか難しいが，正確に言葉を探り当てるか否かが，紛争解決の鍵になる。

紛争解決規範は物理的につかむことができる物体ではない。紛争を構成する事実も，紛争解決の過程に乗せられる段階に入ると，物理的に存在するものではなくなってしまう。そのようなものを，言葉によって示さなければならないのであるから，言葉の操作が如何に大切なものであるかということは分かるであろう。

そのようなものを掌握するために，論理上のフレームを置くことによって解決する方法がある。

前に述べた因果関係の割合的認定や補償金の分配におけるペーパーなどの手続的紛争解決規範は，言い方を換えれば，そのような論理上のフレームであると言うことができる。論理を一本道でグイグイ押しても，行き詰まって先に進まないことがあるが，そういうときには，これらの例のように論理の枠組みをつくり，すなわち，フレームのようなものを置いて，そこに飛び移り，またフレームを置いて飛び移ってゆくと，結論に辿り着くことがある。それは，論理上のフレームを置くことによって，それまでに使用されていなかった多くの言葉を使用可能なものにするからである。すなわち，論理上のフレームは，言葉の世界を一気に拡張し，それまでに見えなかった地平を見せてくれるのである。

このように，言葉の使い方は，さまざまな工夫によって広がり，また開発されてゆく。そのようなことを知り，修得することによって，紛争解決の技術を高めることができるのである。

因果律と共時性の原理

紛争解決の技術のベースとして意識しておくべきことは，まず紛争をとりまいているさまざまな事象（事実と現象）の意味を正確にとらえることであ

第10講　紛争解決の技術

る。
　さまざまな事象の意味を正確にとらえる方法のひとつは，何が原因で何が結果かという因果の連鎖関係を辿ることである。その紛争に関係がありそうな事象，認識できる限りの事象を全部頭に置いて，そして紛争の最中に起こってくるいろいろな事象も全部取り込んで，そのうちのこれとこれは因果関係がある，その結果が次には原因になってさらに次の結果が出てくると，鎖を手繰り寄せてゆくと，だんだん解決の道筋が見えてくる。
　もともと法律は因果律でできていて，ああなればこうなる，こうなればああなると因果関係を繋げて論理を展開する形に組み立てられている。したがって，因果律に従って紛争を解決する方法は，法律の世界ではオーソドックスなやり方である。とくに，訴訟システムを使って紛争解決をはかるときには，因果関係が繋がっていなければ問題にされない。そしてまた，法律に定める要件と法律がもたらす効果には因果関係がなければならないのである。
　現実に，ほとんどの紛争は，因果律の示す道筋に乗せて運ばれ，解決という門から出てゆくことになっている。したがって，因果の連鎖関係を辿り，紛争をとりまいているさまざまな事象を正確にとらえることは，基本的な紛争解決の方法であると言うことができる。
　こうして見ると，「法」の世界が因果律という法則のみによって支配されていると人々に信じられていたことに，何らの不思議はない。
　ところが，事象の意味を正確にとらえる方法は，因果の連鎖関係を辿るというだけでは不十分である。社会は複雑，厖大であり，人間もその深層まで含めると，複雑で奥が深い。因果の連鎖関係ではとらえきれないが，紛争解決のためには何らかの意味を持っているものが，さまざまな事象の中に存在しているのである。したがって，さまざまな事象の意味をとらえるためには，因果律とは別の方法を考えてみる必要が出てくる。

　紛争をとりまいているさまざまな事象の中には，他の事象とは何の関係もないものが混ざっていることがある。他の事象の原因にも結果にもなっていない，一見偶然と思われるような事象があって，しかもそれが，紛争にも，解決にも重要な意味を持っていることがある。しかし，これまで「法」の世界では，そのような事象は因果律に関係のないものとして無視されていた。

因果律と共時性の原理

したがって，法律家も，偶然のようなものの意味を取りあげることはなかった。

ところが，分析心理学の創始者ユングは「意味のある偶然の一致」を重要視して，共時性の原理というものを考えた。この共時性の原理について，河合隼雄教授の説明を引用させていただきたい。

「時」の出現に伴って……偶然にしては，あまりにも意味が深い偶然と考えられる現象が起こるのである。夢と現実の一致などということも生じる。

ユングはこのような「意味のある偶然の一致」を重要視して，これを因果律によらぬ一種の規律と考え，非因果的な原則として，共時性（synchronicity）の原理なるものを考えた。つまり，自然現象には因果律によって把握できるものと，因果律によっては解明できないが，意味のある現象が同時に生じるような場合とがあり，後者を把握するものとして，共時性ということを考えたのである。

共時性の原理に従って事象を見るとき，なにがなにの原因であるかという観点ではなく，なにとなにが共に起こり，それはどのような意味によって結合しているかという観点から見ることになる。われわれ心理療法家としては，因果的な見かたよりも，共時性による見かたでものを見ているほうが建設的な結果を得ることが多いようである[1]。

紛争解決に取り組んでいる最中にも，しばしばこのようなことが起こる。私が共時性の原理に助けられて紛争を解決した例をあげれば枚挙にいとまがないが，1つだけ例をあげておきたい。

かつてある農業協同組合の組合長が詐欺師に騙されて3億円余りの手形をパクられた事件を担当したことがあった。手形のパクリというのは，正常な取引がないにもかかわらず手形を振り出させ，その手形を第三者に売って現金化する詐欺の手口である。売られた手形は次々に裏書きされて転々と譲渡され，それが詐欺によって振り出された手形であることを知らない第三者の手に渡ると，騙された振出人は手形に書かれた額面全部を支払わなければならない。裏書人はみんなグルだと主張しても，手形上裏書きの連続性があれ

第10講　紛争解決の技術

ば振出人の支払義務は免れることはできない。

　私は，農協から依頼を受け，早速サルベージにかかった。サルベージというのは，騙し取られた手形を捜し出し，安く叩いて買い戻すことである。サルベージが不成功になって額面どおりに支払うはめになったら，農協は潰れてしまう。

　ある日，農協が詐取された手形を持って，見知らぬ男が私のところにやって来た。そして「善意の第三者だから今すぐ払え」と怒鳴り立てる。そこで私がふと名刺を見ると，それはまったく別の事件——マンションを建設すると偽って金を集めておきながら会社を倒産させて金を流用した事件——の関係者であることが偶然に分かった。ちょうどそのマンション事件の被害者の代理人として私の提出した訴訟が新聞に出たばかりだったので，その新聞を見せながら，

　「あなたは誰にものを言っているの？　この事件の訴状は誰が書いたと思いますか？　マンションの金がどこに流れたか知りたいと思っていたところだが，ははあ，こういうところに使っていたのですね。騙される方は騙される方で繋がっているし，騙す方は騙す方で繋がっているものですね」と言ってみた。

　見る見るその男の額から液体が出てきてふくらんだ。冷や汗というものは本当に出るものである。

　「先生，お人の悪いことを」

　「私は探偵ではないので，詮索するよりも事件を1つ1つ筋道通りに解決すればよいのです。それで，つべこべ言わずにこの手形はまけてくれますね」

という次第で，私は，相当たたいてその手形を回収した。

　解決の鍵をにぎる人と電車の中で偶然に会ったり，土地を買う相談を受けたら売主が知人であったり，難事件だと覚悟して訴訟を出したところ相手の弁護士も担当裁判官も同期生であったり，このような一見偶然に見えることが出てくると，解決が間近に迫っている知らせである。私は，ユングの言う共時性の原理に助けられる機会が多い方かも知れないが，このようなことはほとんど日常的になっている。

　私の経験からすれば，紛争解決に共時性の原理を生かすことは極めて自然

技　術

なことであるが、法律家がこれを正面から提唱したのは、旧版の『紛争解決学』で私が述べたのが最初ではないかと思われる。これまで法律家の世界では、このような話をしても相手にされなかったが、私が言いはじめて以来、賛成や共感してくれる人が徐々に増えてきた。このことは、極めて興味深い現象である。それはおそらく、①紛争の複雑化が因果律だけでは解明できなくなっていることを認識させるようになってきたこと、②紛争解決が困難になりさまざまな力を使って解決する必要性が高くなってきたこと、③紛争解決システムとして訴訟の他に裁判外紛争解決（ADR）の存在が視野に入ってきたこと、④心理学、カウンセリング、心理治療の成果を紛争解決に生かそうという傾向が強くなってきたこと、⑤「近代」の揺らぎが心理的要素に関心を向けるようになったこと、などが原因ではないかと思われるが、これはあくまでも私の仮説である。

しかしいずれにせよ、紛争はもともと因果律だけでは収まりきれないものであって、当然因果律の枠から飛び出している部分がある。したがって、共時性の原理によってはじめて掌握できるものが多い。そのようなものを因果律だけで解決しようとしても無理なのであって、共時性の原理によって解決できるのであればそれに越したことはない。河合教授が「因果的な見かたよりも、共時性による見かたでものを見ているほうが建設的な結果を得ることが多い」と言われるように、私の経験でも、共時性の原理によって解決する方が建設的な結果を得られたという実感がある。

しかし、私がこのことをいかに強調しても、まだ十分には信じられないだろう。私に言わせれば、共時性の原理が出てくる場面が少ないのではなくて、それが存在するにもかかわらず、意識のうえに取り出してくる力が弱いだけのことである。

　1　河合・前掲書『無意識の構造』180頁〜183頁

技　術

紛争解決の技術については、これまでに多くのことが語られている[1]。

あえて私がつけ加えることがあるとすれば、次のようなものであろうか。もっとも、この中には、すでに人々によって語られているものもあるかも知

れないが，私なりの意味づけをして，ここにまとめておくことも，必要なことかと思う。

　なお，以下の技術は，弁護士が行う裁判外の和解における技術を念頭に置いて述べているが，弁護士でなくても応用できるし，また，裁判外の和解以外のシステムを使って紛争を解決する場合にも応用できると思う。いずれにせよ，紛争解決学の立場から紛争解決の技術の道筋を論述すればこうなる，という観点から整理したものであると理解していただきたい。

　第1は，人の話をよく聞くことである。

　人の話をよく聞くということは，話の内容を正確に，偏見を持たずに聞くということであるが，これは当然のことであって，この段階はまだ序の口である。

　クライアントの話を聞くだけでなく，相手方の言うこともよく聞かなければならない。たとえそれが不愉快なことでも，何を言っているのか，正確に偏見を持たずによく聞くことが大切である。ケースによっては，相手方から直接話を聞くことができないことがあるが，周辺の人から間接に伝えられることやさまざまな資料に基づいて，相手方の「話」をよく聞くことが必要である。

　人の話をよく聞くということにも，いくつかの方法がある。

　まず，ただひたすら聞くという方法である。ひたすら話を聞いているうちに，当事者自身が紛争の意味を知り，いろいろな気づきをして，解決方法を見つけてしまうことがある。これは，紛争解決の1つの理想の姿であるが，児童文学『モモ』に出てくるので[2]，モモ方式と言ってよいであろう。アメリカでは調停技法が発達してきたが，そのうちのtransformative（変容力のある）方式で採用している技法は，このモモ方式によく似ている。

　しかし，漫然と事情を聞くという態度では，かえって不信を招く。モモは，耳をすまして注意深く話を聞くのであるが，真剣に聞いてもらっているか否かは話をしている方に正確に伝わるものである。ひたすら聞くという意味は，話している人の身になって，いわば全知全能を賭けて聞くのである。

　ところが，そのように真剣に話を聞いても，それだけでは解決に繋がってゆかないのが現実の紛争の難しいところである。そこで，さまざまな紛争解決規範を頭に置きながら聞くことが必要になってくる。そして，深く深く聞

く，さらにひたすら聞く，事件によっては祖先の話を聞く。この人の亡くなった母親なら何と言うだろうか。その声を耳をそばだてて聞く。この人の潜在的な欲求は何だろうかと，心の奥に入って聞いてくる。「ききみみずきん」という民話があるが，それをかぶると鳥や木の声が聞こえるというその「ききみみずきん」をかぶっていれば，もっと聞こえるはずだと思って耳をそばだてるのである。

　そして，その人の意識下にあるもの，潜在意識や無意識にあるものまでをも聞く。潜在意識や無意識にあるものを聞く方法としては，「あなたが言いたいことは，本当はこういうことではありませんか」と聞き返してみれば，分かることがある。それが出てくると，その先のことを次々に聞くことができて，話に筋道がついてくる。

　また，仮定線を引いて聞くことも効果的である。例えば，アパートを借りている人が貸主から急に家賃を30パーセント値上げすると請求されたとする。そのときに，「大家さんはアパートを売りに出しているのかも知れない。そのために追い出したいのだろう」と仮定線を引いてみて，それに間違いないということになれば，家賃値上げの厳しい交渉をすることと，立退料をもらって引越すことを秤にかけながら折衝する余地がでてくる。そしてそのときには，交渉のやり方も変ってくるはずである。

　さらに進んで，透視術に到達すれば最高である。透視術と言っても，私は勉強をしたわけではなく，本当の透視術がどんなものか知らないが，深く人の話を聞いているうちに，相手方の姿が目に浮かぶというか，直感で分かることがある。その浮かんできた姿を鍵にして，事実を引き出すように聞いてゆくと，一気にたくさんのことが出てきて，それが解決の手掛かりになる。例えば，ビルのオーナーから立退きを迫られているクライアントからあれこれ事情を聞いているうちに，そのオーナーの姿が目に浮かんできたので，「その人は大柄で愛嬌がいいでしょうが，なかなか体の動きが早いので油断できませんよ」と言ってみると，クライアントはキョトンとして，「アレッ！　先生はこのオーナーを知っているのですか？」と驚く。そこで私が，「いや，知りませんけれども，透視術で分かるのです」とちょっとハッタリを言って，「看板などを持って行かれないように注意しなければいけませんよ」と言うと，「そうなんです。いつか置看板を勝手に持って行ってしまっ

第10講　紛争解決の技術

たので，喧嘩したことがあるのです」などという事実がゾロッと出てくる。

　いつもこういう透視術を使えるわけではないが，頭がよく動いているときには，これがけっこう当たるものである。透視術と言えば特殊技術のように思われるかも知れないが，瞬間的に感じたものによってヒントが与えられたり，将来の予測を立てることがあるので，私は直感によってつかんだものを言語化して，その意味を考えることを心掛けている。

　近代に入ってから科学が発達し，それによって紛争解決の技術も進歩したことは否定できないが，科学の発達によって，かえって大切なものを削ぎ落としてしまったことも確かである。その削ぎ落としてしまったものの1つは，動物としての人間がもともと持っていた直感力だろう。この動物的な直感力によって解決できる紛争があるならば，それを使って解決すればよいのである。

　いずれにせよ，話を正確に，偏見を持たずに聞くという段階から透視術の段階までを含めて，人の話をよく聞くと，たいていの紛争は，それだけでかなりの見通しが立ってくる。

　第2に，当事者の利害をよく知って，頭に入れておくことも，大切なことである。

　紛争解決は，当事者の利害を噛み合わせて，出口に到達することがポイントであるから，利害を無視したり，利害に対して適切な答を出さなかったりすれば，まず解決は望めないと思って間違いない。したがって，人の話を聞いた後に，当事者の利害を整理し，頭に叩き込んでおくことが必要である。複雑な事件であれば，図面や表にしておくことが，けっこう有効である。

　第3に，当事者の利害を頭に入れた後で，その利害を計量しておく，数字で出せるものは数字で出しておく，ということも有用な技術である。

　例えば，損害賠償の事件で，相手方の思惑が，言葉の端々でいくら以上いくら以下ということがだんだん分かってくるから，それらのものを計算して，それが理屈の上で立つのか立たないのか，ここは強い，ここは弱いということを量ってみると，数字の上からの見通しが見えてくるものである。

　とくに和解による解決は，当事者双方の利害を全部満足させることはできないことが普通である。当然一部を引っ込めたり，削ったりしなければならない。そのときに，利害を計量し，優先順序をつけておけば，かなり上手に

相手方の利害と嚙み合わせることができ，解決の目途もついてくる。
　第4にあげなければならないのは，確かな情報を集めておくということである。
　ここでは逆に，相手方の情報が素晴らしかったために，してやられた例をあげる。
　私のクライアントは，右図のような袋小路の奥のA地の借地権を持っていたが，家は相当古くなっていた。そして，この細い道路だけでは，建物の建替えが建築基準法上できない。そこに地上げ屋が，前面の広い公道に接続している隣地Bを買い取り，それからA地の底地も地主から買い取ってしまった。そのうえで，クライアントにA地の借地権を売れ言ってきた。私は，クライアントと相談のうえ，B地と一体になって建替えが可能になるためにA地にも付加価値がつくから，その点も勘案した相応の代金でならば売ると答えた。この細い袋小路がまともな道路であれば，1億円はする借地権なので，道路がなくても，話半分で5000万円位の評価はかたいと考えていた。
　ところが，地上げ屋はどうしても2000万円にしろという。おまけに社長という人がやってきて，洗い晒しの青いジャンパーを着て妙な雰囲気をかもしだすので薄気味悪い。私のクライアントもこの青ジャンパーに眩惑されて気味悪がって，建物を修理して人に貸すという別の方法を検討する気力がなくなってしまった。それでも，2000万円はひどいと私は粘ってみた。ところが，相手方は2000万円でよいはずだと言って，テコでも動かない。私は，どうもおかしいと思ってクライアントに聞いてみたところ，以前にこの地上げ屋のダミーのような男がやって来て，1500万円で売れと言うので，「せめて2000万円の線を出さなければスタートに着けない」と言ったという。つまり相手方は，こちらが2000万円でもよいから早くケリを着けたいということを，もうちゃんと知っていたわけである。修理して人に貸すような意欲はないという，最も強い情報も握っていたのである。これではどうにも太刀打ちできない。クライアントもあまり頑張らなくてよい，早くケリをつけてほしいと言

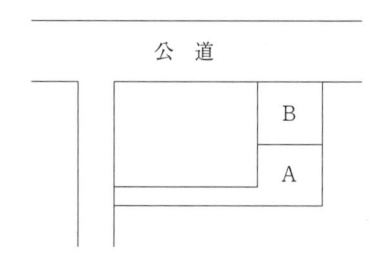

第10講　紛争解決の技術

うので，結局2600万円で手を打った。

　このように，紛争解決の局面では，情報が決め手になることがあるから，情報の収集は，紛争解決の基本的な技術と言うことができる。

　第5に，人の話を聞いたり，利害を頭に入れたり，その利害を計量したり，情報を収集したりしながら，事件の核心をつかむことが大切である。紛争が事件としての形を備えてくるようになると，必ずと言ってよいほど当事者双方の利害が衝突し，激しく燃えているところがある。それをできるだけ早く，的確に探り当てることが必要である。「アッ，ここに癌がある！」――これが発見できれば，あとはこれを取るだけでよいということになる。

　医師に譬えれば，これまでのところで正しい診断がついたということである。ここから先は治療の技術ということになる。

　紛争には必ず相手がある。相手があるから，こちらがいくら紛争解決規範を使って解決をしようとしても，相手が乗ってこなければ，そこでおしまいになってしまう。まして訴訟を出すのではなくて，和解によって解決するときには，裁判外で相手を乗せなければならないから，少し特殊な技術を開発しておく必要がある。つまり，「これは裁判外で解決した方がよいな」というコンセンサスを獲得することが大切なのである。したがって，癌をとるように，一気に解決する方が魅力的だし，また感動的であるから，そのためにはどうしたらよいか，そこにいくつかの工夫が必要になるわけである。

　そこでまず，技術の第6として，事件解決の新手を考えることがあげられる。

　新手の例としては，第7講の10）の土地交換事件，12）の補償金の分配などがある。

　「新手を考える」という意味は，実際の紛争の最中に何かよい方法がないかと考えているうちに新手を発見することと，常日頃世の中で起こっている事件に接したとき，自分だったらどのように解決するかとあれこれ考えた末に，自分ならこう解決するという新しい方法を編み出し，それをあたためておくこと，という両方の方法を指す。ちょうど棋士が棋戦の最中に新手を発見すると同時に，日頃の研究中に新手を編み出すことと似ているから，「新手を考える」ことは，まさしく技術に他ならない。

　第7に，ノウハウを蓄積することも大切な技術であると言えるだろう。

技　術

　例えば，借地人が借地権を金銭に換えたい場合に，地主の底地と一緒に借地権を第三者に売却する方法で解決することになったとしよう。そのような解決に備えて，いろいろな関連の法規を調べてノウハウとして蓄積しておく必要がある。すなわち，そういう場合には，いずれ土地の上に建物を建築するだろうから，建ぺい率，容積率，道路斜線等について建築基準法や条例を調べておいて，取引条件に反映させることが不可欠になる。ときには，古都における歴史的風土の保存に関する特別措置法（古都保存法）とか，埋蔵文化財に対する文化財保護条例などというものまで調べておく必要がある。それらのことは，訴訟では単なる事情として扱われて中心的な問題にはならないが，裁判外の和解による解決となると，これを落としていたら大変なことになる。

　このような知識の集積がノウハウになり，それを持っていることが，当事者に対して強い説得力を持つことになる。

　第8は，卓抜なアイデアを出すことである。

　そのコツは，法律上の要件事実にとらわれないことである。例えば，義兄（亡夫の兄）の土地に建物を建てさせてもらっているクライアントが，義兄から相続対策として屋敷の全部を売りたいので明渡しをしてほしいと要求されたケースがあった。これを法律の定める要件事実のうえで争うとすれば，使用貸借の返還時期が到来したか否か，使用収益の目的が終わったか否か，というあたりが問題になって，判例も分かれるところである。しかし私は，義兄がクライアントのためにマンションを買い，クライアントに死因贈与をする，そのための仮登記もする，というアイデアを出し，双方がこれに合意して気持ちよく解決した[3]。要件事実にこだわっていると，とてもこのような解決はできないものである。

　あの手この手の知恵を絞って卓抜なアイデアを出すと，相手方もそのアイデアに乗ってきて，ときには感動的な解決に到達することができる。

　第9に，論理の枠組をつくって，それを使用することである。

　前に述べたように，フレームのようなものを置いて，そこに飛び移って，またフレームを置いて飛び移ってゆくと，遠くにある結論に辿り着くことがある。

　ところで，新手を考えたり，ノウハウを蓄積したり，卓抜なアイデアを出

第10講　紛争解決の技術

したり，論理の枠組みをつくったりすることは，結局何を目指しているかと言えば，それは，よい解決案ということになる。古今東西，紛争解決のエッセンス，すなわち，紛争解決の核は，よい解決案に他ならない。したがって，具体的で分かりやすい解決案をつくることが，紛争解決の第10番目の技術となる。

　どんな複雑な事件でも，解決は簡潔なものになる。このことは，実際に紛争解決をした経験がある人ならば，誰でも体験していることだと思う。また，結論が簡潔であればあるほど，成功率が高いと言える。生命を脅かしていた癌でも，取り出してしまえば掌に乗るものであろう。これと同じように，血眼になって争っていた複雑な事件も，解決してしまえば，1枚の和解契約書になるはずである。このことを見据えて，すなわち頂上の1点を睨んで，ひたすら具体的で分かりやすい解決案を探し当てることが肝腎である。

　第11に，解決案を発見できれば，あとは当事者をそこに誘導すればよいだけである。ちょうど飛行機が滑走路に着陸するように，スウーと滑り込むのがコツである。そのためには，適切な言葉を使って，当事者を案内すればよい。ここまでくれば，技術というほどのものを使わなくても，自然流で無事解決できる。

　以上が私の考えている紛争解決の技術である。ここでは和解にウエイトが置かれているが，紛争解決学は私的自治の原則に基づく合意による解決を重視しているのであるから，それは当然のことである。

　とは言え，私も，いつもうまくゆくわけではない。ときどき四苦八苦して往生する事件にぶつかる。しかしそれでも，これらの技術を思い起こして紛争解決に当ると，何とかよりよい解決に辿りつくことができる。すなわち，意識して技術を蓄積し，意識してその技術を使用すると，事件解決の質と量を豊富にし，成功率を高めることができるのである。

　1　例えば，交渉論の立場から，ロジャー・フィッシャー，ウィリアム・ユーリー，ブルース・パットン著・金山宣夫，浅井和子訳『新版ハーバード流交渉術』（ＴＢＳブリタニカ，1998年），太田勝造『民事紛争解決手続論』（信山社，1990年），またエスノメソドロジーの立場から，樫村・前掲書『「もめごと」の法社会学』，紛争の渦中の厖大な言葉を扱ったものとして，水谷・前掲書『呪・法・ゲーム』，裁判官の実務から，草野・前掲書『和解技術論』

技　術

2　ミヒャエル・エンデ著・大島かおり訳『モモ』(岩波書店, 1976年) 20頁〜30頁。円形劇場に住む小さなモモは, 人の話を聞く才能を持っていて, 彼女がただじっと座って注意深く聞いていただけで, 激しく争っていた2人の男はその原因に気づいて和解をする。
3　廣田・前掲書『紛争解決学』(旧版) 279頁〜287頁

第11章 和　　解（1）

和解へのアプローチ

　『仲直り戦術――霊長類は平和な暮らしをどのように実現しているか』の著者ドゥ・ヴァールは，攻撃の研究は精力的に行われているにもかかわらず，人間の私的な交渉における和解のデータが驚くほど少ないと述べ，次のように言っている。

　「私は，最近，人間の攻撃性を研究している世界的に著名なアメリカの心理学者に，和解について何がわかっているのかとたずねた。ところが，彼はこのテーマについて何も知らないばかりか，その言葉が新奇なものであるかのように私を見たのである。私は，もちろんこれをいくぶん誇張して書いている。しかし，それは問題ではない。彼は，この質問に考え込んでくれたものの，明らかにこの概念について考えたことがなかったのだ。人間どうしの争いは避けがたいものであり，攻撃には長い進化の歴史があるのだから，論理的に言えば，問題処理のための強力なメカニズムがあるはずだと私が主張したとき，彼の興味はいらだちに変わった。彼はこうした進化の道筋を理解しようとせず，あいかわらず，いちばん大切な目標は攻撃行動の原因を理解しこれを取り除くことにあるのだとの主張を繰り返したのである[1]。」

　確かに，紛争の研究と比較すると，和解の研究は極めて少ない。国会図書館で調べても，和解に関する本は，宗教書か，さもなければせいぜい訴訟上の和解を論じたものしかない。

　しかし，注意深く周囲を観察すると，近年和解の重要性が認識され，和解への期待がふくらんできたことが分かる。そして，さまざまな角度から和解へのアプローチが試みられていることも理解できる。そこでまず，それらのアプローチの在り方をここで概観しておきたい。

和解へのアプローチ

　冒頭にドゥ・ヴァールを引用したので，まず霊長類学からのアプローチを見てみよう。彼は前掲書の中でチンパンジー，アカゲザル，ベニガオザル，ボノボ（ピグミーチンパンジー）の霊長類をとりあげ，その和解行動を豊富な事例をあげて分析している。例えば，ボノボは，争いのあとに性的接触が増えることを指摘し，性的な和解の技巧は，ボノボにおいて進化の頂点に達していると言い，次のように述べている。

　「社会的性行動というものを考えずに，ボノボの社会をとらえることはできない。それは，いわば潤滑油のないエンジンのようなものだろう。性的な紛争解決の手段は，ボノボの社会をまとめるカギであり，それぞれが，幼いころからその戦術的な価値を学んでいる。（中略）人間の祖先は，相手をなだめ相手と結びつける性の役割を通過して進化してきたのかもしれない[2]。」

　この記述は，紛争解決と性という紛争解決学の1つの重要なテーマの存在を示唆しているが，これに限らず，霊長類学が和解の重要性を認識し，そのメカニズムを解明するという方法でアプローチを試みていることは明白である。

　また，ゲーム理論からのアプローチも力強いものがある。
　アクセルロッドが反復囚人のジレンマ・ゲームのコンピュータ選手権を開催したところ，最初は協調行為をとりその後は相手が前の回にとったのと同じ行為を選ぶプログラム「しっぺ返し」が優勝したことについては，第7講で述べた。彼はさらに，協調関係が進化し得ることについて分析し，次のように結論を出している。

　「協調関係の基本は信頼関係でなく，関係の継続である。条件さえ整えば，試行錯誤を通じて相互に報酬を得られることを学んだり，他の者がうまくやっているのを真似したり，または，自然選択という機会的プロセスによってうまくやれない戦術が除去されたりして，プレイヤーどうしが互いに協調しあう関係を実現できる。互いに相手を信じようと信じまいと，長い目で見ればそれはあまり重要なことではなく，互いに協調しあう安定した条件が熟しているかどうかが問題なのである[3]。
　いったん互恵主義がうまくいくということが人々の間に広まると，それ

第11講　和　解（1）

は実行に移される。（中略）互恵主義の価値は，自分だけが奇をてらって採用するときだけうまくいくというわけではなく，皆の間に広まれば広まるほど有効性を固めていく[4]。」

　この分析は，紛争解決の在り方についてもなかなか示唆的である。
　やや大胆にあてはめることになるが，訴訟は常に相手を裏切る「全面裏切り」戦術に似ている。なぜならば，訴訟は当事者双方が100対ゼロの勝ち負けの力学に引っ張られるので，まさしく囚人のジレンマに陥り，相手に痛撃を与える主張，立証に終始するからである。すなわち，うっかり協調して相手に裏切られると，自分は得点を稼げないばかりか，相手に得点を稼がれてしまう。したがって，双方とも「全面裏切り」のカードを出すことになる。判決によって必ず勝ち負けが決まるところは，「全面裏切り」どうしの争いが引分けになるのとは結果を異にするが，全体を通してみると双方の得点（利益）の総和が低くなることは同じである。
　訴訟において相手がどうしても勝負にこだわれば，こちらが協調すると負けてしまうので裏切りにつき合わなければならないが，相手が協調すると分かれば，こちらも協調することによって双方の得点を引き上げることができる。
　したがって，紛争が起こったときには，当事者双方は互いに相手の出方を探りながら，「協調」か「裏切り」かのカードの切り方のタイミングを狙うことになる。相手が「しっぺ返し」と分かれば，こちらも協調して，相手に得点を与えながら自分も得点を獲得する和解に望みをかけた方が得策である。このようにして和解の道が拓けてくれば，双方の得点の総和を高めることができる。
　これが1つの紛争を巡る和解への道筋であるが，社会全般を見るとどうなるであろうか。
　「全面裏切り」が全体にゆきわたっている社会の中に「しっぺ返し」の小さな一団が割り込んでくると，「しっぺ返し」は内輪づき合いをして高得点をあげるようになってくる[5]。先住民の「全面裏切り」信奉者たちが相変わらず裏切りばかりをやって，勝った負けたと一喜一憂しているのを尻目に，「しっぺ返し」は内輪づき合いで和解による高得点をあげつつ，「全面裏切り」にぶつかると協調せずにそこそこの勝負を挑む。かくして，ゲーム（紛

158

争）が反復されるに従って，関係継続の価値が尊重され，「しっぺ返し」のシェアが広がって，「全面裏切り」は片隅に追いやられて行く。

　このことも，訴訟と和解にあてはめることができる。すなわち，訴訟システムが全体にゆきわたっている社会の中に和解システムを使用するグループが割り込んで高得点をあげるようになってくると，関係継続を重視する和解のよさが享受され，そのシェアを拡張するようになってくるのである。

　このように，裏切りから協調へ，訴訟から和解へという方向は，反復囚人のジレンマ・ゲームからも説明できる。すなわち，ゲーム理論からの和解へのアプローチは，強力で明晰であると言わなければならない。

　ここまでくると，体系的な「和解学」が存在してもおかしくない。私がかつて国会図書館で検索したところ，タイトルの中に「和解学」の単語がある著書は「ひとつも見つかりませんでした」だった。けれども，視野を海外にまで広げると，どこかに和解学が存在していることはあり得ることだろう。しかし，仮にあったとしても，まだポピュラーなものにはなっていないと思われる。

　もし，和解学が存在するとしたら，そのかなりの部分は紛争解決学と重なり合うと思う。しかし，和解学は紛争解決学とは領域を異にするし，その方法にも異同があると考えられる。いずれにせよ和解学と紛争解決学は，相互によい刺激をし合って，ともに発展するであろう。

　今，視野を海外にまで広げると言ったが，その足音はすぐそこに聞こえるのである。

　毎日新聞の「紛争解決，和解のために」と題する記名記事を読んでみよう。

　「9・11同時多発テロ事件」から約4カ月。「正義か邪悪か」「敵か味方か」といった二元論でなく，もっと長い歴史の流れの中で出来事を理解しよう，とする空気が広がっている。敵対する集団や個人の間に立って，紛争解決，そして和解へと向かわせる努力。私が最近接触した2つの動きを紹介し，「調停者としての日本人の役割」を考えてみたい。平和憲法は「戦争をしない」というだけでなく，「国際平和の達成に全力を挙げる」ことを求めているのだ。

　その1つ。テロ事件のあと，米国各地で白人がイスラム系の人々を襲う

第11講 和　解（1）

「憎悪の犯罪」が多発した。その中のある事件の当事者に「仲直りさせよう」と，いま一人の日本人留学生が奔走している。

　ジョージメーソン大学（バージニア州）紛争分析解決学部博士課程の新井立志さん（32）。10月初めにワシントンで平和問題の学習会に参加した。テーマは，地元の非イスラム系の男性（49）が，たまたま「アフガン・ベーカリー」と店名が大書された車と出合い，運転していたアフガニスタン系米国人（33）に殴りかかり，けがをさせたというケースについて「事件の当事者が和解する方法」の検討だった。（中略）

　これだけなら「机上の空論」と冷笑されそうだが，新井さんが「実際に当事者に会って仲直りさせようよ」と提案。被害者側はシナリオに沿って，加害者の行為に反発する近隣のアフガン人たちに「和解」を伝えることを承諾した。これを踏まえて加害者側とも話を進め，両者が握手するよう働きかける。

　その２。世界の紛争地に出かけて「第三者としての非暴力的介入」で問題解決を目指す非政府組織「国際平和旅団」（略称ＰＢＩ，本部・ロンドン）に初めて日本女性が参加する。横浜市に住む派遣社員，野田真紀さん（26）。日本人としては３人目だ。２月初めまでにインドネシアへ出発，海外からの団員約10人とともに，ジャカルタやアチェなどで民主主義や人権運動に携わる地元の活動家らに付き添い行動する。（以下略）
（2002年１月９日付毎日新聞・長谷邦彦（大阪特報部）「記者の目」）

「紛争分析解決学部」の存在も私にとっては刺激的だが，和解学もどうやら実践が先行しているらしい。

　和解へのアプローチは，まだまだたくさんある。最近では，文学６でも宗教でも，その他ありとあらゆるところで「和解」の文字を目にするようになった。しかし，あまり話が拡散するのもよくないので，それは来るべき和解学に譲ることにしよう。

　けれども，ここで裁判上の和解に言及しなければ，紛争解決学としては十分ではないだろう。裁判上の和解については，第13講で詳しく述べるので，ここでは和解へのアプローチという観点から，その位置づけだけをしておくことにしたい。

和解へのアプローチ

　裁判所には「和解判事となるなかれ」という戒めが旧くから伝えられており，裁判が正道で和解は邪道という考えが支配していた。しかし，裁判上の和解は，むしろ正道であるという考えが裁判所の内部からも公にされるようになって，現在では和解を積極的に評価する考えがむしろ主流になったと言ってもよいだろう。草野芳郎裁判官は，「判決派は，私が「判例タイムズ」の和解技術論を出した昭和61年（1986年）当時でも有力でした。当時の私は，ある種の緊張をもって和解派を名乗ったのです。しかし，現在では，ほとんどの裁判官が積極的に和解を進めており，判決派の考え方は極めて少数となりました[7]」と言っている。私が前掲書『弁護士の外科的解決法』で裁判外の和解を提唱したのは1988年だったが，当時の私も相当の緊張感を持っていた。今や和解派を名乗ることに緊張する必要はなくなったが，その当時を思うと隔世の感がある。すなわち，この10数年の間に，裁判上の和解は押すに押されぬものになったのである。

　司法統計年報（2008年）によれば，全地方裁判所の第一審通常訴訟既済事件数は，欠席判決その他を除けば，判決で終結する事件は約4万件であるのに対し，裁判上の和解で終結する事件は約5万5000件である。すなわち，判決よりも裁判上の和解の方が相当上廻っているのである。

　また，水俣病の民事訴訟が和解で解決することは，ひと昔前には想像ができなかった。しかし，各地の裁判所で和解が勧試され，現実に和解で解決されたことは公知の事実である。川崎製鉄の大気汚染公害責任が争われた千葉川鉄訴訟も，1992年8月10日，東京高等裁判所において和解で解決した。

　この潮流はその後も続き，トンネルじん肺訴訟（2001年2月14日付朝日新聞）など，社会問題になった大型訴訟でも，裁判上の和解で解決した例は，枚挙に暇がないと言ってよいほどである。

　このように，裁判所の中においても，和解へのアプローチが深く大きくなってきたことは明白である。

1　ドゥ・ヴァール・前掲書『仲直り戦術——霊長類は平和な暮らしをどのように実現しているか』259頁
2　同書25頁
3　アクセルロッド・前掲書『つきあい方の科学』189頁

第11講　和　解（1）

4　同書197頁
5　このことについても，アクセルロッドは同書56頁～72頁で詳細に論証している。
6　私も，前掲書『壊市』，『地雷』，『蘇生』の小説三部作を書いたが，「先取り」のテーマに織り込んで，和解を主要なテーマの1つとして加えている。
7　草野・前掲書『和解技術論』9頁

和解の歴史的意義

　ドウ・ヴァールをして「データが驚くほど少ない」と言わせた和解も，これほど各方面からアプローチが試みられるようになってくると，その奥に歴史的必然性とも言うべき何か大きなものの存在を感じさせる。そこで，和解が必要とされるようになった歴史的必然性，すなわち，和解の歴史的意義をここで探究しておくことにしたい。
　このことについても，さまざまな角度から論ずることが可能である。
　第1に，近代が成立した当初には，これほど社会が複雑になることは予測されていなかっただろうが，とくに高度経済成長以降は，社会や経済の仕組みが格段に複雑になったことがあげられる。国内における仕組みが複雑になっただけではなく，国際的にもボーダーレスの社会になって，海外から人や物資や情報が溢れるように流入し，またそれらが海外に流失する。経済は資本や商品や情報の流出入を抜きにしては語れなくなり，それに伴って複雑な紛争が起こってくる。
　また，古い価値観は忘れられ，新しいモードの波が押し寄せてくる。多様な価値観が生まれ，その相違が対立関係をつくり出す。そして，かつては普遍的に存在していた共同体のシステムは，今やほとんど消失した。
　しかし一面では，個人の権利が確立したとも言えよう。個人の権利の確立はそれ自体は望ましいものではあるが，それは同時に個々の権利や利害の多様化をもたらしたために，いったん紛争が発生すると，相互の権利や利害が錯綜して，解決の道筋を発見することが困難になった。
　それらの諸現象がますます人々や企業の自己主張を強くさせた。しかし，解決の拠り所とする規範の方もまた多様化し，複雑になってきた。そしてこのことは，規範の崩壊現象に拍車をかけることになった。
　この社会，経済の複雑化，価値観の多様化，規範の相対化・崩壊現象とい

う極めて現代的な問題に対しては，従来の訴訟を中心とする紛争解決システムだけでは対応することができなくなってきた。そこで，新しい紛争解決システムが模索されるようになり，和解の重要性が人々に認識されるようになってきたのである。

　第2に，規制緩和，自己責任という現今の社会的，政治的潮流からの歴史的必然性である。

　右肩上りの高度経済成長が終焉し，わが国では長期の経済的逼塞状態が続いている。この状態を打開するための方策として規制緩和が叫ばれ，さまざまな局面で規制緩和の政策が現実に打ち出されている。

　高度成長の時代には，行政が規制を設けると同時に，人々を保護し企業を援助する政策をとっていたが，規制緩和の時代になると，行政は規制の枠を外すとともに，人々や企業の自己責任に委ねることになった。すなわち，規制緩和政策が志向するところは，競争原理を導入することによって経済を活性化しようということであるが，このことは，わが国ばかりでなく，いわゆる先進諸国が採用している基本的な政策であったことは周知のとおりである。

　この規制緩和，自己責任の潮流は，紛争という法現象に何をもたらしたかというと，それは，自分の紛争は自分で解決せよ，ということに他ならない。すなわち，当事者の合意に基づいて，紛争を適切に解決するという道筋をはっきりと浮き立たせることになったのである。

　競争原理は，紛争解決以外の経済活動の分野で働く原理であるが，その競争原理をそのまま紛争解決の局面に持ち込まれると，対立関係が硬直化して出口が見えなくなる。したがって，紛争解決の場面では「競争」よりも「協調」が望まれることが多くなる。そのことは，自分の紛争を自分で解決するという自己責任の原則に呼応している。

　このようにして，規制緩和，自己責任という観点からしても，和解の重要性が認識されるようになったのである。

　第3に，私的自治の観点から，和解の歴史的意義を考えてみよう。

　民事の紛争はもともとは国家権力に関係にない私人間の争いであるから，その解決は当事者自身に委ねる方が望ましい。その私的自治を促進する方法が和解に他ならない。

　現代人は，規範の崩壊現象を目の当たりにしながら，複雑な社会，経済の

第11講　和　解（1）

中で，多様な価値観を持って生活している。このことについて別の見方をすれば，自我が確立し，個として尊重されなければならなくなったということである。したがって，現代人はようやく法的主体らしくなったと言うことができよう。近代がはじまって早々に唱えられた「私的自治」が，地球上の資源が枯渇し，他国を征服できなくなり，人権の尊重が切実になった今日に至ってはじめて，現代的装いを新たにして，ここで蘇ってきたのである。その私的自治を支える基礎の多くの部分は，和解によって組み立てられているのである。

第4に，法の支配の関係から，和解の歴史的意義を考察しておきたい。

前に述べたとおり，法の支配は近代以降の社会の基本原理であり，武力の支配に対置される概念である。またこれもすでに述べたことだが，武力の支配から法の支配へと移行したときに，武力で勝ち負けを決めていたことが，法で勝ち負けを決めるようになった。すなわち，和解をせずに訴訟システムだけを使用するのであれば，「武力」が「法」に変わるだけで，「勝ち負け」は残ってしまうのである。

しかし，訴訟は半数の勝者と半数の敗者をつくる。勝者は法を自分のものにすることができるが，敗者は自分のものにできないばかりか，ときには法に敵対的になる。

これに対し，和解は「勝ち負け」の部分を変える。すなわち，和解には勝者も敗者も存在せず，自らの納得のもとに解決するのであるから，すべての当事者が法を自分のものにすることが可能になる。そして，その方がはるかに「法」は浸透し，法の支配はよりいっそう貫徹するようになる。

ここで，私的自治と法の支配とを併せて考察してみよう。法の支配が貫徹され，人々が法を自分のものにすることができるようになると，人々は，自分の紛争を自分で解決する能力をどんどん身につけるようになる。すなわち，私的自治は，自己増殖の運動過程に入るのである。そして，法の支配と私的自治とが好循環の軌道に乗り，その結果人々に多くの福利をもたらす。

やや大袈裟になるが，和解にはこのような歴史的転換の可能性が秘められているのである。

第5に，循環型社会という観点から，和解の歴史的意義を見ておかなければならない。

和解の歴史的意義

　2000年6月に循環型社会形成推進基本法（平成12年6月2日法律110号）が施行されたが、この法律の制定を待つまでもなく、持続可能な循環型社会を形成することは、世界中が志向する問題になっていた。
　このことを紛争にあてはめれば、今や、社会も経済も、紛争のために多くのコストを費消することはできなくなってきたということになる。
　しかし、人々が生活し、企業が活動する以上、紛争が発生することを避けて通ることはできない。したがって、その紛争を可能な限りコストをかけず、ロスを最小限に抑えるシステムを持つことは、切実な要請になってきたのである。
　もし、1つ1つの紛争にいちいち国家権力を発動し、強制執行をしなければならないとすれば、そこに費やすコストは、莫大なものになるであろう。しかし、和解によって紛争を解決すれば、そのようなコストは不要になり、ロスは少なくなる。
　ある人が今、紛争を和解によって解決したとしよう。和解の重要性を認識し、そのよさを享受した彼（もしくは彼女、以下同じ）は、そのことを自己のものとして内在化してしまうであろう。その彼が、また別の紛争に直面した。しかし彼の相手方も、かつて和解によって紛争を解決した経験があり、和解のよさを自己のものとして内在化しているとする。それでも紛争は回避できずに、2人は相対峙することになった。そこで彼は、十分に主張し、相手方の主張を聞く。そして、相互に相手の言い分を理解し、適切な紛争解決規範を使って、納得のうえで和解をする。このプロセスを通じて、彼は相手方を認め（recognize）、自己に力をつけて（empower）、社会に戻ってくる。そこには勝者も敗者もおらず、合意に基づいて解決したのであるから、双方の継続的関係は維持される。
　訴訟は、法の違反者にサンクションを与えるための有権力の行使であるから、その目指すところは、法秩序の回復である。したがって、当事者間の関係が遮断されてもやむを得ないとされている。しかし、和解の目は将来に向けられているから、重視されるのは当事者間の関係の改善である。
　このことを社会全体の視野で見てみよう。和解においては、紛争当事者の一方に敗者の烙印を押して社会から脱落させることは望まれない。逆に、その社会の構成員が紛争に陥ったとしても、紛争解決のプロセスを通して蘇ら

第11講 和　解（1）

せ，健全な構成員として復活させることを目指している。すなわち和解は，健全な構成員によって社会を組み立てることを目指す仕組みに他ならない。

したがって和解は，循環型社会を志向しているのである。このことは，地球上の資源が枯渇し，持続可能性の高い循環型社会が目標とされることと見合っている。やや比喩的な表現になるが，和解は，循環型社会の紛争解決版なのであって，ここに和解の極めて重要な歴史的意義が存在するのである。

以上が和解の歴史的意義である。和解にはここに述べたような歴史的意義を有していることは確かであるが，実際に和解がその歴史的意義どおりに役割を果たしているかといえば，必ずしもそうではない。すなわち，和解のよさはまだ人々に知られておらず，十分に浸透していないのが現状である。

平たく言えば，和解とは，争いをやめて仲直りすることである。ただそれだけの単純なことであるが，ヒトという動物はよほど和解を苦手としていると見え，和解をひろく世の中の原則として敷衍することにはまだ成功していない。すなわち，人間の歴史は専ら争いの歴史として語られており，和解はまるで刺身のつまのようにしか扱われていない。また，先ほど文学のうえでも和解の文字を見るようになったと言ったが，争いをテーマにした血なまぐさい文学はまだまだ有力な位置を占めている[1]。したがって，和解よりも争いに関心が寄せられている現実があることは否定できないが，そのことをここで詳しく論証する必要はないだろう。しかし，この現実を厳粛に受け止めつつ，和解のよさをひろめ，社会に浸透させるために，和解に関する研究を地道に深める必要があると思う。そしてその深奥に迫るためには，和解の論理構造を解明しなければならない。

1　当然のことであるが，私は争いをテーマにしている文学に問題があると言っているのではない。むしろ逆に，争いをテーマにした文学にすぐれたものがあると言わなければならない。これもまた当然のことであるが，それらのすぐれた文学が争いを奨励しているわけではない。それもまた，逆である。例えば，G・ガルシア・マルケス著・高見英一訳『悪い時』（新潮社，1982年），イスマイル・カダレ著・平岡敦訳『砕かれた四月』（白水社，1995年）などは和解を論ずる者の必読書であるが，これらのすぐれた小説を読むと，人の遺伝子に深く刻み込まれている争いの凄まじさがよく分かる。

　しかし一方，和解する遺伝子も，人は持っているはずである。また，和解する

和解の歴史的意義

知恵も人の脳の中に組み込まれていることは確かである。これからは、争いと和解が遺伝子や脳の中にどのように組み込まれているかがテーマになり、その研究を通じて、和解の意味を問い直さざるを得なくなるであろう。

第12講　和　　解（2）

和解の深奥に迫る方法

　前講で述べたように，和解とは争いをやめて仲直りすることである。しかし，ただそれだけの単純なことを人間は苦手としていたので，私も，和解へのアプローチや歴史的意義から和解の重要性を説き起こさなければならなかった。これは言わば，和解についてのマクロ的な考察であると言えよう。しかし，和解の深奥に迫るためには，よりミクロ的な方法を採用する必要がある。

　すなわち，和解をするためには当然「どのようにすれば争いをやめることができるのか」，「どうすれば仲直りをすることができるのか」という問題に直面するのであるから，第10講の「技術」で述べたように，言葉という道具を使うことが必要になってくる。したがって，和解において，どのような言葉をどのように使うのかを知る必要があり，そのために和解の論理構造を解明することが不可欠になるのである。

　ところで，和解は紛争解決のゴールである。しかし，紛争解決のゴールは和解だけではない。仲裁における仲裁人の仲裁判断や訴訟における裁判所の判決なども，それぞれ紛争解決のゴールであると扱われている。したがって，和解は紛争解決のゴールの1つではあるが全部ではない。しかし，若干の主観的な評価を加えることになるが，紛争解決学においては当事者の合意を重視するから，当事者の納得の総量という観点からすれば，和解は和解以外の紛争解決よりも一般的にはより望ましい解決方法であると言える。

　ここで，紛争解決学の定義を想起すれば明らかなように，合意に到達することを意味する和解は，もともと紛争解決学の中心的な課題なのである。

　すなわち，「和解」という言葉は，合意に到達するゴールの地点だけを意味しているわけではない。そのゴールに到達するまでのプロセスをも含めて

「和解」という言葉で表現しているのである。結論も重要であるが，結論に至るプロセスもまた重要である。したがって，和解の深奥に迫るためには，そのプロセスと結論の全体について，あたかも解剖図を作るような作業が必要になるのである。その1つとして，和解の論理構造を解明する方法があるのだと私は考えている。

　なお，プロセスに関して言えば，紛争当事者が当初から和解をする前提で相対交渉に入り，最終的に合意に到達する道筋だけが和解ではない。紛争解決システムは，相対交渉に限らずさまざまなものがある。例えば，第三者の調停人を挟んで当事者が和解をすることもあるし，裁判上の和解もある。したがって，この講における和解についての考察は，紛争を和解によって解決することを目指すすべての手続とその内容に及ぶことにしたい。具体的に言えば，相対交渉による和解のみならず，あっせん，調停等の裁判外紛争解決機関（ＡＤＲ機関）における和解や裁判上の和解等の裁判所内で行われる和解等々，その名称の如何にかかわらず，和解に関する共通のテーマを扱うものである。したがって，ここで述べることは，とくに断らない限り，すべての和解のプロセスとその結論であると理解していただきたい。

　ここで注意を要するのは，これまで和解の中核は「互譲」であると言われていたが，私はそのような単純なものであると考えていないということである。すなわち，和解は，一般的には，紛争当事者が互いに譲歩し合って合意をとり結び，その紛争をやめることであると説明されている。しかし，互譲という言葉は外延が大きく，曖昧である。この曖昧さが，和解はいいかげんなものである，足して2で割るやり方に過ぎない，という誤解を招いていた。そして，その誤解が和解の積極的な価値を長く覆い隠していた。

　私は，和解を語るときには，互譲という言葉を使わない方がよいと思っている。確かに，和解をするときには，互譲は必要であるし，互譲があった方が和解はしやすい。しかし，紛争というシビアな破壊的な場面では，互譲だけではとうてい綻びを縫い合わせることはできない。互譲よりも，もっとしっかりした糸で縫い合わせなければ解決には到達できないものである。すなわち，互譲はあくまでも従たる役割しか果せないものである。それでは，主たる役割は何が果すのだろうか。ここでまた紛争解決学の定義を想起する必要があるのだが，それは，紛争解決規範に他ならない。

第12講 和　解（2）

　以上により，和解を簡潔に定義するとすれば，紛争当事者（調停人，仲裁人，裁判官などの第三者や弁護士などの代理人が参加しているときには，それらの人々を含めて）が紛争解決規範を使い，合意によって紛争を解決するプロセスとその結論であるということになる。

　そこで，いよいよ和解の論理構造を解明することになるが，和解は柔軟で不定形な手続であるために，それ自体として掌握されやすい形になっていない。私は，そのことが和解についての研究が深まらず，和解の深奥に迫ることができなかった原因であると考えているが，それはすなわち，和解の論理構造を解明するためには工夫を要するということに他ならない。そこでその工夫の1つとして，まず和解の利点と特徴を見ておきたい。和解の利点と特徴は，和解の論理構造の道標となるからである。見方を換えれば，和解の論理構造の在り方から，和解の利点や特徴の多くが出ているのだと言うことができる。したがって，和解の利点と特徴を見ることによって，和解の論理構造が浮かび上ってくるのである。そこで次に，和解の利点と特徴をおおまかに見ることにする。

　しかし，それだけでは和解の深奥に迫ることはできない。困難なことに，和解の論理構造が柔軟で不定形であるために，それだけを考察しても明確に掌握することはできないのである。そこで，訴訟の論理構造と比較することによって解明することを試みたい。言わば，訴訟という鏡に映しながら和解の論理構造を探究するのである。そのような方法をとることによって，和解の論理構造をようやく明確に理解することができるようになる。そこでその次には，まず鏡の方の訴訟の論理構造を明らかにし，それと和解の論理構造とを比較検討する方法で，考察を深めることにしたい[1]。

　　1　この講における和解の論理構造等に関する論述は，廣田・前掲書『紛争解決の最先端』及び同『民事調停制度改革論』においては裁判外紛争解決（ＡＤＲ）のそれとして論じたものが多い。しかし，ＡＤＲのおける和解は，広く一般で行われる和解と共通のものであるから，本書では，ＡＤＲの箇所にではなく，この和解の講に置くことにした。したがって，ＡＤＲの論理構造は，そこで和解がすすめられている限り，本講の和解の論理構造と同一であると考えていただきたい。もっとも，利用する手続如何によって，ここで論述する論理構造が明確に出たり出なかったりする等若干の相違が生ずることがある。それは，具体的ケースに

170

よってバラツキが出るという当然の帰結であるが，そのことをも含んでおいていただきたい。

和解の利点と特徴

　和解の利点や特徴については，法社会学者なども多くの関心を寄せ，いろいろな方向から論じられている[1]。

　したがって，他の文献と重複するかも知れないが，私なりの表現でまとめてみると，和解の利点と特徴は，次のようになるかと思われる。

　第1に，訴訟は過去の事実の存否に目が向けられるが，和解の視点は将来に向けられている。したがって，当事者双方の利害をうまく噛み合わせることによって，生活設計や事業計画を折り込みながら解決することが可能になる。

　和解のよさを協調する例として，オレンジを巡る姉妹の争いがよくあげられるが[2]，ここでは少しヴァリエーションを加えて考えてみたい。

　例えば，ミカン山のミカンの所有権の存否を争って訴訟をしたとする。争っているうちにミカンが熟れ過ぎて，使い物にならなくなるかも知れない。ところが当事者の利害をよく聞いてみると，一方はミカンの中身をとってジュースにして売ろうとしており，一方はミカンの皮をとってママレードにして売ろうとしていることが分かった。和解なら，中身と皮を分け合って，2人とも事業として成功することができる。しかし，訴訟ならば，相手がどんな事業を考えているかなどということは単なる事情として扱われ，重要な事柄ではない。土地の所有権と立木との関係，明認方法は何か，果実とは何か等々，気の遠くなるような過去の事実を，丁々発止と闘わさなければならない。これではとうてい収穫の時期までには終わりそうはない。仮にうまく収穫の時期までに白黒がついたとしても，ジュース業者が勝てば皮は捨てるだろうし，ママレード業者が勝てば中身はいらないだろう。

　紛争解決にあたって，過去に目が向いているか，将来に目が向いているかということは，これだけ差が出てくるのである。

　第2に，和解は法の欠缺を埋める形で解決をすることができる。その例としては，入会権の事件を和解で解決した例をあげることができるが，すでに述べたのでここでは繰り返さない。

第3に，和解によれば，法律が予定していない方法でも解決をすることができる。その例としては，借地人が借地権を金銭に換えたい場合があげられるが，これについては後に述べることにする。

　第4に，和解においては，多様な解決をはかることができる。すなわち，和解には100対ゼロの勝ち負けという解決以外に多様な出口がある。これも借地人が借地権を金銭に換えたい場合にあらわれるので，後に説明する。借地人が借地権を金銭に換えたいときの例は，法律が予定していない方法の解決例であると同時に多様な解決方法がある例にもなるので，1つの例で2つの利点・特徴を解説することにしたい。

　第5に，和解は，解決方法においても，手続においても柔軟性に富んでいるという特徴がある。これは，和解の利点であるが，一方では和解が不定形で掌握しにくいという批判の対象にもなっている。

　第6に，現実的な問題になるが，訴訟に出しにくい事件，出せない事件を手かけることができるということである。例えば，訴訟は公開が原則なのでプライバシーが公になってしまうが，非公開が原則の和解であれば，プライバシーを守ることができる。

　第7に，これも現実的なことであるが，訴訟をすれば多くの時間がかかるが，和解であれば比較的迅速に解決することができる。訴訟をすれば，判決をとるまでに長時間の歳月を要し，終わったときには世の中が変わってしまっていて，争っただけの意味を見出せなくなってしまうこともあるが，和解ならば，当事者の生活事実にタイミングを合わせながら解決することができる。

　第8に，社会の変動によって生まれてくる新しい権利を取り入れて解決することができるという利点をあげることができる。その例として等価交換があるが，これについても後に説明する。

 1 例えば，六本佳平『法社会学』（有斐閣，1986年）239頁〜240頁
 2 ロジャー・フィッシャー外・前掲書『新派ハーバード流交渉術』88頁。なお，ミカンを争う姉妹の設例については，廣田・前掲書『紛争解決学〔新版増補〕』429頁〜442頁

訴訟の論理構造と和解の論理構造

　そこでいよいよ和解の論理構造を解明することになるが，その方法として，まず訴訟の論理構造を説明し，それと対比しながら和解の論理構造を解明することにする。

　その前に，これから「権利」という言葉がよく出てくるので，その意味を明確にしておきたい。

　私は，「権利」という言葉を「訴訟に提出した書証，人証，法規範，学説，判例，慣習，道義，価値観などの総体及びその価値判断」という意味で使うことにしている。ただしこれは，訴訟を念頭に置いたものであって，訴訟以外の紛争解決システムを念頭に置くときには，「訴訟に提出した」という言葉を「当事者が持っている」とか「当事者が主張する」という言葉に適宜置き換えなければならない。

　この定義については，伊藤滋夫教授から「廣田弁護士は現実の権利というものを考えるに当たっては，訴訟における立証状態も含めて考えるべきであるとの態度を採っておられるのであるが，さらに法規範，学説，判例などの面からみて，問題となるある状態を法的に評価してどの程度一方の当事者が実質的に権利を有しているといってよいかという問題も含めて考えておられる[1]」と指摘していただいたが，まさにそのとおりである。したがって，私の言う権利は，訴訟の各段階で動くものであるが，判決言渡し直前の段階では，法規範などによるすべての評価を終えて，専ら裁判官の脳裏の中に表現されている。

　ところで，訴訟は言葉でできているシステムである。そのことは，相対交渉や調停などによる和解でも同様である。さらに言えば，仲裁判断や裁判上の和解も，言葉でできているシステムであることは同じである。すなわち，ここで言う論理構造とは，言葉でできているシステムであると言うことができる。

　さて，訴訟では，当事者がその主張と立証を，あたかも原料を機械の中に入れるように，言葉という形にしてインプットする。裁判官は言葉で考え，言葉でできている法律，判例にあてはめ，言葉でできている手続を通しながら原料を加工し，最後に判決という言葉でできた製品をアウトプットする。

　したがって，訴訟というシステムは，機械装置のようなものである。機械

第12講　和　解（2）

装置であるから，そこには，その機械の仕様がある。訴訟の論理構造を解明することは，そのシステム＝機械装置の仕様書を書くことに他ならない。

そこで，訴訟の仕様書を書いてみよう[2]。そして，訴訟の1つの仕様に対比する和解の仕様を述べるという方法で考察を進めることにする。

仕様の第1は，訴訟は原則として100対ゼロの勝ち負けという形で結果が出ることである。

訴訟の中には，誰の目からみても白黒が明らかであるという事件がある。そのような事件については，100対ゼロの判決で勝ち負けを決めることは格別おかしいことではない。したがって，そこでは原則として100対ゼロという訴訟の仕様に問題は起こらず，訴訟システムは健全に機能するのである。

ところが，事件の中には勝ち負けの微妙なものがある。とくに，訴訟になるほどの事件であれば，当事者双方に相応の権利があるので，100対ゼロで割り切れるものばかりではない。そのような事件でも，裁判官は双方の権利を秤にかけて，勝ち負けを決めなければならない。

誰の目からみても白黒が明らかな事件は，訴訟のシステムは通常適切に作動するから，議論の対象から外すことにしよう。問題になるのは，秤にかけても右に傾くか左に傾くかよく分からない事件や，ある裁判官が秤にかければ右に傾くが別の裁判官が秤にかければ左に傾く事件が，けっこうあるということである。

訴訟において，当事者双方から提出される書証，人証，法規範，学説，判例，慣習，道義，価値観などの1つ1つの資料と判決の結果との因果関係を実証的に結びつけることは，多くの場合不可能なことであろう。また，ありとあらゆる資料を価値評価し，これを総合して権利の重さとして数字であらわすことも，極端な場合を除いて，まず不可能なことである。しかし，「秤にかける」という操作が現実に行われていることは確かであり，したがって，そのことは，権利の重さについて少なくとも相対的な比較が行われていることであるから，当事者双方の権利の重さを百分比（パーセント）であらわすことは，話をすすめるうえで分かりやすく，また，現実性があることである[3]。

事実，法律実務家の間では，次のように言われている。

民事訴訟では，権利の重さが51パーセントの方が100パーセントの勝ちに

なり，49パーセントの重さがあってもゼロの負けになる，と。
　つまり，判決は，原則として100パーセントの勝ちか，ゼロの負けしかない。これが訴訟をした場合のとどのつまりの結論である。したがって，判決の結果，51パーセントの当事者は100パーセントの成果をとり，49パーセントの当事者はゼロということになる。これは，現在の訴訟制度を前提とする限り当然のこと，あるいはやむを得ないこととされている。
　そうすると，これはどういうことになるのであろうか。権利の重さが51パーセントの当事者は，裁判をしたことによって権利が100パーセントにふえたことになる。つまり，相手方から49パーセントの権利を奪ってしまうことになる。49パーセントの当事者は，訴訟に負けてゼロになるのであるから，本来持っていた49パーセントの権利を奪われてしまうことになるのである。
　言うまでもなく，裁判は国家が行う作業である。そして，負けた方は，判決のとおりに履行しなければ，強制執行を甘受しなければならない。つまり，国家権力を背景にして，一方は本来の権利に加えて相手方の49パーセントの権利を奪い，もう一方は49パーセントの権利を奪われてゼロになるのである。これは考えてみれば恐ろしいことではないだろうか。
　51パーセント対49パーセントというのは最も極端な場合を想定しているのであるが，その比率が60パーセント対40パーセントでも，70パーセント対30パーセントでも，勝った方が負けた方の権利を奪い，本来持っていた権利をふやすことは同じである。
　しかし，紛争に直面している当事者が，ほんとうに望んでいるのは，このような結論であろうか。
　もちろん紛争の中には，どうしても100パーセントの勝ち負けをつけなければならないものがある。しかし，紛争に直面した人がまず最初に望むことは，何とかして紛争を解決したいということである。したがって，ほとんどの人は，紛争が解決すればよいのであって，何が何でも勝負をつけたいと思う人はむしろ稀である。そして，訴訟を提起するときにも，ほとんどの場合は，目の前の紛争を何らかの形で解決してほしいと考えて訴えを出すのである。つまり，勝つことを望んでいるよりも，解決することを望んで訴訟をするのである。ところが訴訟は，請求権の有無を巡って行われるという構造を持っており，判決という結論は，勝ち負けという形であらわれる。そうする

第12講 和　解（2）

と，紛争を解決してほしいという最初の願望と，勝負をつける判決との間にギャップが生ずることになる。

　民事訴訟を提起し，判決で勝負をつける限り，51パーセントは100パーセントになり，49パーセントはゼロになる。これは極端な例であるが，訴訟が権利の実体から遊離して，当事者の願望から大きく踏み外す内在的な危険が，ここにあるのである。

　訴訟が原則として100対ゼロの勝ち負けを決める有権的な判断であるということは，国家の制度としての必要性があることは認められるが，紛争解決のあり方から見たときには，100対ゼロという論理構造は，事件によっては適切に機能しないことがあるのである。

　勝ち負けが誰の目から見ても明らかな事件については，100対ゼロの判決をしても問題にされることはなく，人々は，訴訟によって正義が実現されたと意識するであろう。しかし，当事者双方の権利が拮抗しているときに，100対ゼロの勝ち負けによって，勝った方が負けた方の権利を奪うことを目の当たりにしたとき，訴訟はかえって不正義な結果をもたらすと受け取る人も少なくないのではないだろうか[4]。

　そうだとすれば，当事者双方の権利が51パーセント対49パーセントならば，できることなら51対49に近いところに線を引くことこそ妥当な解決であり，また正義にかなうと言うことができる。そしてその方が，勝負をつけるよりも目前の紛争を解決してほしいという当事者の願望に合致するのである。

　ところで，訴訟の仕様の第1は，原則として100対ゼロの勝ち負けという形で結果が出ることであった。これに対比する和解の仕様は，100対ゼロの勝ち負けという形ではなく，当事者双方の権利に相応する解決をはかることができるということになる[5]。

　仕様の第2は，訴訟は原則として出口が1つであることである。

　訴訟の出口が原則として100対ゼロの判決であることは前述のとおりであるから，ここでは繰り返さない。

　この出口1つという訴訟の仕様に対比する和解の仕様は，100対ゼロの解決に限らず，それ以外に多様な出口があるということである。

　その例として，借地人が借地権を金銭に換えたいときの解決方法をあげておこう。

借地人が相続の機会や資金調達の必要があるときに，その借地権を金銭に換えたいと考えることはよくあることである。そういうときには，借地人は，まずその借地権を誰かに売ることを考える。しかし，借地権を第三者に譲渡するときには地主の承諾を得なければならない。ところがそういう場合に，すっきりと承諾する地主は滅多にいないのものである。

　借地法が1966年に改正される以前は，地主の承諾がないままに借地人がその借地権を第三者に譲渡してしまって，あとから地主から契約違反で解除され，訴訟が提起されて，訴訟の場で，黙示の承諾があったとか，解除が無効であるとか争われていた。そのような訴訟が多かったのは，借地権に財産的価値がついたこと，経済活動が活発になったことなどのさまざまな社会的，経済的変動がその背景にあったからである。

　しかし，そのような紛争について，100対ゼロの勝ち負けを決めることは，負けた方の利害を大きく損うので，実質的な妥当性を欠く結果になることが少なくなかった。もともとの借地人の願望は，借地権を金銭に換えたいというところにあったのであるから，借地人の希望を叶えつつ地主の利益を守る方法があれば，当事者双方にとってその方が望ましいはずである。そこで，借地法に第9条ノ2が追加され，地主が承諾をしなければ，借地人は裁判所に地主の承諾に代る許可を求めることができるように改正された（この条項は，1992年に施行された借地借家法にも受け継がれている）。この場合，裁判所は地主との間の衡平をはかるために，借地人に対し地主に金銭を支払うことを命ずることができるようになった。また，地主は，第三者に借地権を譲渡するのならば，自分が買い取ると申し立てて，借地人と第三者との取引に介入することもできるようになった。

　この手続は，民事訴訟法による手続ではなく，非訟事件手続法による非訟手続で行われるのである。このような手続ができたことは，100対ゼロの勝ち負けという訴訟の原則が，非訟手続を使うことによって，その限りで修正され，紛争解決の出口が1つふえたことを意味する。

　では，裁判所が非訟手続を用意すればそれで十分になったかと言うと，そうではない。社会の変化の方が裁判所システムの変化よりもはるかに激しく，その在り方は複雑なのである。だいいち，この非訟手続に乗せようとする場合には，借地人は借地権を譲り受ける第三者を探して来なければならない。

第12講　和　解（2）

　しかし，借地権は法的に不安定であるし，金融機関は借地権を担保にして融資することには躊躇するものである。
　それでは一体借地人はどうしたらよいのであろうか。
　もともとの借地人の願望は，借地権を金銭に換えたいということであった。それならば，非訟手続が予定している手続だけに頼らずにもっと他にも解決のための出口があるのではなかろうか。このように考えると，さまざまな出口が見えてくる。考えられる出口を列挙すると次のとおりとなる。
　①　地主の底地と一緒に借地人が借地権を第三者に売却する。
　この出口に出る道筋は割合簡単で，地主の底地と借地人の借地権を同時に第三者に売るという合意を取りつけたうえで，その場合の取り分の比率を決めておき，それから買い手を見つければよいのである。
　②　地主に借地権を買い取ってもらう。
　この方法はもっと簡単で，要は地主が借地権を買い取ると言えば，あとは売買代金を決めればよいだけである。これは前述の非訟手続の介入権の行使と結論は同じになるが，第三者の買手を探してきて非訟手続を経るというような迂遠なことをする必要がない。
　③　地主の底地と借地人の借地権を交換する。
　例えば，100坪の土地について借地権を持っている場合，それを60坪と40坪に切って，借地人は40坪の借地権を地主に譲渡する。これと交換に，地主は60坪の底地を借地人に譲渡する。交換後は，地主は40坪の所有者，借地人は60坪の所有者になるので，借地人が金銭をほしければ，その60坪を売却すればよい。
　④　借地人が地主の底地を買い取る。
　これは②と逆のケースであり，借地人は資金の目処をつけなければならないが，買い取り後はさまざまな利用方法や資金調達方法があり得るので，借地人のためにはかえって利益になることがある。
　⑤　地主と借地人が一緒に再開発する。
　地主と借地人が一緒に再開発してマンションを建設しようというスケールの大きい解決方法もある。この場合は，借地人はマンションのいくつかの部屋の区分所有者になるが，金銭が必要ならその全部または一部を売却すればよい。

以上のように，借地人が借地権を金銭に換えたいときには，法律が予定していない解決方法＝出口として①～⑤のが考えられる。したがって，借地人が借地権を金銭に換えたいときには，①～⑤のうちのいずれかで解決することを狙い，地主と折衝を重ねて合意を取りつけ，和解によっていずれかの出口から出ればよいのである。これらの出口はいずれも訴訟の仕様にはないものであって，多様な出口があるという和解の仕様を使ってはじめて可能になるのである6・7。

　第3の仕様は，訴訟は，請求権を構成する要件事実，それに対する抗弁，その抗弁に対する再抗弁……という形で判断が行われることである。

　例えば，建物の貸主が借主に対して立退きを請求する訴えを提起したとする。まず貸主が請求原因として，自ら建物を所有していること，借主がその建物を占有していることを主張し，借主がそれを否認したところ，60対40で貸主に理があった。次に，借主が抗弁として賃貸借契約を締結したと主張し，貸主が否認して，これが90対10で借主に理があったとする。さらに，貸主が再抗弁として合意解約を主張し，借主が否認して，これが60対40で貸主に理があったとしよう。そして，借主が再々抗弁として要素の錯誤を主張し，貸主が否認してこれも60対40で貸主に理があったとする。この場合には最終的な再々抗弁のところで勝負が決まり，貸主の勝ちとなる。しかも，100対ゼロの勝ちである。各主張には軽重があるので，単純に足し算をするのもよくないが，仮に，貸主と借主の得点を合計すると，貸主190点，借主210点となり，最終的な勝ち負けとは結論が逆になってしまう。論理の組み立てのうえからすると，訴訟の結論としては妥当だとしても，負けた方の借主にも相当の理由があったことは確かであろう。これがゼロというのは，いかにも芸がないように思われる。

　この請求原因，抗弁，再抗弁，再々抗弁……という組み立てが訴訟の仕様であるが，これに対比する和解の仕様はこのような組み立てがないということである。したがって，仕切りとしての枠がなく，自由に行き来することができる。そして，権利の計量も仕切りの壁を取り払って，総合的に行うことが可能になる。

　仕様の第4は，訴訟は，要件事実に該当するか否かの判断が中心で，法の定める要件—効果という論理の道筋に拘束されることである。

第12講 和　解（2）

　これを仮に要件事実主義と言うことにするが，要件事実主義は，当事者が持っているさまざまな事実（これが紛争解決の重要な鍵になることが多い）を，しばしば要件に関係のないもの，すなわち事情として切り落としてしまう。

　この要件事実主義という訴訟の仕様に対比すると，和解の仕様は，要件事実に拘束されず，さまざまな事情を考慮して解決することができることである。一例をあげれば，単に金銭を支払うだけの事件でも，期限猶予型，分割払い型，一部減額型，一部完済後免除型，違約金型，連帯免除型，担保取消し型，自然債務型，早期履行増額型等と，事案の内容や当事者の資力などの事情を考慮して，多様な解決をはかることができる[8]。

　仕様の第5は，訴訟の論理構造は，三段論法であることである。

　訴訟は，小前提の事実を大前提の法規範にあてはめ，結論の判決を出すという構造になっている。したがって，この構造の筋書きどおりならよいが，形式と実質を同時に計量するとか，一方が名を取って一方が実を取るとか，そのような必要があるときにはシステムが作動しない。

　これに対比される和解の仕様は，三段論法にこだわらないということである。その試みはさまざまになされているが，例えば最終提案仲裁では，最終提案を選択する場面で三段論法を使わず，一方の最終提案を選択するだけである。

　仕様の第6は，訴訟は，因果律に従うことである。

　原因─結果，原因─結果という流れに乗ってゆかなければならないから，因果関係はないが紛争解決には役立つという事実が出てきても，訴訟では無視されて，せっかくのチャンスを逃すことがある。

　これに対比される和解の仕様は，因果律にこだわらずに，例えば共時性の原理を使って解決することができるということになる。共時性の原理とその実例については，第10講で述べたのでここでは繰り返さない。

　仕様の第7は，訴訟は，近代私法の基本原則である自由意思の上に成り立っていることである。

　したがって，自由意思を踏まえるだけで解決できる紛争には適しているが，紛争は潜在意識や無意識から起こることもあるので，潜在意識や無意識を原因とする紛争には正しい答えが出せない。

　これに対比される和解の仕様は，潜在意識や無意識に配慮し，それを意識

化することによって解決することができることである。その例としてはワキガ事件があげられるが、これについては第3講で述べたとおりである。

　仕様の第8は、訴訟では、請求権という形になっていなければならないことである。

　請求権という形になっていなくても、紛争の様相を帯びることがあるが、訴訟はそのような紛争には対応できない。

　これに対比すれば、和解の仕様は、まだ請求権という形になっていない場合でも、対応できるということである。例えば、等価交換の場合には、一方が他方に等価交換せよという請求権はない。しかし、等価交換を望む当事者が関係者と折衝をしたり、複数の関係者が集まって協議したりして、等価交換を成し遂げることはよくあることである。和解が発達すれば、そのような場合に十分に対応することができるようになるであろう。

　訴訟と和解の仕様を対比すれば、以上のとおりになる。

　訴訟の重いところは、訴訟の仕様の第1から第8までの全部に該当しなければ、うまく作動しないことである。譬えて言えば、訴訟は自動車ならば自動車だけをつくる機械である。したがって、鐘やら、顕微鏡やら、インスタントラーメンやら、椅子やら、金庫やら、あるいは電気やら、船やらは、つくることはできない。そういうものをつくろうとして、何でもかんでも訴訟の中に抛り込めば、変なものができる。訴訟の遅延の真の原因は、訴訟ができないことや訴訟が苦手とすることまでもやらせようとして、何でもかんでも原料を抛り込むからである。

　これに対して、和解の論理構造は極めて多様性に富んでいる。ほとんど無尽蔵だと言ってよいほどである。もちろん、必要があれば、訴訟で使われている論理構造を一部使用することもできる。そして、特徴的なことは、和解の場合は、どれか1つ傑出した論理構造があれば、ほとんど他のものを使わなくてもよいことがある。

　以上のように、訴訟の論理構造を鏡にして、和解の論理構造を明らかにすることを試みた。社会の複雑化、価値観の多様化、規範の相対化・崩壊現象の進行に伴って、この和解の論理構造を使用して紛争を解決する必要性はますます増大すると思われる。

第12講 和　解（2）

1　伊藤・前掲書『事実認定の基礎』200頁
2　訴訟の仕様書という言葉を使って整理したのは，廣田・前掲書『紛争解決の最先端』に〈資料〉として掲載した「日本仲裁協会（仮称）設立を必要とする理由書」（1999年）が最初であった（同書157頁～158頁）。
3　以下に言う百分比は，証明度を示すものではなく，勝ち負けを決定する蓋然性の程度として述べるものであるが，これを証明の程度の問題に引き直すことは可能である。証明度との関係については，廣田・前掲論文「裁判官の心証形成と心証の開示」442頁。なお，裁判官の心証形成に関しては，第13講で詳しく述べる。
4　当事者双方の権利が拮抗した事件において，訴訟が正義を実現しなくなるということについては，廣田・前掲書『紛争解決学』（旧版）130頁～134頁に書いたが，廣田・前掲書『和解と正義——民事紛争解決の道しるべ』195頁～199頁では，正義の実現という観点から判決と和解とを比較して論じた。
5　訴訟と和解を対比して詳しく判例を分析したものとして，同書178頁～209頁
6　借地権の歴史については，廣田・前掲書『紛争解決学』（旧版）159頁～165頁。借地権に関して紛争解決の出口が多様化したことは，紛争解決の客体のところで述べた時間的条件（歴史的条件）と空間的条件（社会的・経済的条件）との関連で考察するといっそう理解が深まるので，参考にしていただきたいと思う。なお，借地権に関し，法社会学の手法を用いて調査・分析した著書として，瀬川信久『日本の借地』（有斐閣，1995年）
7　井上治典教授は，和解的判決を提唱し，「一部認容判決，引換給付判決，将来給付判決，割合的認定判決，調停にかわる判決など，和解的判決を認めていく素地は広範に存在する」（『民事手続論』有斐閣，1993年・139頁）と言われる。この和解的判決が行われるようになると，出口1つという訴訟の仕様は相当変更されることになる。しかし，仮に和解的判決が行われるようになったとしても，一部認容判決などとともに，原則に対する例外と考えるべきであろう。
8　草野・前掲書『和解技術論』94頁～106頁

第13講　裁 判 所

裁判の機能

　紛争には，必ず相手が存在する。そして，当事者が紛争を解決しようとするとき，最初に苦心することは，どうやって相手方にアプローチするかということである。このことは，代理人が当事者から相談を受け，当事者を代理して紛争を解決しようとするときも同じである。すなわち代理人にとって，どのような方法で相手方にアプローチするかということは，ただちに問題になるのである。

　この場合，相手方に直接連絡をして，相手方との折衝に入ることもあるが，第三者の意見を聞いたり，判断をあおいだりしながら紛争解決をはかることもある。前者の場合は，間に紛争解決機関を介在させない方法であるが，後者の場合は間に紛争解決機関を介在させる方法である。

　紛争解決機関を介在させない方法は，示談とか，和解交渉とかいわれるもので，私は，そのプロセスを相対交渉と呼んでいる。また，そのプロセスと結論の双方を含めて，あるいは結論として到達した合意を「和解」と言うことにしているが，「和解」については前2講で述べたので，本講では，間に紛争解決機関を介在させて紛争解決をはかる方法について論述することにする。

　紛争解決機関にはさまざまなものが存在するが，一般的にはその中心に位置するのが裁判所であると考えられていた。そして，その周囲を調停機関や仲裁機関などの裁判外の紛争解決機関がとりまいているとされていた。しかし私は，これらの紛争解決機関は，同心円[1]あるいは円錐台[2]のような形で存在するのではなく，社会の中に対等の関係で並存しているのだと考えている。

　紛争を解決するにあたって，当事者が紛争解決機関を介在させるか否かと

いうことは，当事者の行動の相違にすぎない。すなわち，そのことは，紛争解決過程の全体からみると，当事者にとっては一連のプロセスの中の一局面にすぎないのである。しかし，紛争に直面した当事者が，訴訟を提起せずに相対交渉をするか，裁判外紛争解決機関を利用するか，あるいは訴訟を提起するかということは，現実には相当大きな相違がある。それは，紛争を有利に解決するための戦略であるというだけでなく，それに要する費用や時間にも相違をもたらすので，一局面にすぎないとは言え，当事者にとっては極めて重要な決断を要する事態なのである。そして，その方法をいったん選択すると，使用する紛争解決規範にも相違をもたらすなど，さまざまな違いが出てくる。それだけでなく，ときには当事者の心理にまでも影響を与える。そのような相違に着眼すると，紛争解決機関を介在させるか否かということは，ほとんど決定的な違いが出てくるので，これを峻別して各別に論ずることは，むしろオーソドックスな方法であると言えよう。

　しかし私は，紛争解決学の在り方としては，連続性を重視すべきであると考えている。それは，紛争解決機関を介在させることと，介在させないこととの間に相互移管性があるからである。また，相互移管性があると認識したうえで柔軟に対処する方が望ましい結果を得ることが多いからである。そして，現実に紛争解決機関が連続性をもって存在しているからである。例えば，裁判上の和解や調停は，現実に訴訟との間で相互に移管されることが多いが，それらは紛争解決機関を介在させながら内容的には和解をはかるものであり，形式と内容がクロスしているから，もともと相互移管が行われやすい形になっているのである。

　また，紛争解決機関を介在させる方がよいか否かということは，紛争によって相違するから，一般論としては決められない。すなわち，ケース・バイ・ケースである。しかし，敢えて言うならば，私は和解が基本であると考えている。

　ここまで，裁判の機能を述べる前提として紛争解決機関を介在させるか否かについて言及したが，裁判の機能に話を進めよう。

　裁判の機能については，民事訴訟法や法社会学などで，さまざまな角度から研究が行われている。それらの業績に従えば，私がとくにつけ加えることはないが，裁判の機能として一般的に言われていることを，ここでひととお

り整理しておく必要はあるだろう。
　第1は，裁判所に提起された個々の紛争について最終的な勝ち負けを決め，それが物理的強制力によって裏づけられていることである。
　第2は，勝ち負けの判断の過程で，規範について新たな解釈をしたり，新たな規範を創造することもあることである。
　第3に，間接的には，類似の紛争について解決の指針を与えることである。これは，判例が他の事件の解決の参考にされたり，指針になったりすることを指す。
　第4に，権利（この場合の「権利」は『大辞林』に従い，ある利益を主張し，これを享受することのできる資格の意）の侵害に対して，裁判所がその権利を回復することを制度的に保障することによって，法の支配を実現することである。
　第5に，建前のうえでは，裁判によって正義が実現されることになっている。現実に裁判がすべて正義であるとは言い切れないが，裁判によってあらかたの正義は実現されている。そして，正義が実現されるという制度的な保障の存在によって，社会を安定させることができる。これは，裁判所が他の権力から独立していない場合にどのような事態が起こるかを想定してみると，ただちに分かることである。
　以上のように裁判の機能を考えてみると，言うまでもないことであるが，裁判所が社会において重要な役割を果たしていることが分かる。

　この裁判所の機能を民事訴訟の目的という観点に置き換えると，私的訴権説，権利保護請求権説，私法秩序維持説，紛争解決説，多元説，手続保障説の諸説があることについては第2講で述べた。この諸説を念頭に置きながら裁判の役割についての考え方を大別すると，裁判所を法を適用してそれを宣言する機関とみるのか，個々の紛争の解決機関とみるのかということになる。前者は一般的に法を適用することを重視し，後者は個々の紛争解決を重視する。このことは，実務家の間では，裁判の本質を権利の確立ととらえるのか，紛争の解決であるととらえるのか，という論争になってあらわれている。
　実務的にどのような違いがでてくるかというと，例えば消費者被害に対する救済が必要なとき，裁判所が消費者の権利を確立しなければ被害者救済が

第13講　裁判所

得られないと考えて，個々の紛争解決よりも権利の確立が重要だとするのが前者の立場である。これに対し，後者は，裁判所の本来の役割は個々の紛争の解決であって，権利を確立しても，紛争の解決が得られなければ役割を果したとは言えないとするものである。

しかし，裁判をすれば権利が確立するかと言えば，必ずしもそうではない。また，裁判をすれば紛争が解決するかと言えば，これもまた必ずしもそうではない。したがって，裁判の役割を，権利の確立か紛争の解決かと，二者択一的に選択を迫ることは，不毛な議論のように思われる。裁判官も弁護士も，どちらかの考え方に片寄っているのではなく，事件や局面によって適当に使い分けているのが現実であると言ってよい。したがって私は，権利の確立か，紛争解決かと一刀両断に論じることは，それほど実益があることではないと考えている。

紛争解決学の立場からすれば，権利の確立と言っても，一般的な命題をとりつけるだけではさほどの意味はなく，そこで確立された権利は，紛争解決のために使われるものでなければならない。しかし，権利を確立することによって裁判所が一応の役割を終え，裁判外でその確立された権利を紛争解決規範として使うことによって紛争を解決することは当然あるのであって，そのようなことをもって，裁判の役割が権利の確立であると言うことには一理ある。例えば，消費者救済と結びついてクラス・アクションの理論が立てられているが，これは裁判の役割が権利の確立であると説明すればすっきりする。しかし，この場合でも，判決で獲得した権利を，個々の紛争解決のために使うのであるから，裁判の役割は結局紛争解決だという理屈はつくのであって，ここまでくればもはや言葉の問題にすぎないであろう。

いずれにせよ，紛争解決学は，裁判所が紛争解決にあたってどのようにその機能を発揮しているかということが研究の対象になっている。すなわち，裁判の本質や役割についての理論的な考察は，紛争解決学の中心的なテーマではない。また，このことについては，民事訴訟法学をはじめ，法社会学などでも数多くの研究がなされているので，それらの研究に委ねたいと思う。

ところで，ここに述べたことは，言わば裁判が健全に機能している場合を想定したものである。裁判が健全に機能していること，つまり裁判の生理現

象に関しては，紛争解決学としてはここで述べたことでほぼ十分であると考える。すなわち，当事者が紛争の解決を目的として裁判所に事件を持ち込んだときに，裁判が健全に機能していれば紛争は解決するはずであるから，「それでよし」とすることにしよう。したがって，裁判が健全に機能することを想定したときには，紛争解決学としては，これ以上言及する必要はない。その他の裁判の手続や内容については多くの研究があり，その部分については民事訴訟法学をはじめ紛争解決学以外の学問分野に委ねるので，私があらためて論述する必要はないと思う。

　注意すべきは，それらの研究の多くが裁判の生理現象についてなされていることである。しかし，もし裁判に生理現象だけでなく病理現象があるのだとすれば，話は別になることを知る必要がある。すなわち，裁判に病理現象があるのだとすれば，それはまさしく紛争解決学の対象になる。なぜならば，裁判に病理現象があるのだとすれば，裁判所において紛争があるべき姿で解決しないということになり，それではどこで，どのようにして解決すればよいのかという問題が発生するからである。この裁判における病理現象こそが，紛争解決学の関心事である。

　裁判の病理現象をテーマにするとき，問題になるのは，その原因と状態と結果である。それらを明らかにするためには，裁判の論理構造とシステムを洗い直してみる必要があるが，その一部についてはすでに前講で論述したので，この講では残された問題について考えることにしたい。

　裁判の病理現象はさまざまな部分で発生するが，その1つとして，まず裁判官の心証形成について考察することにする。また，必ずしも病理現象が発生するとは限らないが，扱いによっては発生し得るものとして，次に裁判上の和解について言及しておきたい。

1　同心円を描くものとしては，小島・前掲論文「紛争処理の全体構造」306頁参照。もっとも，小島は機関と言うよりも正義の総合システムとしてとらえたものであるから，必ずしも機関の存在状態を述べたものではない。
2　円錐台と構想しているものとしては，三ケ月・前掲論文「紛争解決規範の多重構造――仲裁の判断基準についての裁判法学的考察――」277頁

裁判官の心証形成

　裁判官の心証形成はブラック・ボックスに譬えられて，その作動原理は分からないものと言われていた[1]。

　裁判の過程において，当事者双方からインプットされる書証，人証，法規範，学説，判例，慣習，道義，価値観などを，裁判官自身が収集し，あるいは既に身につけている法規範，学説，判例，慣習，道義，価値観などに照らし，証拠の選択・評価，経験則の選択・評価・採否，法令等の規範の解釈・適用はもとよりのこと，当事者に対する好悪の感情などという要素が，裁判官の心証というブラック・ボックスの中で作動し，結論として判決という形でアウトプットされる。そのブラック・ボックスの中の作動の様相は，外からは見ることができないので，インプットとアウトプットの関係だけが考察の対象となりかねないのである。

　インプットとアウトプットとの関係が相当であるならば，通常は問題を生じない。その場合には，裁判官の心証形成は妥当とされて，そこには病理現象が発生していないと言うことができるであろう。しかし，インプットと整合性のないアウトプット＝判決がときどき出ることがある。

　このことについて，ジェローム・フランクは，裁判官の事実認定が主観によって行われること，そしてそれが裁判に大きな危険をつきまとわせていることを執拗に論証し，「事実審裁判官の下す判決が，証人たちの信憑性をどう見るかで岐れるようなばあいには，証言（中のあるもの）に対応するかれの『事実』の『認定』は本質的に主観的なものである（つまり，これが事実だと彼が信ずることは，かくれていて他人からは窺い知れない）から，彼がひそかに証拠を無視してしまうことは，常に可能である。（中略）多くの事実審裁判官が，こういう場合に故意に『でっちあげ』や『秤のごまかし』をやるものかどうか，わたくしは疑問をもつ。こんなことは無意識または半無意識の状態で行われるのが通例であると思う。しかしながら，かかる認定は可能であり，かつ時々行われていることは確実である[2]」と言っている。そして彼は，なぜ一方を勝ちにし一方を負けにしたかということについて，論理的に説明がつかないことを指摘し，裁判の危険性に警鐘を鳴らしている。

　しかし，現在のわが国の裁判所では，ジェローム・フランクが指摘する「でっちあげ」や「秤のごまかし」は，一部の例外を除き，それほど多いと

は思われない。多くの裁判官は，公正な裁判をするために心血を注いでいると思う。

しかしながら，それにも拘わらず，インプットとアウトプットとの間に相当性，整合性を欠くような判決は存在する。すなわち，裁判につきまとう危険性を拭い去ることはできないのである。

その原因を解明するために，ブラック・ボックスの中身を見る必要がある。そこで，裁判官の心証形成について，もう少し詳しく考察を進めることにしよう。

これまで裁判官の心証形成については，自由心証主義との関係で，専ら事実認定の在り方として論じられていた[3]。そして，事実認定を導くために証明度という概念を設定し，その証明度を巡って立論されるものが多かった。

証明度に関して倉田卓次裁判官は，「心証は量的に測定しうるものである」との前提を立て，証明度は証明すべき程度，心証度は立証された程度，直接の見聞によって生じるような・あるいはこれに匹敵するほど強い・不可疑の心証を「明証感」として論述し[4]，前提事実の証明度等については証明度を80パーセント，明証度を90パーセントと仮定してさらに論述を進めている[5]。そして，「双方の立証により心証が動揺する場合，真であるとの心証がちょうど50パーセントであるような一点を観念しうる。原告が本証を追加して，心証が高まったとする。これは証拠の優越である。もし，この意味での証拠の優越によって民事の認定をなしうるというのが論者の趣旨であれば，それは不可であろう。何故なら，それでは，疎明というものに証明とは別の証明度を与えている制度が無視されるからである[6]」（傍点原文）と言われる。

しかしこれは，これこれの高さに達したときにはじめて証明されたとすべしという当為を前提にして論じられているものであるように思われる。これに対して，これこれの高さに達したときには証明されているという事実を前提にして論ずればどのようになるであろうか。

ここで，裁判官の職務について考えてみよう。

事実認定は，裁判官の最も主要な職務として位置づけられていると言えよう。裁判は過去の一回的事実を認定したうえで，理由の有無を判断するものであるから，事実認定が主要な職務であることは当然のことである。そして，その事実認定は自由心証主義のもとで行われ，裁判官の心証が形成される。

裁判官の職務のこの道筋だけを拡大して追ってゆけば，事実認定さえ正しく行えば，自ずから正しい判決に到達するという論理に帰着する[7]。この場合には，証明度を高く設定し，その目標に向かってひたすら事実認定に勤しむことが裁判官の職務ということになる。

しかし，裁判官の職務には，「判決をする」というもう1つの職務がある。「判決をする」ということは，すなわち「勝ち負けを決める」ということである。「勝ち負けを決める」という職務は，ちょうど土俵際でもつれて同体で倒れたと見えても，どちらかに軍配を上げなければならない行司のような仕事である。

もし仮に裁判官が設定した証明度を80パーセントとして甲・乙が争い，甲の権利（この場合の「権利」は，前講の定義のとおり）が80パーセントには足りないが70パーセントは越えていると判断したときに，甲の方に軍配を上げないのであろうか。いや，そんなことはしないだろう。恐らくこの場合には，甲が80パーセントを越えたと擬制したり，自らを納得させたりして，甲の方に軍配を上げるであろう。仮に乙を勝たせるのなら，甲の権利を50パーセント以下に落とし込んだうえで乙に軍配を上げるであろう。すなわち，事実は70パーセントから80パーセントの間と認識していても，「勝ち負けを決める」という職務の前では，形成される心証を変形させることが余儀なくされるのである。

それでは，60パーセントから70パーセントの間だったらどうであろうか。その場合も同様に，心証を変形させなければ軍配を上げられないのであるから，結局心証を変形させて軍配を上げることになる。さらに50パーセントから60パーセントの間だったらどうか。その場合も，権利の重さを相対的に比較しつつどちらかに軍配を上げるであろう。つまり，50パーセントより大で50パーセントに限りなく近い線まで（私の表現によれば51パーセント）権利の比は収斂するのである。したがって，「勝ち負けを決める」という職務の前では，証明度を80パーセントと設定したことが無意味になってしまうのである。

こうしてみると，いったん80パーセントの証明度を設定し，心証を変形させてゆくという迂遠な道筋を通る必要がないことも明らかである。私の言う「権利の重さ」を比であらわし（何もいったん比を数値であらわす必要はない。

相対的な重さを比較すればよいことである),相対的に重い方に軍配をよいのであって,多くの裁判官は現実にはそのようにしていると思われる。これが私が「民事訴訟では,権利の重さが51パーセントの方が100パーセントの勝ちになり,49パーセントの重さがあってもゼロの負けになる」と言った理由である。

　訴訟事件を大まかに分類すれば,誰が見ても勝敗が明白な事件がある。これを仮に第1層と言おう。次に,勝敗は動かないが敗者にも相当の権利がある事件の層がある。これを第2層としよう。第2層は,権利の重さの比で言えば,およそ7対3から6対4というところだろうか。さらに,第3層として,勝敗をつけるために大いに迷う事件の層がある。およそのところで6対4から5対5というところだろう。

　第1層については,証明度を高く設定することによって説明しても,権利の重さの優越で説明しても,結論は同じであり,いずれもその理論を正当化できる。しかし,第2層,第3層については,証明度を高く設定したのでは説明がつかない。51対49の事件でもなお100対ゼロの判決をすることが可能であることを,いかにして正当化することができるのであろうか。

　肝腎なことは,第1層であれ,第2層であれ,第3層であれ,それについて判決言渡しが行われる限り,そのほとんどが100対ゼロという結論で締めくくられているという事実である。

　しかし,ここにはもう1つの事実がある。それは,権利の重さについての裁判官の心証は,必ずしも100対ゼロではないという事実である。

　この2つの事実を併せると,裁判官の心証と言渡される判決の間にはギャップがあるという事実になる。

　このギャップの問題については,第1層はもともとギャップが少ないのであるから問題はでない。すなわち裁判はその生理現象の中で,健全に機能するものと考えられる。しかし,第2層,第3層になると,ギャップがもたらす病理現象が起こることは必然である。最も極端なものとして,51パーセントの権利について100パーセントの認容をするとすれば,裁判官はその心証を49パーセント歪めなければならないことになるのである。

　ところで,51対49は極端だとしても,第2層,第3層の事件はどの程度の割合を占めるのだろうか。もともと裁判官の心証形成はブラック・ボックス

の中にあり，また，判例集は心証を変形させた後のことしか書いてないので，その割合を掌握することはできないが，私の実務経験からすれば，感覚的な表現になるが，「少なくはない」というところだろう。

いずれにせよ，裁判官の職務を視野に入れると，その心証と判決にギャップが生ずることは必然であるから，心証を歪めざるを得ないということが分かる。これは必ずしもジェローム・フランクの言う「でっちあげ」や「秤のごまかし」と同じ意味ではない。裁判というシステムがもたらす必然なのである。

しかし，裁判官の心証と言渡す判決とのギャップの問題については，それが意識されていたか否かはともかくとして，必ずしも「そのままでよし」とされてきたわけではない。私の見方からすると，これまでに行われていたさまざまな試みや提唱を，このギャップを埋めるための解決方法として位置づけることができるのである。

1つは，井上治典教授が和解的判決の素地として列挙する一部認容判決，引換給付判決，将来給付判決である。これらはいずれも100対ゼロの判決の例外とされているものであるが，裁判官の心証と言渡す判決のギャップ埋めるための解決方法であると理解すれば分かりやすい。

2つは，井上教授が提唱する和解的判決である。これも，このギャップを埋めるためのものと解すれば，その必要性に対する説得力が増大すると思われる。

3つは，割合的認定である。私は，割合的認定の理論を，「権利の重さ」が100対ゼロでないにもかかわらず，100対ゼロの判決を言渡さなければならない裁判官の職務を前にして，そのときに起こるはずの心証形成の歪みが起こらないようにする解決方法であると位置づけている[8]。なお私は，裁判所が訴訟手続の一定の段階で割合的認定をする旨当事者に告知し，それに関する攻防をすることを折り込んで，割合的手続を訴訟手続に追加するシステムを設けることを提唱したが，そのような手続が使用されるようになると，裁判官の心証と言渡す判決のギャップは一層少なくなるはずである。

4つは，和解である。すなわち和解は，100対ゼロの解決に限定されないために，心証を歪めなくてもよいのである。現実にこのギャップは，裁判上の和解によって，その多くが埋められていることは疑いない。

このように裁判官の心証と言渡す判決との間のギャップを埋めるための試みや提唱を見てくると，裁判と和解が近接してくる軌跡のようなものが見えてくる。「近代」を源泉とする国家の司法作用としての裁判制度と，当事者間の合意を基本に据える自主的解決という2つの源流が，下流に行くに従って，地下水脈のようなもので繋がってきたのかも知れないが，私はまだそれを十分に研究していない。したがって，今述べたことは仮説にすぎないが，もしこの仮説が正しいとすれば，人間と人間がつくる社会は，実に深淵なものだと言えるだろう。

1　廣田・前掲論文「裁判官の心証形成と心証の開示」参照
2　ジェローム・フランク・前掲書『裁かれる裁判所上』269頁
3　岩松三郎・兼子一編『法律実務講座　民事訴訟法編第四巻　第一審手続（3）』（有斐閣，1961年）49頁
4　倉田・前掲論文「交通事故訴訟における事実の証明度」102頁～104頁
5　同書115頁
6　同書126頁
7　萩原金美「民事証明論覚え書」民事訴訟雑誌44号（1998年）には，「自由心証主義が導入された初期には，事実の真偽不明はほとんど生じないような幻想がドイツでもスウェーデンでも支配していた」（26頁）とあるが，自由心証主義のもとにおける事実認定に誤りが起こらないという幻想は，現在のわが国にもかなり広く存在していると思われる。
8　倉田裁判官が証明度を高めに設定する一方で，そこに至らない場合に割合的認定の理論を用意されていることは，一貫性があるものとして評価すべきである。

裁判上の和解

　裁判上の和解とは，訴訟における審理の段階で，当事者の希望や裁判官の勧試によって訴訟手続を和解手続に移行し，当事者が合意に達すれば，和解を成立させて紛争を解決するものである。民事訴訟法89条には，裁判所は訴訟がいかなる程度にあるかを問わず和解を試みることができるとされていて，実務のうえではかなり裁判上の和解は行われており，わが国では第一審通常訴訟事件のうち約3分の1（欠席判決を除けば2分の1以上）は和解によって終了している。
　かつては裁判所に「和解判事となるなかれ」という戒めが存在したが，今

や和解派が主流になったことについては第6講で述べたとおりである。
　その転換期の考えを明確に示したのは,「和解と訴訟運営」という座談会である[1]。そこには裁判上の和解に関する基本的な姿勢が打ち出されているので,いくつかの発言を引用しておこう。

　　「判決は国家機関による決定型の解決であるが,和解は合意による解決の方法であり,民事の紛争というのは,根本的に私人間の問題であるから,その解決としては,本来は当事者の意思による自主的な解決が望ましいという紛争解決の方式についての価値評価の問題があるのではないでしょうか。そういう情況や見方の変化があって,和解による解決に対し,判決による解決と比べてかなり高い評価が与えられるようになってきているのではないでしょうか」(大石忠生裁判官)
　　「和解が非近代的というか権利意識を曖昧にしてしまうことは,私はないだろうと思います。そういう意味で,われわれは和解勧試にさいしても,もうちょっと基盤を下にした社会歴史的なものを認識して,これを実戦すべきではないかと思っています」(畑郁夫裁判官)
　　「今は日本もかなり近代化してきて,どんどん新たに動いている。それに対して,立法が必ずしも十分にフォローできていない分野があると思うんです。新型の事件なんかそうだと思います。そういうところで,虚心に話し合ってまいりますと,もちろん裁判官を含めた関係者の透徹した現状分析が伴っていなければなりませんが,当事者で自ずから,問題を先取りした1つの規範が見出せ,それに従った和解ができるということがあります。今までは法が進みすぎていたところを,多少現実に合せるために和解をするという必要もあったのですが,これからますます社会が動いてまいりますと,立法を先取りするようなかたちの和解がどうしても必要になってくるような気がする。そこでも積極的な意義がやはりあるのではないかと思っています」(川口冨夫裁判官)
　　「裁判所の行う和解は,一般的には,法的基準をある程度明らかにしながら,具体的な適正さを得ていくというところにその存在価値があるのではないでしょうか。そういう意味で,判決と和解が両方の極にあるというより,相補いあって裁判所における法的解決という目的を果たしていくと

いうように考えればよいのであって，決して切り離され，互いに反対の極にあるものとみる必要はないと思います」（大石忠生裁判官）

「やり方はいろいろあると思いますが，基本的には，判決は一方的に考えて書けばいいわけですから，気が楽です。それに比べて和解の場合は，言い分をじっくり聞いてやることが必要です。法律論もさることながら，ものの考え方は仕事によってその人がその事件に対してどのように考えているかとか，そういう点もずいぶん参考になります。自分が言いたいと思ってもそれを抑えながら，できるだけ言いたいだけ言わせる。しかし，筋道を通すところはきちんと言う。それは人間が練られる理由ではないか。裁判官は，判決ばかり書いていたら，人間が駄目になるというような言い方をしているのです。やはりやり方の問題もありましょうが，基本的には，和解は民事における最良の解決方法だと私は確信しています」（山口和男裁判官）

私の考えも，言いまわしこそ異にする部分があるが，以上の発言とほとんど同じである。と言うよりも，これらの発言が前2講の「和解」で述べたことと類似していることに，今さらながら驚きの念を禁じ得ないほどである。「和解」という点をとらえるのであれば，裁判上の和解も，裁判外の和解も（もちろん裁判外紛争解決機関における和解も），類似してくるのは当然のことなのである。

したがって私は，裁判上の和解に対しては，好意的な見解を持っている。それは，実際に私が担当した事件で，裁判官からすぐれた和解をしていただいた経験に基づいている。すなわち私は，裁判上の和解は，紛争解決システムとしてよいものだと思っていたし，現在でも基本的には同じ考えを持っている。

しかしこれは，いかにも実務家らしい考え方なのかも知れない。学者からは，裁判上の和解は，和解手続で取得した情報を訴訟手続に流用するおそれがあると批判されているのである。しかし，いったん和解手続に入った以上，ほとんどの事件は和解で解決するのであるし，仮に訴訟手続に戻っても，和解手続で取得した情報が悪用されるよりも善用されることの方が多いのであるから，それほど目くじらを立てることもなかろうと考えてしまうのである。

つまり，レア・ケースの弊害を恐れて，よいシステムを潰すのは惜しいと思うのである。

また，当事者は判決を下す権力を持っている裁判官の和解案を拒むことが難しいので，結局和解を押しつけられる結果になるという批判もある。確かに，記録も読まないで妙な和解案を押しつけようとする裁判官もいるし，強引に和解を迫る裁判官もいる。私の40年以上の実務経験の中で，はっきり覚えているのは2人であるが，割合にすると数パーセントに過ぎない。しかし，そのような裁判官に遭遇する割合は，弁護士によって異なるであろう。詳細なアンケート調査をしてみれば分かることであるが，私はそのようなデータを持っていない。いずれにせよ，そのような裁判官からの圧力を何とか切り抜けてしまうと，まあよかろうという気持になってしまうのである。こういうところが，生粋の学者からみると，実務家はいかにもルーズだということになるのだろう。

しかし，実務感覚を捨象して，裁判上の和解の制度自体を問題にしてみることも必要であろう。そのときに，裁判上の和解にどのような問題点が見えてくるであろうか。その問題点は――

第1に，いったん裁判所に事件が持ち込まれること自体，不必要に司法を膨らませることになる。裁判所にとっては負担が増えるし，当事者にとっては無駄な労力が必要になる。すなわち，訴訟経済の見地からすると無駄が多いということになる。

第2に，人間という動物は，一度争うと，脳の構造が争う態勢になって，和解の方向に頭を切り替えることが難しくなる。そのために，多くの時間が空費される。したがって，はじめから和解を考えているのであれば，虚心坦懐に話し合いを進める方がよい。その方が解決をするための知恵も湧き，実りも多くなる。訴訟からスタートすることは，迂遠であるばかりか，最終的には到達点が低くなることが多い。

第3に，これに対しては，最終的には判決になるというバックがあるからこそ和解が可能になるのだという反論が予想される。確かにそのような事案も少なくない。しかし，強制力をバックにしなければならないということは，当事者の納得の程度が浅いということに他ならない。和解は当事者の合意に基づく解決であるから，強制力をバックに和解をすすめることは，本来望ま

しいことではない。

　第4に，わが国の裁判官は，訴訟手続に従って判断権を行使するトレーニングは受けているが，当事者間の対話などをすすめて解決をはかることについてはトレーニングを受けておらず，調停や和解に必ずしも精通しているわけではない。したがって，その手法は個々の裁判官の個性と経験に委ねられていて，名人芸のような人もいれば，全くできない人もいる。

　第5に，極めて実務的な問題であるが，裁判官には異動が多く，異動のときには，前の裁判官が見聞した当事者の言動を，後の裁判官が見聞していないことである。後の裁判官は，事件記録に基づいて和解をすすめることになるが，和解の席のやりとりは記録に残っていないのが普通であるから，前後の内容がちぐはぐになることが少なくない。すなわち，裁判官の異動によって和解の中身が一変し，そのために和解がうまくできなくなるのである。裁判官に異動があるということは，裁判上の和解の重要な欠陥である。

　第6に，これは最も基本的なことであるが，右手には有権的な剣を持ち，左手には私的自治の飴を持つ，そしてそれを使い分けながら最善をゆくということが，1つの脳と心の中で可能なことであろうか。それができるという前提には，裁判官によほどの自己コントロールがなければならない。当事者は裁判官を選択することができないので，その自己コントロールに頼るしか方策がないが，全ての裁判官に，常に自己コントロールが働くという保証はない。すなわち，当事者にとっては，裁判上の和解はまことに気の許せない手続なのである。そのような問題がある限り，制度として裁判上の和解がよいかと問われれば，やはり疑問は残る。すなわち，強制力を背景にした訴訟手続と当事者の合意に基づく和解手続とは，本来異質なものであるから，やむを得ない場合を除いて峻別するのが望ましい。

　裁判上の和解には以上のような問題点があるが，前述したとおり，トンネルじん肺訴訟などに見るように，最近では，裁判上の和解によるすぐれた解決が次々に行われている。それは確かによいことである。

　しかし，もし裁判上の和解以外の紛争解決システムがあって，そのシステムによって裁判上の和解の問題点を克服することができるのであるとするならば，人々はその紛争解決システムを使用することになるであろう。そのようなシステムとしてまず最初に考えられるのは，相対交渉による和解である

が，これについてはすでに述べたとおりである。もう1つ考えられるのは，裁判外紛争解決（ADR）システムである。そこで，次講にこれについて考察をすすめることにしたい。

1　後藤・藤田編・前掲書『訴訟上の和解の理論と実務』125頁～192頁

第14講　裁判外紛争解決（ＡＤＲ）

ＡＤＲの意義

　裁判外紛争解決（ＡＤＲ）を考察するにあたって，まず「ＡＤＲ」という言葉の意味について述べておく必要がある。
　ＡＤＲとは，民事紛争における裁判外紛争解決の総称である。すなわちＡＤＲとは，Alternative Dispute Resolution の略で，直訳すれば代替的紛争解決ということになる。しかし，何の代替かというと，裁判の代替ということであるから，意訳すれば裁判外紛争解決ということになる。私は，通常この意訳の方を使っている。
　ところで，紛争が起こったとき，人々はどのような行動をとるのだろうか。
　前にも述べたとおり，いきなり裁判所に駆け込んで訴訟を起こす人は，多くはないであろう。人々は，自ら相手方と折衝したり，代理人を立てて相対交渉をしたり，調停機関や仲裁機関に事件を持ち込んだりして，たいていの紛争は，訴訟を起こさずに解決してしまうのである。したがって，裁判外の紛争解決を「代替的」と呼ぶことは誤解を生じることであって，むしろ裁判外紛争解決こそ「本来的」と言うべきである。にもかかわらず，「ＡＤＲ」という言葉は，裁判に代替するものとしての裁判外紛争解決を指す言葉として，世界中で使われていると言ってよいであろう。
　私は，このことが裁判外紛争解決の理論と実務の発展を停滞させている原因であると考え，機会あるごとに異議を唱えていたが，ほとんど同調する意見は見当たらなかった。しかし，アメリカでも同様な自覚が生まれ，ＡＤＲのＡを Appropriate（適切な）にしようという見解も出てきた[1]。また，ＡＤＲのＡは好ましくないので，Early（早い）のＥを充てて，ＥＤＲとしようという提唱もあるという。しかし，「早い」だけが裁判外紛争解決システムの特徴ではない。また，裁判以外の紛争解決方法が，必ずしも「早い」とは限

らない。しかも「早い」ということを協調すると，もっと本質的な特徴を隠蔽してしまう危険性もある。したがって，このEDRは，不適切なネーミングである。

　後に詳しく述べるように，裁判以外の紛争解決は，極めて重要な理念と歴史的意義を持っている。そのような紛争解決システムにADRという不適切なネーミングしか与えていないことは，まことに不幸な事態だと言わなければならない。

　これも後に述べることであるが，私は，司法制度改革推進本部に設けられたADR検討会の委員をしていたときに，その席で「ADRが日本語に置き換わるということを念頭に置いておかないと……ADRである限りでは浸透しないのではないか」と発言したことがある[2]。

　私は以前，ADRのAにA（第一級の）とか，Aid（助力する，援助）とか，Available（役立てられる）を充てたいと述べたことがあるが[3]，ADRという略称は便利であることは否定できないので，以上の意味を持つものとして，とりあえずは本書でも使用することにする。しかし私は，頭の中にAlternativeという言葉を置いて論述するのではないことを，ここで注記しておきたい。

　なお，「ADR」と言うときには，裁判外紛争解決を行う機関を指すこともあるし，ADR機関で行う仕事（調停，仲裁など）を指すこともある。その両義がありながら，あるところでADRという言葉を使えば，そのときに機関を指しているのか，仕事を指しているのか自然に理解できるので，ADRという呼称が便利であることは確かである。

　　1　石川明『調停法学のすすめ——ADR私論——』（信山社，1999年）38頁
　　2　ADR検討会第1回議事録（司法制度改革推進本部，平成14年2月5日）34頁
　　3　廣田・前掲書『紛争解決の最先端』4頁

ADRの機関と仕事

　わが国にも，数のうえでは多くのADR機関がある。それらのADR機関は，行政型ADR，民間型ADR，司法型ADR（裁判所におけるADR）の3つに分類される。

ADRの機関と仕事

　行政型ADRは，国または地方自治体が運営するもので，中央・地方労働委員会，公害等調整委員会，中央・都道府県建設工事紛争審査会，東京都建築紛争調停委員会，都道府県苦情処理委員会，都道府県労働局の紛争調整委員会などがある。
　また，民間型ADRは，民間の団体が運営するもので，社団法人日本商事仲裁協会，社団法人日本海運集会所，財団法人交通事故紛争処理センター，財団法人日弁連交通事故相談センター，医療品PLセンターなどの諸PLセンター，弁護士会の仲裁センター，日本知的財産仲裁センター等々がある。
　そして，司法型ADRは，地方裁判所，簡易裁判所で行われる民事調停と，家庭裁判所で行われる家事調停があげられる。
　これらのADR機関を列挙して紹介することは，すでにたくさんの文献があるので省略するが[1]，わが国でADRがどの程度利用されているかを認識するために，おおよその傾向だけには言及しておく必要があると思う。
　結論的にいえば，行政型ADRと民間型ADRは，機関の数は多いが，あまり利用されていない。ただし，個別労働関係紛争の解決の促進に関する法律（平成13年10月1日施行）に基づいて都道府県に設けられた紛争調整委員会には多くの事件が申立てられている。
　これに対し，司法型ADRといわれる裁判所（地方，簡易，家庭）における調停制度は，相当利用されている。
　このように，いわば鳴り物入りで設立され，厖大なエネルギーが投入されている行政型ADRと民間型ADRがそれほど利用されず，旧来の司法型ADRが多く利用されているのが，わが国ADRの現実である。

　それでは，ADRは，仕事として何をするのか。
　わが国で行われているのは，あっせん，調停，仲裁，それにこれらを組み合わせた仕事である。アメリカを例にとれば，その他に中立的評価，ミニ・トライアル，サマリー・トライアル[2]，プライベート・ジャッジ，ファクト・ファインディング[3]等があるが，それに比較すると，わが国では，仕事としてのADRの多様性は乏しい。
　あっせんと調停の区別は，曖昧である。「あっせん」はあっせん人が紛争当事者の間をとりもち紛争解決を援助すること，「調停」は調停人が紛争当

事者の中に入って解決をとりまとめることと理解されているが，理論的には截然としていない。わが国では，「調停」は民事調停法，家事審判法による裁判所調停や法律に定める調停を意味し，「あっせん」はそれ以外のものを呼称することもある。また，理論的な区別をせずに，あるＡＤＲ機関ではあっせんは１人で行い，調停は３人で行うとか，別のＡＤＲ機関では調停人が調停案を出すが，あっせんは案を出さないとか，制度設計に絡めて区別をしている例も多い。したがって，内容の類似性に着目して，本書ではとくに断わらない限り，あっせんも調停も単に「調停」と言うことにする。

　仲裁は，両当事者が仲裁人の判断に従うという合意をし，その合意に基づいて仲裁人が仲裁判断をすれば，強制執行ができるという紛争解決システムである（ただし，わが国の法律では，仲裁判断に基づいて強制執行する場合には，裁判所の執行判決を得る必要がある）。したがって仲裁は，当事者が第三者である仲裁人の判断を求め，いったん仲裁判断が出ればそれが当事者を拘束するという側面では，裁判に近いシステムである。

　仲裁は，ＡＤＲ機関で行われる機関仲裁が多いが，法律上はアド・ホック仲裁と言って，紛争が起こる度に任意に仲裁人を選任して，特定の仲裁機関を通さずに行うこともできる。本書ではアド・ホック仲裁を機関仲裁と区別しないが，主として機関における仲裁を念頭に置いて考察を進めることにする。

　なお，調停（Mediation）と仲裁（Arbitration）とを組み合わせたシステムを，ミーダブということがある。ミーダブという言葉こそ使われていないが，弁護士会の仲裁センターで実践されているものに，これに相当するものがある。

　あらゆるＡＤＲ機関がここで述べたすべてのＡＤＲの仕事を行っているわけではない。とくに注意すべきことは，仲裁を行わないＡＤＲ機関がかなり多いということである。前に列挙したＡＤＲ機関のうちで仲裁を行わないものは，東京都建築紛争調停委員会，都道府県苦情処理委員会，交通事故紛争処理センター，日弁連交通事故相談センター，医療品ＰＬセンターなどの諸ＰＬセンター，都道府県労働局の紛争調整委員会，裁判所（地方，簡易，家庭）における調停制度である。

1 例えば，小島武司・伊藤眞編『裁判外紛争処理法』（有斐閣，1998年），第一東京弁護士会『裁判外紛争処理機関（ＡＤＲ）データブック』（2001年），大川宏，田中圭子，本山信二郎編『ＡＤＲ活用ハンドブック　相談・紛争解決機関ガイド』（三省堂，2002年）．
2 以上については，グループＡＤＲ『裁判外紛争解決（ＡＤＲ）の必要性に関する考察と試案——司法改革の現実的在り方』（2000年4月）43頁～44頁
3 以上については，レビン小林久子『調停ガイドブック　アメリカのＡＤＲ事情』（信山社，1999年）30頁～32頁

紛争解決システム全般の位置と現状

　ＡＤＲ機関とＡＤＲの仕事を組み合わせてみると，どこで，何が行われているかが分かる．そして，ここに訴訟を加えれば，紛争解決システム全般の位置とボリュームを見渡すことができるので，この際訴訟にも登場を願うことにしよう．

　民事訴訟の目的についていろいろな説があることは前述のとおりであるが，おおまかに括ると，権利の保護あるいは確定か，紛争の解決かという相違であると言ってよいだろう．前者は以前は有力であったが，次第に後者が有力になり，最近では裁判所は紛争解決のサービス機関であるという考えが浸透してきた[1]．しかし，現在でも訴訟の目的に権利の保護・確定があることは事実であるから，このファクターも考慮の中に入れておく必要がある．

　一方ＡＤＲの仕事も，事案によって濃淡はあるが，権利の保護・確定を前提にしたり，結果として権利の保護・確定を達成することもあることに気がつく．そればかりではなく，事案によっては，訴訟では認められない権利をＡＤＲが先駆けて認める場合もある[2]．すなわち，権利の保護・確定という仕事においても，ＡＤＲが先駆的役割を果すことがあるのである．

　そのことも念頭に置いて，権利の保護・確定と紛争解決という2つの仕事を包括し，わが国のシステム全般を鳥瞰しておきたい．

　その方法としては，第三者による判断か，当事者間の合意かというファクターを横軸にとり，権利の保護・確定か，紛争解決かというファクターを縦軸にとって，それぞれのシステムの位置を見れば分かりやすいであろう．

第14講　裁判外紛争解決（ＡＤＲ）

```
              権利の保護・確定
                    │
              ④     │    ①
                    │
  当事者間 ─────────┼───────── 第三者に
    の合意          │          よる判断
                    │
              ③     │    ②
                    │
              紛争の解決
```

　そこでまず，仕事としての訴訟とＡＤＲの位置を見ておこう。

　訴訟は，①か②に位置している。そのいずれかは，事案によって相違する。あるいは事案によっては，双方にまたがるものもある。

　裁判上の和解は，基本的には③に位置するが，権利の保護・確定を前提としたり，結果として権利の保護・確定を達成することもあるので，④の位置も無関係ではない。

　調停は，専ら③に位置するシステムである。しかし，権利の保護・確定を前提にしたり，結果として権利の保護・確定を達成することができるので，④の位置にも関係がある。このことは，以下の仲裁やミーダブも同じである。

　仲裁は，制度設計の如何にもよるが，主として②に位置するシステムである。しかし，仲裁契約の段階では合意を必要とするので，そのときには③に位置をとる。したがって仲裁は，③から②の位置にまたがるシステムだと言ってよいだろう。

　調停と仲裁を組み合わせたミーダブというシステムがあることは前述のとおりであるが，これは，②と③を連結させたものである。

　以上は，仕事としての位置であるが，わが国の機関としてはそれぞれがどのような位置を占めているのであろうか。

　民事訴訟を行う裁判所は和解もするから，①から④までの全般を占めている。これに地裁，簡裁，家裁で調停も行うから，③が重なる（④は前提的，結果的であるから省略する。以下同じ）。

　これに対しＡＤＲ機関は，専ら③を占めるに過ぎない。仲裁ならば②ということになるが，現実には事例が少ないので，③に偏っていると言っても誤りではない。

紛争解決システム全般の位置と現状

　ここから明らかになるのは、理論的に出てくる相違と実際に行われている現実の間には、相当の乖離があるということである。

　この乖離については、扱っている事件数をここに落としてみれば一層はっきりするので、これを一覧にしてみよう。司法統計年報（平成20年）などから概数を出せば、扱っている機関の現状と年間事件数の関係は以下のとおりである。

　　裁判所──①，②，③，④…民事訴訟　　　82万8000件
　　　　　　　　　　　　　　家事審判　　　59万7000件
　　　　　　　　　　　　　　民事調停　　　15万0000件＊
　　　　　　　　　　　　　　家事調停　　　13万1000件＊
　　　　　　高裁通常訴訟既済事件のうち、判決　9000件（欠席判決を除く）
　　　　　　　　同　　　　　裁判上の和解　5000件＊
　　　　　　地裁通常訴訟既済事件のうち、判決　4万件（欠席判決を除く）
　　　　　　　　同　　　　　裁判上の和解　5万5000件＊
　　　　　　簡裁通常訴訟既済事件のうち、判決　5万件（欠席判決を除く）
　　　　　　　　同　　　　　裁判上の和解　7万7000件＊
　　裁判所以外のＡＤＲ──③（②は極めて少ない）　2万件（推定）

　民事調停の不調により民事訴訟に移行する事件や、下級審の判決に対する上訴の後に上級審で和解する事件などがあるので、事件数を単純に見ることには問題があるが、おおよその傾向として、＊印の事件は、仕事としてＡＤＲに適する事件として数えることができるであろう。したがって、ＡＤＲに適する事件の圧倒的多数は、裁判所が扱っていることが分かる。すなわち、以上のことからはっきり見えるのは、裁判所が、本来ＡＤＲで行うべき仕事まで引き受け、ＡＤＲを覆い尽くしているという姿である。ＡＤＲの最も基本的な理念は私的自治であるが、これは、ＡＤＲの基本的理念である私的自治を国家の統治権のひとつである「司法」が飲み尽くしている構図である。

このことを実務的平面から見て別の表現をすれば，裁判所の負担が過剰になっているということである。
　この基本的理念と実務的平面の双方を視野に入れれば，裁判所の負担を軽減しつつ，私的自治の理念を実現させる地平が見えてくるはずである[3]。

　1　草野・前掲書『和解技術論』6頁
　2　その例として，第6講のノナ由木坂事件
　3　その具体的方策を模索し，民事調停制度の抜本的な改革を提言したのが，廣田・前掲書『民事調停制度改革論』である。

ＡＤＲの特徴と歴史的意義

　わが国の裁判外紛争解決（ＡＤＲ）の現状については以上のとおりであるが，これからＡＤＲの特質などの内容的側面に検討を加えることにしたい。
　ＡＤＲの個別的特徴については，小島武司教授が要領よく整理されているので，それに従ってその要点を紹介する[1]。
　個別的特徴としてあげられるのは――
　第1に，手続の簡易柔軟性。ＡＤＲにおいては，手続は，より簡易かつ柔軟なものになる。柔軟で臨機応変な手続運営は，一般に無駄が少なく，簡易で低廉なものになる。
　第2に，手続・解決内容の非公開。裁判が公開原則に従うのに対して，ＡＤＲの手続及び解決内容は非公開とされている。知的財産権や営業秘密にかかわる紛争において秘密保持は必須の条件であり，また，プライバシーや名誉なども重要な保護利益であるが，ＡＤＲでは，これらを保護しつつ紛争を解決することが可能となる。
　第3に，手続の迅速性。手続が重装備で，他の事件との日程調整も必要となる訴訟の場合は，遅延が生じがちであるのに比べ，ＡＤＲでは，事件の輻輳に影響されることが少なく，1つないし少数の手続に焦点を絞った集中的処理が可能である。
　第4に，一審性の原則。ＡＤＲにおいては，一般に審級を重ねることがなく，原則は一審限りである。したがって，審級性（わが国では三審制）をとる訴訟手続と比べて，迅速・低廉な事件処理が行われやすい。

第5に，専門性。当事者主導による手続運営が認められるADRにおいては，その担当者を法律家に限らず事件の性質に応じ幅広い範囲から選ぶことができる。そこで，各専門領域のエクスパートを選ぶことで，専門・技術的な事件を適切に判断することのできる態勢を整えることがより容易である。

　第6に，解決基準の弾力性。実体法の厳格な拘束下にある訴訟に対し，ADRにおいては，実体法の基準性が緩和され，広く条理にかなった解決基準が採用される。そこで，実体法の適用によるオール・オア・ナッシングの解決によることなく，紛争の実情に即した統合的な解決がもたらされる。

　第7に，手続の非国家性。訴訟が国家司法権の作用であるのに対し，ADRはあくまで私人による解決が中心である。したがって，国家の主権の及ぶ範囲を超えて機能することが可能であり，国際性に秀でている。このことは，近時のグローバリゼイションの進行に伴って増加した国際取引を巡るトランスナショナルな紛争の解決，さらには国境のないインターネット上の紛争の解決などに関して，とりわけ重要である。

　第8に，国際的ハーモナイゼイションの可能性。各国は，それぞれ独自の法律制度を有しているが，大局的にみれば，主権国家の枠を超えた分類が可能である。この分類が長い歴史の中で形成されてきた法族，法圏ないし法家族であり，このうち，コモン・ロー法族とシヴィル・ロー族が際立った違いを示している。ADRも，各国の法族や法文化による影響から自由ではない点で訴訟と同じであるが，合意を基礎とする手続の柔軟性や解決基準の弾力性などからして，手続的調和モデルの創造がより容易である。

　以上，小島教授の著述を要約させていただくが，ADRの特質が実によくまとめられている。

　では，裁判外紛争解決（ADR）が今，なぜ必要とされるのだろうか。それは，小島教授が整理された個別的特徴を使って紛争解決をはかるニーズが増大したからであるが，その深奥には，第11講の「和解の歴史的意義」で述べたことと同様に，それらがそのままADRの必要性を切実にしているのである。

　また，訴訟の論理構造だけでは現代的な問題を背景にして起こる複雑，多様な紛争に対応できなくなり，和解の論理構造を使用しなければならなく

なった。ＡＤＲの中心を占める調停は，その目的とするものは和解であるから，ＡＤＲの論理構造は第12講の「訴訟の論理構造と和解の論理構造」で述べた和解の論理構造と同じである。したがって，その部分の「和解」とあるところを「ＡＤＲ」という言葉に置き換えればよいことになるが，現代の複雑，多様な紛争に対応するために，ＡＤＲの論理構造を使用して紛争を解決したいというニーズが増大することになる。

　以上のようなニーズにこたえるための紛争解決システムとして，ＡＤＲの存在理由があり，歴史的意義があると言える。

　　1　小島武司『ＡＤＲ・仲裁法教室』（有斐閣，2001年）10頁〜16頁

調停技法の発達

　ＡＤＲの必要性に言及したので，最近の調停技法の発達にも触れておかなければならない。

　社会，経済が複雑になり，権利関係が錯綜する一方で，人々の権利意識が高くなってくると，民事調停法1条にいう「互譲」だけでは，紛争を解決することが難しくなった。まして「妥協」を迫るだけでは，当事者が満足しなくなったことは当然である。人々の「適切で納得のできる紛争解決をしてほしい」というニーズにこたえるためには，それ相応の技法が発達することが必要である。すなわち，ＡＤＲの充実，発展と技法（とりわけ調停技法）の進歩とは切り離すことができないのである。逆に言えば，技法の進歩なくしてＡＤＲが充実，発展することはあり得ないということになる。

　調停技術の発達，進歩に関しては，近時めざましいものがある。そのいくつかを，ここで概観しておきたい。

　最近アメリカの調停実務のうえでは，調停の技法を，evaluative（評価力のある），facilitative（助成力のある），transformative（変容力のある）の3つに整理し，評価的な調停から助力的な調停あるいは変容的な調停を重視する方向を示してきた。

　すなわち，従来の調停は，調停人が当事者の主張や行為を評価し，そのイニシアチブのもとで調停案を示すなどの説得をし，和解にこぎつけていた。これがevaluativeな調停と言われるものである。

調停技法の発達

　この技法は，効率性は高いが，当事者の真の納得に到達できないことがある。その反省のもとで発達してきたのが後2者の技法である。すなわち，後2者は，調停人が指図したり，評価したり，説得することをせずに，調停を当事者の言いたいことを言う場にして，当事者が自ら解決する方向を目指す手法である。

　facilitativeな調停は，当事者双方が自らの意思によって解決に達することを助力する技法である。これに対して，transformativeな調停は，当事者が自己の能力を高め（empowerment），相手方に対する認識を深める（recognition）ことによって変容することを理想としている[1]。

　もとより，事案によっては未だ評価的な調停が必要なこともあるだろう。しかし，助力的な調停，変容的な調停が意識され，現実に実践されることによって，調停のキャパシティは格段に大きくなったと言ってよいだろう。

　また，同席調停を促進すべきだという意見も盛んになってきた[2]。

　従来わが国では，交互方式あるいは個別方式（コーカス）と言って，調停人は当事者の片方ずつから交互に事情を聞き，調停をすすめることが普通であった。しかし，交互方式では当事者は相手方が何を調停人に話したかが分からず，調停人が偏った情報で心証を形成する危険性がある。また，交互方式では，ときには当事者が調停人を説得しなければならなくなったり，ときには調停人が当事者を無理矢理説得したりするので問題がある。さらに，当事者が対話をすることによって相互理解と解決促進をするのが真の合意に到達する道であるから，当事者双方の同席のもとで調停をすすめるべきである，というのが同席方式あるいは対席方式論の主張である。

　これに対して，交互方式あるいは個別方式論は，調停人が親身になって個別に当事者の主張や事情を聞くことが望ましく，それによって当事者から本音を聞くことができて，それが解決を促進するのだと言うのである。また，同席方式では，当事者の力関係に左右されるばかりか，無口な人や対話の上手でない人が不利になって，かえって不公平になると主張する。

　欧米では，公正性，中立性を重視して，同席方式へのこだわりが強い。しかし，わが国では，効率性を重視して，交互方式を支持する人も多い。

　ところが，最近では，欧米が交互方式を一部取り入れ，わが国でも同席方式にウイングを伸ばし，いずれも調停技法の能力を高めている傾向を見るこ

第14講 裁判外紛争解決（ADR）

とができる。すなわち，ケース・バイ・ケースで，双方の利点を使って解決する志向が高まってきたのである。

　もう1つ，これは私が提唱していることであるが，第8講で述べたように，当事者の主張を徹底的に聞いたうえで，言葉で構成されている事実関係や紛争解決規範いったん細分化（ミクロ化）することによって評価的な部分を削ぎ落とし（中性化し），その細分化された言葉を再構成して，当事者の合意を引き出すという技法がある。この技法を調停で使用すれば，調停のキャパシティは一層大きくなる。

　ところで，これらの調停技法は，一見相違があるように見えるが，その目標としているところは共通している。それは，当事者が調停を経験することによって何かに気づき，自己の変容を通して紛争後の生活や企業活動の役に立てる，ということである。

　したがって，これらの調停技法の発達は，たんに技術上の問題にとどまっているのではない。また，調停の容量を大きくしているだけではない。それは，そのことによって，調停の理想，いや調停だけではなく，紛争解決の理想の姿を視野にとらえることを可能にしたということである。

　その理想の姿とは，一体何なのだろうか。

　調停は，当事者が紛争解決の過程で蘇り，その経験を獲得して事後の生き方に役立てることを理想としている。真の納得もとで紛争状態を脱した人が，生き返ったような清々しい気持になるのは，その境地に達したからである。すべての調停がこの通りになるわけではないが，そのような理想の境地に達することがあり得ることを意識して，そこに到達することを目指したいものである。

　これを社会的に見るならば，訴訟が公権力による裁断型社会を構想するのに対し，調停は私的自治に基づく自律型社会を構想すると言うことができるであろう。

1　Robert A. Baruch Bush & Joseph P. Folger『The Promise of Mediation』(Jossey-Bass, 1994) p84
2　井垣康弘「同席調停の狙いと成功の条件」（井上外編・前掲書『現代調停の技法〜司法の未来〜』）

仲裁の制度設計

　平成13年（2001年）6月に発表された司法制度改革審議会意見書（以下，「意見書」という）の趣旨に則って，司法制度改革推進法（平成13年11月16日法律119号）が制定され，この法律に基づいて，平成13年12月，内閣に司法制度改革推進本部が置かれた。そして，意見書に盛られた検討テーマを具体化するために，11個の検討会が設けられ，それぞれ11人の委員が選任された。ＡＤＲに関する検討会は，仲裁検討会とＡＤＲ検討会の2つであったが，私は，後者のＡＤＲ検討会の委員に選任された。

　前者の仲裁検討会で仲裁法制の整備について審議が重ねられた結果，仲裁法（平成15年8月1日法律138号）が成立し，平成16年3月1日に施行された。

　したがって，仲裁の手続については仲裁法によることになる。

　そこで，仲裁を実施する各仲裁機関の制度設計について若干触れておくことにしよう。

　調停と並ぶＡＤＲのもう1つの柱，仲裁は，形のうえでは訴訟に近い構造をしている。すなわち，両当事者は対立構造に立っていて，その真ん中に裁定者である仲裁人が存在する。この構造を重視すれば，仲裁制度は訴訟制度に近いものになり，現に訴訟との類似性が極めて高い仲裁制度も存在する。

　その場合に，訴訟とどこが違うかと言えば，仲裁合意をすることと，当事者が仲裁人を選ぶことができることである。すなわち，この2点に私的自治を重んずるＡＤＲの特徴が生かされているということになる。

　したがって，当事者が選ぶ仲裁人による裁定という特徴を重視して制度設計されているＡＤＲが存在する。その多くの例を，国際商事関係の紛争を扱うＡＤＲ機関に見ることができる。しかし，ＡＤＲ機関によっては，名簿に登載された仲裁人候補者の中から機関が仲裁人を選定すると定めているものがある。この場合には，仲裁人を選ぶというメリットはなくなるが，その分だけ手続が簡略になる。

　また，将来志向型あるいは権利関係創設型に仲裁システムを設計することは可能であり，そのことによって，過去志向型の訴訟システムとは違う役割を果たすＡＤＲをつくることができる。例えば，割合的認定を可能にすること，当事者の事情を加味して履行方法を工夫すること等々，さまざまな方法を導入することが考えられる。

したがって，仲裁は，制度設計の問題に大きな比重がかかっている。

今後ＡＤＲに対するニーズが増大することを思えば，制度設計の着地点をどこに置くかはともかくとして，スケールの大きな視野を持っておきたいと，私は考えている。

裁判外紛争解決手続の利用の促進に関する法律（ＡＤＲ法）批判

私が参加したＡＤＲ検討会の方は，主として時効中断効について委員の意見が割れたためにまとめることができず，平成16年の通常国会に法案を提出することができなかった。その後，平成16年4月，事務局は突然，認証制度を導入する案を出した。この案は，民間型ＡＤＲに限って認証制度を導入し，法務大臣から認証を受けた民間の認証紛争解決事業者が行う手続には時効中断効などの特例を与えるというものである。

私は，この案にただちに反対し，対案として，「調停の促進に関する基本法（案）」を出したが，私の対案については一度も審議することなく，以後はもっぱら事務局案を巡って議論が行われ，最後は各委員の賛否を明らかにしないまま，ＡＤＲ検討会は終了した（ただし，私は反対の意思を表明した）。

そしてこの法案は，平成16年の臨時国会に提案され，「裁判外紛争解決手続の利用の促進に関する法律」（いわゆる「ＡＤＲ法」，平成16年12月1日法律151号）として成立し，平成19年4月1日に施行された。

このＡＤＲ法に基づいて，一般財団法人日本スポーツ仲裁機構などの事業者が法務大臣の認証を受けている。

しかし，ＡＤＲの基本的理念は私的自治であり，前に述べたような歴史的意義や現代的必要性からすれば，ＡＤＲは，行政によるコントロールを排除するのが本来の姿である。ＡＤＲ法は，そのような理念，意義，必要性に真っ向から対立するものである[1]。私は，このＡＤＲ法によってＡＤＲが拡充，活性化する姿を思い浮かべることはできないが，いずれにせよ，この認証制度は，過渡的な段階のものに過ぎないと考えている。

1 私が反対した理由は，廣田・前掲書『紛争解決学〔新版増補〕』321頁〜328頁で詳しく述べた。

和解仲裁所の構想

　そこで、次の課題は、ＡＤＲについての抜本的な制度改革ということになるに相違ない。すなわち、当事者の合意による紛争解決システムとして、ＡＤＲを社会の中に広く配備し、私的自治を実現するための制度改革を構想することである。そのような私的自治の基本理念に基づいて設立、運営されるＡＤＲを想定し、それを「理念型ＡＤＲ」と言うことにしよう[1]。

　理念型ＡＤＲを構想するときに問題になるのは、それを最初から一気につくるのか、既設のＡＤＲ機関を改造するなどして徐々につくるのかということである。

　私は、一気につくるよりも、段階的に制度設計をする方がよいと考えている。すなわち、最初に理念型ＡＤＲを想定して、そこに至る段階ごとの設計も同時に行ない、想定していた理念型ＡＤＲと最終的に一致させる方法が、最も現実的でかつ堅実であると思う。

　そして、その改造の対象となる既設のＡＤＲとしては、地方裁判所、簡易裁判所、家庭裁判所における調停がよいと思っている。

　わが国における裁判所における調停制度は、日本全国に設置されていて、人的配置、物的施設が備わっている。また、国家予算で運営されているので、費用が安く当事者が利用しやすい。そして、公正性、中立性が高く、信頼が厚い。この裁判所における調停制度に匹敵するＡＤＲ機関は、わが国には存在しない。

　したがって、私の改革案は、裁判所における調停制度を段階的に改造して、最終的に理念型ＡＤＲにしようという構想である[2]。

　ところで、この理念型ＡＤＲ機関にどのようなネーミングをすればよいだろうか。私は、全国の裁判所に「裁判所」という看板が懸けられているように、端的で分かりやすく、短い名称がよいと思うが、ここではその仕事と目標に着目し、とりあえずの仮称として「和解仲裁所」という名称を使うことにしたい。

　訴訟とＡＤＲは司法の車の両輪ではなく、紛争解決の車の両輪であるが、それならば、和解仲裁所は、裁判所と同規模のものとしたい。そのために、現在裁判所で扱っている調停事件、裁判上の和解事件を制度的に和解仲裁所に移管するシステムをつくる必要がある。

第14講　裁判外紛争解決（ADR）

　和解仲裁所の内部組織については，裁判所に匹敵する規模で，調停，仲裁，ミーダブ等を行うのであるから，運営のための意思決定機関，事務局組織，調停人・仲裁人等，それにふさわしい陣容にしなければならない。ここで大切なのは，職業調停人，職業仲裁人を配置することである。職業裁判官が裁判所に配属されているのと同様に，（全部でなくても一定数の）職業調停人，職業仲裁人が和解仲裁所に配属されることは当然である。そして，職業調停人，職業仲裁人は，裁判官と同様の身分保障が必要であり，また，裁判官と同様の守秘義務などを負わなければならない。
　和解仲裁所は，裁判所のようなピラミッド型の組織ではないから，全体的な外部組織としては，ネットワーク組織にすることが必要である。そして，中央にセンターを置いて，解決事例の収集と分析，情報の収集や提供，研究，研修，検査・調査機関との提携，調停人・仲裁人に関する情報の収集・提供，大学等の教育機関との提携，他のADR機関との提携，渉外事務等の仕事をすることにしたい。
　そして，いよいよ実行ということになれば，第1段階（調停人，仲裁人の研修と法的整備などの準備）に3年，第2段階（和解仲裁所のスタート）に2年，第3段階（物的整備）に2年，第4段階（和解仲裁所の完成）に2年，以上合計9年を経過した後に和解仲裁所が完成することになる。すなわち，達磨大師が面壁して座禅をしている間に，和解仲裁所ができてしまうのである。

　1　理念型ADRについては，廣田・前掲書『民事調停制度改革論』82頁
　2　この構想については，同書144頁～216頁で詳しく述べた。

第15講　付帯条件つき最終提案仲裁・調停

付帯条件つき最終提案仲裁・調停という新手

　最終提案仲裁（final offer arbitration）は，当事者双方が最終的な提案をし，仲裁人が当事者の提案のいずれか一方を選択して（すなわち中間値を採らない），それをもって仲裁判断するという方式である。最終提案仲裁は，アメリカで行われている仲裁であるが，野球選手の年俸を決めるときに使用されるので，別名野球式仲裁（baseball arbitration）とも言われる。

　私がこの最終提案仲裁のことを知ったのは，新堂幸司教授のジュリスト1984年10月1日号（№822）の巻頭言であった。その中で新堂教授は，「この方式によると，当事者は，それぞれ，相手方の提案よりもより合理的とみられるような提案をしないと，相手方の案が採用される。そこで，当事者は双方とも，理性的かつ妥協的になることが期待される」と指摘されている。

　私は，新堂教授の巻頭言に興味を抱いたものの，どこか引っかかるところもあって，そのうち記憶の奥のほうにしまい込み，長い間忘れてしまっていた。

　しかし，あるときふと，何に引っかかっているのだろうと考えてみる気になった。はっきりしていることは，自分も試みたいと思う一方，アメリカの方式を直輸入することに抵抗を感じていたのである。もっとはっきり言えば，癪にさわるのである。しかし私は，自分の狭量さに苦笑しながらも，引っかかる理由は，それだけではないと感じていた。

　少し考えているうちに，引っかかる理由は，請求する当事者Xの最終提案が請求を受ける当事者Yの最終提案よりも必ず上回ることを前提にしているところにあることに気がついた。これはいかにも欧米人の感覚に基づいている。これに対しXの最終提案がYの最終提案を下回ることをあり得るというのが，いわば東洋人の感覚であろう。「この程度でけっこうですよ」と言う

第15講　付帯条件つき最終提案仲裁・調停

Xに対して，Yが「どうぞご遠慮なく，この程度を」と言うことがあってもよいではないか。

そこで私は，この最終提案仲裁に，Xの最終提案がYの最終提案を下回ったときにはその中間値をもって仲裁判断するという付帯条件をつけることとした。このようにすると，当事者は思い切った最終提案をすることが可能になるし，双方の最終提案が近づけば，納得や合意が得やすくなるという功利的な計算もあった。そして同時に，アメリカ直輸入というコンプレックスをも克服できる。私は，このいわば新手つきの最終提案仲裁をいつか実践しようと考えて，ひそかに胸の中で暖めていた。

なお，最終提案仲裁は，調停にも応用できる。すなわち，最終提案調停は，調停人が当事者双方の最終提案のどちらか一方を選択し，その内容をもって和解するという方式である。そして最終提案調停に，請求する当事者の最終提案が請求を受ける当事者の最終提案を下回ったときには中間値をとるという付帯条件をつける方式が，付帯条件つき最終提案調停ということになる。

私は，付帯条件つき最終提案仲裁と付帯条件つき最終提案調停とを併せて論ずるときには，「付帯条件つき最終提案仲裁・調停」ということにしている。

以下に，私が実践した3つの付帯条件つき最終提案仲裁・調停の事例[1]を紹介し，その経験を踏まえて，若干の考察をしたいと思う。なお，私は常に付帯条件つき最終提案仲裁・調停を行いたいと考え，そのとおりに実践しているので，付帯条件のつかない最終提案仲裁・調停には経験がない。付帯条件がつかない最終提案仲裁・調停と付帯条件つき最終提案仲裁・調停では，基本的な部分は共通であるが，当事者の読み，心理，最終提案の内容，仲裁人・調停人の心証，選択などにかなりの違いが出ると思われる。その共通点，相違点を明らかにすることも研究の対象になるだろう。しかしここでは，最終提案仲裁・調停の一般についても考察するが，付帯条件つき最終提案仲裁・調停の経験を踏まえ，最終的には付帯条件つき最終提案仲裁・調停の考察に集約してゆくことにする。

1　3つの付帯条件つき最終提案仲裁・調停の事例の詳細については，廣田・前掲書『紛争解決学〔新版増補〕』381頁～425頁

3つの事例

1）契約金返還請求事件（第一東京弁護士会仲裁センター／付帯条件つき最終提案仲裁）

　最初の事例は、第一東京弁護士会仲裁センターに申し立てられた契約金返還請求事件であった。この事件は、申立人Xが相手方Yに対して、当初は調停を申し立てたものであり、Xの主張は以下のとおりである。

　会社員Xは、注文住宅建設を業とするY株式会社との間で、自宅の建物を新築する工事請負契約を締結した。請負代金の総額は5100万円であり、契約締結と同時に契約金400万円を支払った。しかし、Xの建築予定地は、かねてから建築基準法上の接道義務を果たしていなかったので、隣地所有者と土地を交換して通路を拡幅するのが先決であった。にもかかわらず、Yからキャンペーン中だから建築費用が安くなるなどと契約締結を急がされ、道路問題未解決のまま、しかも、契約内容の説明を十分に受けないで契約をしてしまった。また、Xが公庫申し込みを急いでいた等の事情があって、その事情に乗じられたという事実もあり、XがYの住宅展示場を初めて見学してから契約締結まで僅か2週間しかないのは不自然である。よって、要素の錯誤による無効、もしくは詐欺による取消しにより、あるいは契約を解除するから、支払った契約金400万円を返還せよ——

　これに対して、Yは、次のとおり反論した。

　Yは決して契約締結を急いだわけではなく、事前にXと十分に打ち合わせをした。また、隣地所有者との道路問題も、関係者の利害関係からすると早晩解決する見通しがあり、現にXの調停申立て以前に解決しているので、未解決のまま契約を締結したからといって、それをもって無効原因、取消事由にすることには理由がない。工事請負契約には、工事着工前に注文主が解除するときには契約金を返還しないという定めがあるから、その契約条項に基づき、契約金は返還しない——

　第1回期日に、私は当事者双方からその主張を詳しく聞いた。そしてYは、本来契約金を返還する義務はないが、従来からXに申し入れていたとおり、契約金のうちの200万円を返還すると述べた。しかしXはYの提案に納得せず、あくまでも400万円を返還せよと主張した。

　第2回期日には、再び当事者双方が主張を尽くした。そしてXは、返還額

217

第15講　付帯条件つき最終提案仲裁・調停

を350万円にすることを提案した。しかしYは，契約金の半分を返還すれば十分だと主張して，それ以上は譲らなかった。

私は，当時国会に上程されることが予定されていた消費者契約法（この事件の後の2000年5月に成立した）が，解除に伴う損害賠償の額の予定につき一定額を超える部分は無効とすることになっているので，それを参考にしたらどうかと述べた。

第3回期日では，まずYが返還すべき額として240万円を提案した。これに対し，Xは300万円を提案した。そこで問題になることは，300万円と240万円の差をどのようにして埋めるかということである。

従来の調停のやり方では，ここから先が激しい争いになる。双方が相手に妥協を迫り，結局断固として譲らない方に結論が傾いて，大幅な譲歩をした方が不満を述べた挙句，双方が気まずい思いで終了することが多い。それでも一応の合意に達すればまだしも，双方の感情が激して決裂することさえある。

そこで私は，以前から暖めていた付帯条件つき最終提案仲裁をすることを提案し，その方法を詳しく説明した。そして，次回期日に当事者双方がこの方式を採用するか否かを回答することにして，第3回期日は終了した。

第4回期日では，当事者双方とも，私を仲裁人とする付帯条件つき最終提案仲裁を行うことに合意して，仲裁契約を締結した。この段階で，調停手続は仲裁手続に移行し，調停人であった私は仲裁人になった。

そしてただちに，当事者双方は，最終提案を提出した。Xの最終提案は256万円であり，Yの最終提案は250万円であった。

私は，250万円の方を選択したが，その根拠を問われても答えることができない。そのときの私の心理をうまく説明することはできないが，256万円と250万円ならば，250万円の方がよいと思って選択しただけということになるだろう。ただ私は，「損して得とれ」という俚諺を引いて，Xに対し，「あなたは契約をすることの難しさを勉強し，これからは手堅く契約することができるようになったのだから，Yに差額の6万円をプレゼントしてほしい」という言葉をつけ加えた。

私が選択した瞬間に，当初激しく争っていたXとYの担当者や双方代理人が破顔一笑したのを見て，私は，付帯条件つき最終提案仲裁というシステム

のよさを確認することができた。

2) 瑕疵修補及び損害賠償請求・請負代金反対請求事件（中央建設工事紛争審査会／付帯条件つき最終提案調停）

次は，私が国土交通省に設置されている中央建設工事紛争審査会の調停人として解決した事例である。

この事件は，注文主X（申請人）と請負人Y（被申請人）が工事請負契約を締結すると同時に仲裁合意をしたので，当初は仲裁事件として申し立てられた。中央建設工事紛争審査会では，調停と仲裁は3人の合議体で審理を行うことになっており，法律委員の中から選任された私の他に，A仲裁人（建設コストを管理する研究所の審査役）とB仲裁人（国立大学の名誉教授）が技術委員として選任され，定めに従い，法律委員の私が審理の指揮をとることになった。

申請人Xの主張は以下のとおりである。

Xは社員教育のための研修施設をつくるために，鉄筋コンクリート造り地下1階地上3階・延床面積660平方メートルの新築工事をYに請負わせることにし，1996年9月25日，請負代金を1億6500万円とする工事請負契約を締結した（以下，「本件契約」という。また，本件契約に基づく工事を「本件工事」，本件工事に基づいて建築した建物を「本件建物」という）。

本件工事は，当初は1997年3月1日に着手，同年8月31日完成の予定であったが，Xの社内事情により，同年6月1日着手，同年11月30日完成に変更した。そして同日，XはYから本件建物の引き渡しを受けた。しかし，本件建物には未完成部分が残っている。

本件契約によると，請負代金は1億6500万円であるが，その他に追加工事があり，その追加工事分の請負代金は1500万円である。そして，XはYに対し，これらの請負代金を，1998年2月23日までに合計1億6600万円支払った。計算上は1400万円の残代金があることになっているが，本件工事には未完成部分があるので，残金を支払わないのは当然である。工事期間中には，クレーンの倒壊，ガス漏れ事故，隣家マンションの壁面や花壇タイルの破損などのトラブルを起こしているが，本件建物には，床面の凸凹，床材の剥がれ，北面擁壁のジャンカ（コンクリート打ちの際に生じる空洞部分），雨漏り等の

219

20か所以上の不具合や瑕疵が発生しているので，本件建物の瑕疵を補修し，相当額の損害賠償をせよ——

これに対し，Yは次のとおり主張した。

XとYが本件契約を締結したこと，請負代金が1億6500万円であること，追加工事の請負代金が1500万円であること，請負残代金が1400万円であることは，Xの主張のとおりであるが，本件工事の工期は，第1期工事として1997年5月23日から検査済証を取得する同年11月28日までと，第2期工事として検査後の工事が終了する1998年3月31日までとがあった。また，1997年11月30日に本件建物を引き渡し，その日からXが使用しているのは事実であるが，それはXから社内事情のためにどうしても必要だと懇請されたからであって，あくまでも事実上の引き渡しにすぎず，残代金の支払いを受けない以上は，法律的に正式の引き渡しをしたわけでない。

なお，床材の剥がれ，雨漏りなどの若干の補修工事はするが，未払いの残金1400万円は至急支払え——

さて，第1回期日は，2000年3月1日に開かれた。

Yの答弁によると，一部について補修工事をすることを認めているので，私は，その補修工事を先行させるか否かについて当事者双方に意見を聞いた。それと同時に，仲裁と調停の違いを説明し，仲裁手続を進めるか否かについて，当事者双方に意見を求めたところ，この仲裁人のメンバーによって調停をしてほしいということであったので，ただちに調停を開始した。

調停の進め方としては，先にYが補修工事をし，その後に残された問題について調停することにした。その前提として，3回の期日にわたって当事者双方から主張を詳しく聞き，その後に現場の見分をして，当事者の主張を現場で1つ1つ確認した。

その次の期日に，Xの補修請求部分を一部分離し，1階応接室，事務室の中央付近の凸凹等の7項目の補修工事を同年8月31日までに完了する旨の合意書を成立させた。

Yが合意書の定めたとおりの補修工事をしたので，争点が少なくなって調停が円滑に進むかと思われた。しかし逆に，Xが請求を拡張するとともに，工事費用相当額の損害賠償や慰謝料を数字で示すに至り，事件はエスカレートする様相を見せてきた。

拡張された請求の中には，床面の凸凹や剥がれについては10年間の，北面擁壁が崩壊しないことについては60年間の保証をせよ等という金額で示されていないものも含まれているが，そのような請求を除いて金額が示されているものだけをとってみても，それを合計すれば，7158万円になっていた。

　これに対してYは，追加工事の請負金額を定める際に，Xからさまざまな不具合の指摘があったので，見積額3350万円から1950万円を減額し，1400万円に決定したのであるが，Xが損害賠償を請求するのであるならば，もともとの3350万円を支払えと言う。

　双方の主張を並べてみよう。

　Xの請求には金額にあらわれないものもあるが，その部分を除いても，Xは7158万円から残金の1400万円を差し引いた5758万円を支払えというのに対し，Yは残金の1400万円に減額分の1950万円を加えた3350万円を支払えと言う。すなわち，両者の請求額の差は，9108万円である。

　ここから先は，金額の動きに焦点を絞って説明することにしたい。

　私たち調停人は，不具合や瑕疵の発生の主要な原因の1つは工期が極端に短かったところにあることを指摘し，その責任がどちらにあるにせよ，そのことを念頭に置いて歩み寄りができないかと聞いたところ，Xは7158万円の請求を半額の3579万円に減額し，そこから1400万円の残代金を引いた2179万円の請求にすると言い，Yは和解できるのであれば，いったん拡張した1950万円の請求を引っ込めて，1400万円の請求にするということであった。この時点で，請求額の差は，9108万円から3579万円に下がったことになる。

　次の期日に，私たちは合議のうえで，保証期間を契約上の定めよりも長くすることを提案した。Xが要求する保証期間は長すぎるとしても，保証期間を長くすることによって，Xの本件建物に対する全般的な不安は減少するし，具体的な請求も解決される。したがって，それによって大幅な歩み寄りができるはずである。

　この提案によって，Xは，Yに対して金銭を支払えとは言わないが残代金はビタ一文も払いたくない，すなわち，請求額を残代金と同額の1400万円に減額して，残代金と相殺すると言う。一方Yは，残代金を400万円減額して1000万円でよいと言った。

　ここで，差は1000万円に縮まった。しかし，ここから先がビクとも動かな

第15講　付帯条件つき最終提案仲裁・調停

い。そのときに当事者双方が異口同音に言ったのは，「どうか調停人が調停案を出して下さい」という言葉である。

　このような場面で調停人が当事者の希望にこたえなければ無責任になり，信を失うことになる。そこで合議のうえで，次のように率直に心証を開示することにした。

　私はまず，当事者双方の主張について厳格な事実認定をしたわけではなく，また，法的判断をしたわけでもないので，あくまでも暫定的な心証であると断ったうえで，Xの主張の1項目ずつが少なくとも50パーセントを越える立証が可能とは限らないし，仮に越えたとしても，工期が短かったことや受忍限度ということを勘案すれば手堅い数字にならざるを得ないであろうなどと述べた。そして，次のようにつけ加えた。

　すなわち，Xがビタ一文も支払いたくないという気持ちがネックになっている。その気持ちが分からないことはないが，まずいくらかは支払うという気持ちになっていただきたい。それと同時に，Yも絶対に1000万円だと言わずに，そこからいくらか引くということを検討してほしい——

　以上のように調停人の心証を開示したところ，Xは，「では，いくらか支払いますが，3桁の大台に乗せるのは嫌です。99万円なら支払います」と言った。

　ここで，差は901万円になったが，それから先のことになると，当事者双方はやはり，「調停人から，調停案を出して下さい」ということであったので，私たちはまた合議をすることになった。

　合議がはじまって，私はかねてから考えていた提案をA調停人，B調停人に披露した。その提案は次のようなものである。

　すなわち，901万円の差をこのままにして調停案を出すことは強引に過ぎるであろう。調停案を出すのであれば，もう少し範囲を絞る必要がある。

　そこで，Yに説明義務違反があると言えるかどうか別にしても，少なくともXがしっかり理解する程度までの説明ができていなかったことは事実であろう。また，補修工事では直らないようないわば後遺症のように残っているところもある。例えば，北面擁壁は，補強工事のためにコンクリートに3センチほどの厚みが出てしまった。これは受忍限度の範囲内と言えるかも知れないが，それにしてもXが気持ち悪いと思う部分は残るだろうから，それを

配慮して，まず差額の3分の1をそれに充てる。一方，Xには何と言っても工期に間に合ったというメリットがあった。このメリットに対して，何らかの配慮をするのであれば，差額の3分の1は支払わなければならない。

したがって，残りはあと3分の1になる。その残りの3分の1の範囲内で和解をすればよいということになる。そのとき，調停案を数字でズバリと出すと，反発を受けてかえってまとまらないか，まとまっても不満を残すと思う。また，調停案の根拠を問われれば説明ができないであろう。したがって，当事者から最終提案を提出してもらうことによって最終的な意思を聞くこと，すなわち当事者の自主性を引き出すのがよいと思う——

そこで私は，A調停人とB調停人に付帯条件つき最終提案調停の方式を説明したところ，両調停人もそれに賛成されたので，調停室に戻って，当事者双方に合議の結論を伝えた。

すなわち，99万円に1000万円との差額の3分の1である300万3000円を加えた399万3000円を最低額とし，1000万円から同じく300万3000円を引いた699万7000円を最高額とする範囲内で，付帯条件つき最終提案調停をしようという提案である。

その後若干の紆余曲折があったが，結局両当事者とも，付帯条件つき最終提案調停をすることに合意した。

そして，最終期日の2001年12月14日に，両当事者が最終提案を提出した。Xの最終提案は，511万1111円であった。そしてYの最終提案は550万円であった。

合議をしたところ，B調停人が，「調停は合意に基づくものだから，511万1111円の方の『ゴーイ』がいいですね」と早々に断を下し，A調停人と私の選択は分かれたが，結局2対1でXの最終提案を選択することにして，一件は落着した。

3）**下請代金請求事件**（日本商事仲裁協会／付帯条件つき最終提案調停）

A社がY社に機械の設計を発注したが，Y社は多忙で時間がとれないので，その仕事をX社に下請けに出した。しかし納期が短くて請負代金の見積りもできず，支払いは工数で決めることにしてX社は急遽設計図を作成した。X社は納期に間に合わせて仕事を納めたが，要した工数に基づいて請負代金を

第15講　付帯条件つき最終提案仲裁・調停

算出したところ，159万円になったので，その159万円を元請のＹ社に請求した。

ところが発注者のＡ社は，設計の費用は60万円程度と考えていたので，とても159万円は支払えないと言い出した。Ｙ社はこの仕事で利益を得ようとは思っていなかったが，請求額は妥当であると認めているものの，赤字は出したくないので，Ｘ社に請求額通りに支払うことを渋っている。

そこでＸ社は，日本商事仲裁協会に調停の申立てをし，私が担当することになった。

期日がはじまり，私はまずＹ社の方に，「調停が申し立てられた後に，Ａ社との間で何か進展がありましたか」と訊ねたところ，Ｙ社の社長は，「80万円まではＡ社が負担してくれます。しかし，それを超えた金額で決まるのであれば，80万円を超える額の半分はＡ社が，残りの半分はＹ社が負担するという話になっています」と言った。そこで，「ではあなたは，いくらで解決したいと考えているのですか」と聞いたところ，「120万円ぐらいにしてくれれば有難い」という答えだった。

次に，Ｘ社の社長にこのことを伝えたところ，「調停人が金額を出して下さい。120万円以上159万円以下であれば，いくらでもいいです」という返事だった。

しかし私は，双方の意思を尊重すべきであると考え，私が数字を出すことは控えた。そして，付帯条件つき最終提案調停を提案し，その方式を詳しく説明したところ，双方とも即座にこの方式で解決しようということになって，直ちに手続に入った。

Ｙ社の最終提案は140万円だった。一方，Ｘ社の最終提案は139万1250円だった。したがって，付帯条件が適用されることになり，自動的に中間値の139万5625円で和解が成立した。この間約１時間であった。

最終提案仲裁・調停における脳の動き

最終提案仲裁・調停はアメリカで行れている方式であるが，わが国で行れたということは聞いたことがなく，１）の事例がおそらく本邦初演であろう。また，付帯条件つき最終提案仲裁・調停という新手は，世界でも初めての試みであると思われる。この最終提案仲裁・調停のことを初めて聞く人は，こ

最終提案仲裁・調停における脳の動き

れをゲームだと言うかも知れない。ゲームかどうかは言葉の問題であるが，実際にやってみると，これをやろうと決めた瞬間に，ゲームどころではなくなってしまうようである。すなわち，当事者は自分の強いところ弱いところを徹底的に点検しなければならなくなる。また，相手の強いところと弱いところも読む必要がある。そして，その強弱を計量するために頭を活発に動かさなければならない。そればかりでなく，仲裁人・調停人のそれまでの言動を思い起こして，その心証を推理する必要もある。さらに，自分の最終提案を仲裁人に選択させるために，あれこれ作戦を立て，しかもそれを総合して数字に表現しなければならない。最終提案仲裁・調停に入る前は絶対に譲歩しないつもりであっても，自説にこだわれば選択されないことにすぐに気がついて，たちまち脳の動かし方を変える羽目になる。このことは，双方の最終提案を想定して数字を並べてみれば理解できることであって，通常のゲームとは違う形で真剣になってしまうのである。しかし，真剣になるからと言って苦痛が伴うわけではない。真剣になればなるほど楽しくなるのである。と言うことは，それまでに使ったことのない脳を使う経験をすることに他ならない。したがって私は，最終提案仲裁・調停に入る前に，「使ったことのない脳を使うことになりますよ」と予告することにしている。

　使ったことのない脳を使うという意味は，読みを入れる過程で，相手を理解することではないだろうか。これはおそらく，当事者にとっては予想外の展開であろう。すなわち，内観法[1]という心理療法をするときと似たような脳の動きがあるのだと思う。私は，2）の事例でこの方式を説明するとき，内観法の説明をして，「つまり，人間は人から迷惑を受けたこと，してあげたことしか覚えていない。しかし，1週間半畳の屏風の中に閉じこもって，人に迷惑をかけたこと，していただいたことを思い出していると，すっかり世の中の見方が変わってしまうのです。この最終提案調停をすると，ちょっと似た経験をすることになりますよ」と言った。

　このことは最終提案仲裁・調停の手続に入ると，当事者はすぐに実感するようで，1）の事例では，早速脳の動きが活発になってきたXが，「こんなことを言っては変ですが，これって面白いですね！」と叫んだときには，私も思わず，「そうでしょう！」と言ってしまった。

　そのような心理の動きは，当然細かいところまで読みが入ることになり，

第15講　付帯条件つき最終提案仲裁・調停

出てくる最終提案も仲裁人・調停人の予想を超えるものになる。1）の事例のＸの256万円，2）の事例のＸの511万1111円，3）の事例のＸの139万1250円などという数字を，誰が予想できるだろうか。

　率直に言えば，最初の1）事例のときは，当事者からどのような最終提案が出るか，興味津々であった。そして，Ｘが260万円でＹが250万円だったらどちらを選ぼうかなどと，内々考えていた。しかし，双方の最終提案を見て，その瞬間にそれまで考えていたことがまったく無駄であったことに思い知らされた。最終提案を見た瞬間に，自分の脳の中身が変わってしまうというか，脳の仕組みが組み変わってしまうような気持ちがして，一瞬にして頭が空っぽになってしまったのである。したがって，それまでに自分が予想しなかった思考をして，その思考の中で選択することになった。

　すなわち，使ったことのない脳を使うことは，当事者だけでなく，仲裁人・調停人も同じであって，実に妙な経験であったが，仲裁人・調停人は，前もって最終提案の予測などをせずに，双方の最終提案を見てから，組み変わった脳によって選択するのが正解のようである。

　なお，調停の理想の姿として，当事者が自己の能力を高め（empowerment），相手方に対する認識を深める（recognition）ことによって変容する（transform）ことがあげられている。3つの事例は，transformative（変容力のある）調停と同様の結果を得ることができた。1）の事例では，当事者が破顔一笑し，双方代理人が肩を叩き合って喜び，2）の事例では，選択されなかったＹの専務取締役が，「ありがとうございました。私はこの結論に大満足です」と大声を出し，3）の事例は商工会議所の会議室を借りて調停したのであるが，Ｙが結果に満足して，「商工会議所の事務局員に，始めから終わりまで見ておいてほしかった」と残念がった。調停の過程と読みを入れる過程で，当事者の脳の中も，心も柔軟になっているから，仲裁人・調停人の選択を素直に受け入れられるのであろう。そして，仲裁人・調停人の私の内部でも，何かが変容したのを覚えた。

　このように，最終提案仲裁・調停は十分に研究するに値する方式であると思うが，さまざまな問題点があるので，以下に項目のみをあげておきたい[2]。

　① 仲裁人と調停人が同一人であることについて
　② 仲裁判断の基準

③　紛争解決規範の使用方法
④　最終提案調停の特徴
⑤　調停技法と心証の開示
⑥　最終提案仲裁・調停を使用するケース
⑦　最終提案仲裁・調停を使用するタイミングと信頼関係
⑧　最終提案の近似性について

　ところで，この15講は，紛争解決学の中では，各論に位置付けられる。これに対して，その前の第1講から第14講までは総論であるが，以上の問題点は，総論で述べたこと当てはめてみると，総論と各論の関係が明らかになって紛争解決学の内容が深まる。そのことはさて措き，以下に，付帯条件つき最終提案仲裁・調停の思想と可能性について考察し，結びとしたい。

　　1　内観法については，柳田鶴声『内観実践論――自己確立の修行法』（いなほ書房，1995年），同『愛の心理療法　新版』（いなほ書房，1997年），波多野二三彦『内観法はなぜ効くか――自己洞察の科学』（信山社，1998年）
　　2　これらの問題点に対する考察については，廣田尚久「付帯条件つき最終提案仲裁・調停の事例と若干の考察」（『法政法科大学院紀要（第2巻第1号）』）13頁～25頁）

付帯条件つき最終提案仲裁・調停の思想

　付帯条件は，請求する側の最終提案が請求を受ける側の最終提案を下回ったときには中間値まで戻るのであるから，当事者双方が思い切った最終提案をすることができる。すなわち，当事者双方の最終提案が開き過ぎることがないようするため，そして仲裁人・調停人が索漠たる選択をすることを避けるために，できるだけの工夫をした方式である。しかし，それだけであろうか。
　私は前に，「東洋人の感覚」という言葉を使って，付帯条件という新手を考えたと述べた。そのことについて，もう少し深く考察しておきたい。
　付帯条件をつける本来の狙いは，仲裁人・調停人が最終提案を選択する際に，できるだけその意思に関らしめないところにある。それだけでなく，同時に当事者双方もまた，争いとは別の次元の気持ちになって，争っているときとは違う意思を働かせてほしいという狙いがある。この2つの狙いを合わ

第15講　付帯条件つき最終提案仲裁・調停

せると，当事者双方が高い領域に到達したときには，仲裁人・調停人の意思はそれほど働かせる必要がないということになる。すなわち，当事者双方が到達する紛争解決の質の高さと仲裁人・調停人が働かせる意思の量とは反比例するということであり，そのことを積極的に肯定する立場に立つことを意味している。

　言葉を換えれば，当事者双方が激しく争っていても，その利害や要求は交叉する可能性を持っているものであり，まさにそこのところに真の解決があるという思想に立っているのである。そして，その思想を付帯条件という手続自体の中に設計しておいて，当事者双方に提示するのである。すなわち，請求する側の最終提案が請求を受ける側の最終提案を下回るという「意外な」展開があり得ることを方式自体が当事者双方に示唆し，当事者双方はその示唆を受け，最終提案を考案する過程の中で，「争い」を「争いでないもの」にする心の準備をする。そして，やがて現実に「争い」を「争いでないもの」にしてしまう。すなわち，付帯条件が充たされるか充たされないかにかかわらず，「争い」を「争いでないもの」にする心境に達し，そのうえで最終提案を提出することになるのだ，と言うことができよう。

　以上のことを要約するならば，付帯条件は，紛争解決のプロセスの中で「争い」を「争いでないもの」にしたうえで解決に向かわせる仕組みである。そしてそれは，そのことを積極的に肯定しようという思想の上に立っている。

　ところで，紛争解決は争いをやめることであるが，争いをやめたからといって必ずしも「争い」が「争いでないもの」になるわけではない。では一体，「争いでないもの」とは何であろうか。

　「争いでないもの」の内実は，複雑で豊富である。当事者が争いをやめるという心境に達すること，そのことが自分自身のためになるという自覚を持つこと，解決の結果にそれなりの満足が得られると思うこと，相手の立場や言い分も理解できること，相手と今後も友好的な関係を結びたいと思うこと，そしてそのことが期待できること等々。

　こうしてみると，紛争解決のプロセスにおいて一定の結論が出る前に，当事者双方がこのような「争いでないもの」を獲得する知恵と工夫が必要であることは，自然に理解できると思われる。

　付帯条件は，そのことを手続の中に織り込んで設計したものである。すな

わち，付帯条件をつけることによってはじめて，結論が出る前の段階で「争い」を「争いでないもの」に転化させることが可能になるのである。1）～3）の事例で，選択されなかった当事者が結果に満足したのは，前段階ですでに「争い」を「争いでないもの」に転化させていた証拠だと思われる。

　しかし，もし付帯条件がなければ，「争い」を「争いでないもの」に転化させることは難しいのではないだろうか。なぜならば，付帯条件をつけなければ，仲裁人・調停人に選択された方が勝ち，選択されなかった方が負けという要素が残るからである。こうしてみると，勝ち負けの要素を払拭し，別の次元で解決しようという「付帯条件つき」と，勝ち負けの要素を残すことを当然とする「付帯条件なし」とは，その思想において，相当の隔たりがあるのではかと思われる。

　私は，最終提案仲裁・調停を最初に考案した人に深く敬意を表するが，争いを争いのままにしているところに，付帯条件つき最終提案仲裁・調停とは決定的な相違がある。最終提案仲裁・調停が発端になっていることは確かであるが，私の関心を強く掻き立てるのは，むしろ「付帯条件」にある。

最終提案仲裁・調停の可能性

　最終提案は金額で出すというシンプルな形になっているので読みを入れやすいが，その形に持ってゆくために，金額以外の事項はその前に合意に達していなければならない。例えば，3つの事例とも，金額が決まれば何時履行されるか，すなわち弁済期をいつにするかということを事前に決めておいた。したがって当事者は，その弁済期を前提にして，最終提案を出すのである。

　このことから，シンプルな形をつくることが最終提案仲裁・調停を可能にする重要な要素であることが分かる。そしてさらに，シンプルな形の最終提案を出すことが可能であるならば，それは金額でなくてもよいのではないか，という示唆が与えられる。

　そこで，最終提案仲裁・調停の発展形態を考えてみたい。想定されるのは，いくら複雑な紛争でもよいが，最終段階では，金額でなく，しかもシンプルな最終提案が可能な紛争である。

　例えば，マンションや事務所など高層ビルの建築主・建設業者と近隣住民との建築紛争について，ある程度の設計変更をすることに合意に達した後で，

第15講　付帯条件つき最終提案仲裁・調停

その変更の具体的な内容に争いがあるとき，当事者双方から最終提案としての設計図を提出してもらい，仲裁人・調停人がそのどちらか一方を採用する，ということも不可能ではないだろう。

さらに発展させれば，都市計画に関して行政と市民が争うときにも応用できると思う。その場合には，コンペのように当事者だけでなく第三者も参加したり，仲裁人・調停人にも第三者が参加するなど，さまざまなヴァリエーションもあり得るだろう。これは通常行われている都市計画に近づいてくるだろうが，紛争に対応しつつ，市民参加の契機をつくるところに，通常よりも豊富な内容をもたらすと思われる。

また，最終段階だけに最終提案仲裁・調停を使用するという方法をとらなくてもよいという考えにも発展する可能性がある。例えば，紛争状態になったときに，最終提案仲裁・調停というコアをはめ込んで，そこでこれを使って解決し，次のステップに進むという方法も可能ではないかと思う。

そして，時と場合に応じて，必要な付帯条件をつけることも可能になる。例えば，高層ビルの建設計画について建築主と近隣住民間に争いがあって，両者が設計変更に合意して最終提案仲裁・調停をしたとき，その最終提案を提出した結果，建築主の階高が近隣住民の階高よりも下回ったときには，建築主の階高を採るが，その代わりに予め定めた算出方法による金額を近隣住民が建築主に支払うなどという付帯条件も考えられる。その逆に近隣住民の階高を採って，一定の金額を建築主が近隣住民に支払うという付帯条件もあり得るだろう。

このように，付帯条件つき最終提案仲裁・調停は，最終提案の形を金額以外にしたり，付帯条件に多様性を持たせることによって，発展させることが可能になる。そして，紛争解決の方法について，従来考えられていた方法の枠を越えて，広々とした紛争解決の可能性を視野に収めることを示唆するのである。

結び　紛争解決の全体像と紛争解決学の目的

紛争解決の全体像

　紛争解決学の成立からはじまって紛争解決機関，付帯条件つき最終提案仲裁・調停に至るまで，さまざまな角度から紛争解決学の内容について考察してきた。しかしこれだけでは，個別的な事項に思考が傾斜してしまうと思われるので，紛争解決の全体を見渡しておく必要があるだろう。そこで最後に，紛争解決の全体像を概観し，紛争解決学の目的を示して，結びとすることにしたい。

　紛争解決の全体像をとらえるためには，表面に出ている現象だけでなく，その奥にある像を見なければならない。奥にある像というのは，陽画に対する陰画のようなものであるが，写真と違うところは，その陰画は，形も大きさも陽画と同じではないということである。ときには，陽画からは想像もできないような（あるいは美しく，あるいはグロテスクな）形や大きさをしている。この表層の像と深層の像の総体が，紛争解決の全体像に他ならない。しかも，時の経過に従って，表層も深層も刻々と変化する。

　以上は，1つの事件の紛争解決の全体像であるが，社会全体における紛争解決の全体像はどのようになっているのだろうか。それは，その社会におけるすべての紛争の表層と深層と，その表層，深層における解決の諸現象である。それらは極めて厖大なものであって，一部は重なり合ったり，反発したりしていて，しかもそれが動いているのであるから，表層だけでも恐るべきことであるが，深層を覗いたときには，まさしく修羅の世界を見たような気持ちになる。しかし，そこには解決に向かうエネルギーがあるから，すべてが闇の世界ではなく，大小の光の存在も見ることができる。

　しかし，そのようなことをうまく言葉で表現することは難しい。また，社会全体の紛争解決の全体像を，私自身が見たわけではなく，私の認識に入っ

結び　紛争解決の全体像と紛争解決学の目的

てきたものは，その中のごく一部である。

したがって，ここで述べたことも，ほんの一部分の認識に基づくものに過ぎないが，言葉であらわすよりも，図示した方が，多少は分かりやすいと思う。図というものも，二次元の平面でしかあらわすことができないから，うまく書くことは難しいが，敢えて図示するとしたら，下図のようなものになると思われる。私は，旧版の『紛争解決学』において，この図を曼陀羅風にとらえたものであると言ったが，確かに印象としては曼陀羅に近いものだろう。

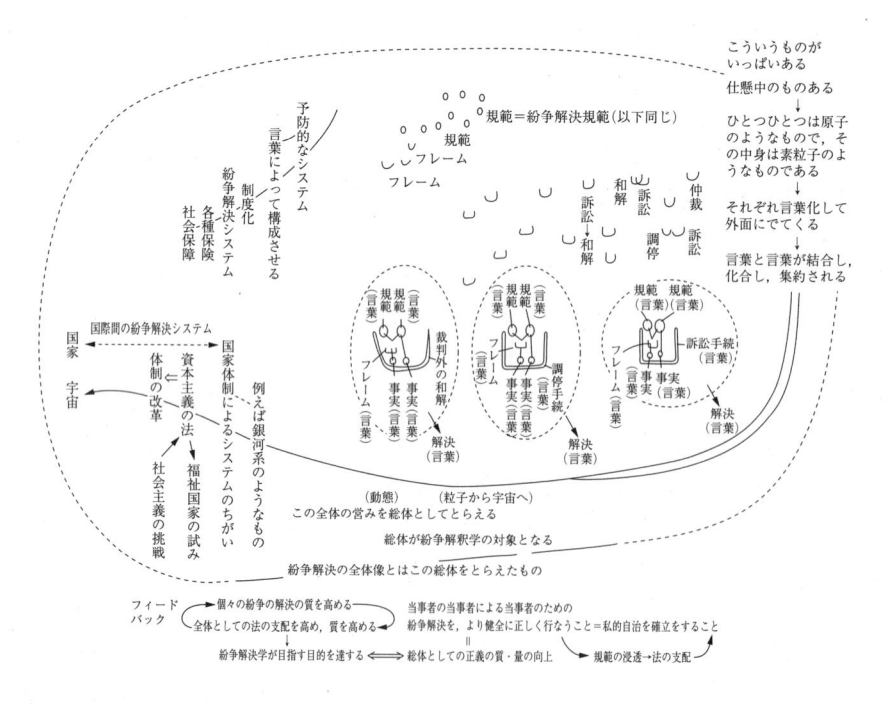

この図について注意すべきことは，紛争解決の全体像をミクロの世界からとらえていることである。「全体」という言葉からはマクロの世界が想像されるかも知れないが，全体をとらえようとするならば，まずミクロの世界からスタートすべきである。このことについて，河合隼雄教授は，次のように述べている。

「マンダラは，自己の象徴であると言った。しかし，自己はすなわち世

界であり，それを表現することは，世界観を示すことになる。（中略）
　まずこれは，マクロの世界とミクロの世界の対応を示している。先に自己はすなわち世界であると述べたが，人間の内界としてのミクロの世界は，宇宙的なマクロの世界と思いのほかに対応しているものだ[1]。」
　これは，私がエネルギーを帯同した素粒子のような言葉からスタートしなければ全体が見えないと言っていることと一致している。心理学の分野ではすでにそこまで到達しているということである。また，素粒子から宇宙を見るということは，物理学の世界では常識であろう。しかし，法律学の分野では，ミクロの世界にはほとんど手がつけられていない。
　それはともかくとして，紛争解決の全体像は，ミクロの世界においてようやくとらえることが可能になる。そしてそこは，絶えず新しいエネルギーが噴き出ている，変転きわまりない世界である。しかし，心理学や物理学が到達したミクロの世界が心や物の現実であって，神秘的で非現実的なものでないのと同様に，紛争解決の全体像としてとらえられる世界も，決して神秘的なものではなく，現実にある世界そのものである。

　1　河合・前掲書『無意識の構造』169頁

紛争解決学の目的

　「紛争プロセスの理解には，紛争管理の機会が，そしてたぶん人類が生き残れる機会がかかっている。われわれは，自分たちの理解が十分深いとか，もっと多くのことがなされる必要があるとかを主張することはできないが，これらの紛争プロセスの理解，そして究極的には管理が可能であることは主張できるし，また主張されなければならない。この主張には，人類の希望がかかっている。なぜなら，紛争管理がなければ，人類の福祉の向上に対する他の希望もおそらく地面にたたきつけられてしまうであろう[1]。」

　ボールディングは，紛争管理の重要性についてこのように述べている。
　ここでは，紛争管理という表現が用いられており，私の言う紛争解決学に比べてマクロ的な掌握の仕方をしているが[2]，紛争解決学を研究し，実践す

結び　紛争解決の全体像と紛争解決学の目的

る目的として答を述べるとすれば，私もボールディングと同じことを言いたい。このことを，もう少し，現実的な側面から見ておこう。

　第1に，紛争によるロスが大きくなることが許されない時代になった。すなわち，人類には紛争という大きな無駄をする余裕がなくなったのである。

　第2に，紛争によるロスを少なくするために，もろもろの社会システムを見直す必要が出てきた。

　第3に，新しいシステムを作るために，紛争解決システムをシフトしなければならなくなった。なぜならば，新しい社会システムをつくろうとしても，紛争解決システムをシフトしておかなければ，途中で紛争によって挫折してしまうからである。

　以上の認識のうえから，紛争解決学の目的が浮かびあがってくる。それは，武力でなく法の支配を貫徹するために，紛争解決システムをシフトして，人類が生き残ることができる道をつけることである。人類がよりよく生き残ることも目的の中に入れたいが，生き残ることができれば，よりよい方向に向かうものと信ずることにしよう。

　人類が滅亡するとすれば，自然環境の変化に人間が適応できなくなってしまうか，紛争によるか，そのどちらかであろう。そして，前者も後者が原因になることが多い。したがって，よい紛争解決システムをつくり，広くシフトしておくことがどうしても必要なのである。

　そこで，この紛争解決学の目的をより具体的に示すことによって，その目指すところを展望しておこう。

① 紛争解決学は，紛争を解決するための道筋を示す理論である。したがって，その理論を確立したい。
② 紛争解決学は，紛争を解決するための実用の学であるから，これを研究し，学ぶことによって，紛争解決の質，量を高めたい。
③ 紛争解決学を究明することによって，紛争解決システムを明確に把握し，強化し，開発したい。
④ 紛争解決学をすすめることによって，「当事者の，当事者による，当事者のための紛争解決」という目標地に到達したい。
⑤ 紛争解決のキャパシティを大きくし，よい社会を構築することに貢献したい。

紛争解決学の目的

　以上のような目的を持って，紛争解決学はなお未来に向かって歩み続けることにしよう。

1　ボールディング・前掲書『紛争の一般理論』401頁
2　ボールディングのようなスタンスを参考にすれば，紛争解決学とは別に，和解学を樹立することが望ましいことが分かる。紛争解決学は，当事者と紛争そのものに着目したために，いきおいミクロの世界に深く入ることに主眼が置かれた。これに対し，少し位相を変え，ややマクロのところの研究，実践を領域とする学問がもう1つあってもよいと思う。その領域を対象とするのであれば，やはり「和解学」ということになるのではないだろうか。和解学という学問はまだ存在していないが，おそらく紛争管理論と紛争解決学との中間に位置を占めることになるであろう。しかし，その和解学は，紛争管理論とも紛争解決学とも重なる部分がある。そして，紛争解決学と同様に学際的な学問になるだろうが，私が紛争解決学を法律学の範疇の中で組み立てたのと比較して，社会科学のみならず，歴史学，文化人類学，大脳生理学など，人文科学や自然科学からの参加が望ましいと思う。紛争解決学は，たまたま私独りで始めたが，和解学は初めから多数参加で始めたいと思っており，この機会にここで呼びかけておきたい。

索　引

ア　行

秋山清人　64
アクセルロッド　104, 105, 157, 162
アヴォイダンス　21, 27
新井立志　160
ＵＮＣＩＴＲＡＬ　国際商事仲裁模範法　91
井垣康弘　210
石川　明　200
伊藤滋夫　129, 130, 133, 173, 182
伊藤　眞　32, 203
井上正三　6
井上治典　6, 124, 134～138, 182, 192, 210
入会権　44～48, 114～115
入会権と財産区　114, 116
岩松三郎　193
因果関係の割合的認定　→割合的認定
潮見俊隆　92
ＡＤＲ　1, 10, 68, 169, 170, 199～208, 211～214
ＡＤＲ検討会　200, 211, 212
エスノメソドロジー　119, 124, 154
エリン・ブロコビッチ　73
エンデ　155
大石忠生　194, 195
大川　宏　203
太田勝造　101, 154
大橋憲広　32
岡　潔　74
奥山恭子　32
温泉権　91

カ　行

解決の質　21
壊　市　54, 162
樫村志郎　124, 154
カダレ　166

加藤一郎　58, 63
加藤雅信　59, 64
兼子　一　193
河合隼雄　22, 78, 145, 147, 232, 233
川口冨夫　194
川島武宜　3, 8, 9, 11, 54, 83, 91, 92
ききみみずきん　149
共時性の原理　143, 145～147, 180
行政書士　65, 67
草野芳郎　87, 154, 161, 162, 182, 206
クーター　101
倉田卓次　84, 129, 130, 132, 189, 193
グループＡＤＲ　203
ゲーム理論　101～105, 157
建設工事紛争審査会　201, 219
憲法13条　97
権利保護保険　61, 64
行為規範　22, 24
好訴妄想　→パラノイア
公認会計士　65, 75
国分康孝　42
木暮金太夫　92
国際連合国際商取引法委員会仲裁規則
　→ＵＮＣＩＴＲＡＬ国際商事仲裁模範法
小島武司　64, 79, 133～135, 137, 138, 187, 203, 208
後藤　勇　84, 198
個別労働関係紛争　201
小山昭雄　64

サ　行

最終提案仲裁　132, 180, 215, 225～227, 229, 230
最終提案調停　216, 225～227, 229, 230
裁判外紛争解決　→ＡＤＲ
裁判外紛争解決の利用の促進に関する法律　212
裁判規範　22～24
先取り経済　51～54

索引

佐藤彰一　124
死因贈与　153
塩谷弘康　32
実質入会・形式財産区　114, 116
しっぺがえし戦略　104, 157〜159
私的自治　7, 8, 10〜15, 55, 57, 163, 164
司法書士　65, 67
司法制度改革審議会意見書　61, 64, 211
司法制度改革推進法　211
司法制度改革推進本部　200, 211
司法統計年報　161, 205
清水一行　6
社会規範　22, 24
社会保険労務士　65, 68
借地権の譲渡　177
借地借家法28条　83, 89
囚人のジレンマ　103, 104, 158
循環型社会　164〜166
商慣習　91
上手にトラブルを解決するための和解道　124
消防法9条　81
初老期うつ病　88
地雷　54, 162
新堂幸司　215
数字の特殊性　100
鈴木龍也　32
鈴木光男　101, 105
正当事由を補完する金銭　89
税理士　65
瀬川信久　182
潜在意識　27, 37, 38, 41, 42, 70, 141, 149, 180
全面裏切り　158, 159
訴訟上の和解の理論と実務　84, 198
蘇生　54, 162

タ 行

田中圭子　203
棚瀬孝雄　3, 6, 60, 64, 93〜95, 117, 119
千葉川鉄訴訟　161
千葉正士　3, 18〜20, 22

仲裁　31, 55, 66, 85, 86, 106, 112, 168, 183, 201, 202, 204, 211, 213, 214
仲裁検討会　211
調停　31, 55, 85, 86, 106, 112, 169, 183, 201, 202, 204, 210, 212〜214
調停の促進に関する基本法（案）　212
津田篤一　75
テイラー　58
手形詐欺事件　145, 146
デカルト　34
デス　54
東海道銀座ビル明渡請求事件　90
等価交換　172, 181
透視術　149, 150
ドゥ・ヴァール　6, 157, 161
党派的忠誠　117
土地家屋調査士　65, 67, 68
土地交換事件　98, 99, 152
トリックスター　19
トンネルじん肺訴訟　161, 197

ナ 行

内観法　225, 227
内容証明郵便　127, 128
中野駅北口広場行政事件　64
日本海運集会所　201
日本商事仲裁協会　67, 201, 223
日本スポーツ仲裁機構　212
日本知的財産仲裁センター　67, 201
根原部落共有地入会事件　114, 115
根原部落県有地入会事件　44〜48
野田真紀　160
ノナ由木坂事件　86, 206

ハ 行

ハーバード流交渉術　154, 172
萩原金美　193
長谷邦彦　160
畑郁夫　194
波多野二三彦　227
バットン　154
林研三　32

索　引

パラノイア　37
反復囚人のジレンマ・ゲーム　103, 104, 114, 157, 159
富士五湖カントリー富士ヶ嶺事件　4〜6, 19
藤田耕三　84, 198
付帯条件つき最終提案仲裁　87, 106, 124, 215〜218, 227, 229, 230
付帯条件つき最終提案調停　87, 215〜219, 223, 224, 227, 229, 230
布置　20
フッシャー　154, 172
Bush　210
不動産鑑定士　66, 90
不動産賃貸借の危機　90
Folger　210
フランク　11, 188, 193
武力の支配　8, 10, 65, 140, 164
紛争解決学（旧版）　48, 111, 124, 155, 182, 232
紛争解決学〔新版増補〕　6, 13, 172, 212, 216
紛争解決の最先端　68, 87, 170, 182, 200
弁護士会仲裁センター　86, 201, 217
弁護士の外科的紛争解決法　122, 161
弁護士法72条　66, 68
弁護士余録　72, 74
弁理士　65, 67
法的主体性　9, 10, 50
法と経済学　98, 101
法の支配　8, 10, 65, 139, 140, 164, 234
ボールディング　3, 17, 18, 21, 233〜235
星田財産区（入会集団）　116
補償金分配事件　107〜111, 126, 143, 152

マ 行

前川佳夫　32
マルケス　166

曼陀羅（マンダラ）　232
ミーダブ　31, 55, 204, 214
三ケ月章　25, 187
水谷　暢　6, 124, 154
水俣訴訟　58, 63, 161
宮澤賢治　8, 16, 77
民事調停制度改革論　64, 170, 206, 214
無意識　37, 38, 41, 42, 70, 141, 149, 180
メサイヤ・コンプレックス　78
本山信二郎　203
モモ　148, 155
森本敦司　32

ヤ 行

野球式仲裁　→最終提案仲裁
柳田鶴声　227
山岸俊男　57, 63
山口和男　195
ユーリー　154
ユーレン　101
ユング　145

ラ 行

ララポート　104
理念型ＡＤＲ　213, 214
レビン小林久子　203
六本佳平　172

ワ 行

和解学　159, 235
和解仲裁所　213, 214
和解的判決　84, 182, 192
和解と正義　101
ワキガ（腋臭）事件　38〜41, 181
和田仁孝　22, 133, 136〜138
渡辺千原　90
渡辺洋三　32, 92, 116
割合的認定　83, 84, 87, 127〜130, 143, 182, 192, 211

〈著者紹介〉

廣 田 尚 久（ひろた・たかひさ）

1938年	平壌市（ピョンヤン）生まれ
1962年	東京大学法学部卒業　川崎製鉄に入社
1965年	司法試験合格
1966年	川崎製鉄を退社し，司法研修所に入所
1968年	弁護士登録（第一東京弁護士会）
1993年	九州大学非常勤講師
2001年	大東文化大学環境創造学部学部長・教授
2005年	法政大学法科大学院教授
2006年	廣田尚久紛争解決センター創立

〈主要著作〉

『弁護士の外科的紛争解決法』（自由国民社・1988年），『和解と正義―民事紛争解決の道しるべ』（自由国民社・1990年），『不動産賃貸借の危機―土地問題へのもうひとつの視点』（日本経済新聞社・1991年），『先取り経済　先取り社会―バブルの読み方・経済の見方』（弓立社・1991年），『紛争解決学』（信山社・1993年），小説『壊市』（汽声館・1995年），小説『地雷』（毎日新聞社・1996年），『上手にトラブルを解決するための和解道』（朝日新聞社・1998年），小説『デス』（毎日新聞社・1999年），『紛争解決の最先端』（信山社・1999年），小説『蘇生』（毎日新聞社・1999年），『民事調停制度改革論』（信山社・2001年），ノンフィクション『おへそ曲がりの贈り物』（講談社・2007年）

紛争解決学講義

2010年（平成22年）2月20日　初版第1刷発行

著　者　廣　田　尚　久
発行者　今　井　　　貴
　　　　渡　辺　左　近
発行所　信山社出版株式会社
　　　　〒113　東京都文京区本郷6-2-9-102
　　　　　　　電話　03（3818）1019
　　　　　　　FAX　03（3818）0344

Printed in Japan.

©廣田尚久, 2010　　　印刷・製本／松沢印刷・文泉閣

ISBN978-4-7972-2588-9　C3332